Chuck Snyder

TYPISCH MANN!

Ein Buch für Frauen, die das unbekannte Wesen
an ihrer Seite verstehen wollen

CHUCK SNYDER

TYPISCH MANN

Ein Buch für Frauen, die das unbekannte Wesen an ihrer Seite verstehen wollen

SCHULTE & GERTH

Die amerikanische Originalausgabe erschien im Verlag
Focus on the Family Publishing, Colorado Springs,
unter dem Titel „Men: Some Assembly Required".

Aus dem Amerikanischen übersetzt von Roland Renz

Best.-Nr. 815 426
ISBN 3-89437-426-8
1. Auflage 1996
Umschlaggestaltung: Olaf Johannson
Titelfoto: IFA-Bilderteam
Satz: Typostudio Rücker & Schmidt
Druck und Verarbeitung: Ebner Ulm
Printed in Germany

Inhalt

Vorwort

Dieses Buch hat es in sich. Wenn Sie Chuck oder Barb Snyder schon einmal zum Thema Ehe gehört haben, über die unglaubliche Anpassungsleistung, einen Partner zu verstehen und mit ihm zu leben, der einfach anders ist als man selbst – dann wissen Sie, daß ein Buch von den beiden Qualität verspricht.

Es ist bodenständig und realitätsnah. Man kann mitreden. Es liest sich ganz leicht!

Es ist witzig und macht die Arznei schmackhaft.

Es bringt Einsichten. Sie bekommen wertvollen Einblick in die Welt des Mannes, mit dem Sie verheiratet sind.

Es ist heilsam – gute Medizin gegen alles, was Sie hindert, Ihren Partner zu verstehen und zu schätzen.

Es macht Mut. Oder ist es etwa nicht tröstlich zu erfahren, daß man nicht allein dasteht?

Daß Männer eine „Endmontage" nötig haben, versteht sich. Ist das aber geschafft, dann klappt es mit ihnen. Als Lohn winkt eine Ehe, die für alle Welt sichtbar die Beziehung Christi zu seiner Braut widerspiegelt. Die Welt ist auf solche Ehen angewiesen – Ehen, die ein Leben lang halten, weil beide Partner in unbedingter Hingabe zunächst für Gott, dann aber füreinander leben.

Indem Chuck weitergibt, was Gott ihn gelehrt hat und was seine Ehe mit Barb so beispielhaft macht, will er seinen Lesern dienen.

Und noch eins: Chuck und Barb sind genauso real und echt, wie dieses Buch es vermittelt. Mein Mann und ich wissen das. Wir haben an ihrem Leben teilgenommen und wurden gesegnet.

Kay Arthur, Vizepräsidentin von Precept Ministries

Chucks Einleitung

Zu Beginn dieses Buches möchte ich meiner Frau Barb und ihrem Beitrag zu diesem Werk meine Hochachtung aussprechen. Sie hat bei meiner „Montage“ viel Geduld bewiesen. Noch bin ich nicht ganz fertig, aber sie steht mir bei. Denn Gott schafft aus meinen Fehlern Lehrmaterial für andere, die den gleichen Problemen ausgesetzt sind wie ich.

Barb mit ihrem Lehrtalent hat viele Gedankengänge bereichert und erhellt, die ich hier weitergebe. Ich habe ihr Kinder und Enkel zu verdanken, die mein Leben mit Sonnenschein und Lachen vergoldet haben. Ich werde ihre zahllosen Opfer stets zu schätzen wissen.

Wie liebe ich Barb eigentlich? Auf unzählig viele Weisen. Sie ist der Grund für diesen ausführlichen Brief an meine Leser. Sie war immer die Schlüsselfigur in Gottes Mannschaft, mit der er mir alles beibrachte, was ich wissen muß, um meinen Lesern zu helfen. Sollte es je dazu kommen, daß ich „mit den Ältesten im Tore sitze“, dann wegen ihres Einsatzes. Sollte ich in dieser Welt Ehre empfangen, dann widme ich sie ihr. Mit ihr hat Gottes Montagearbeit an mir angefangen. Ich bin ihr in Ewigkeit dankbar.

Mit diesem Buch verfolge ich zwei Ziele. Zum einen möchte ich verstehen helfen, wie ein Mann denkt. Wußten Sie, daß er eigentlich gar nicht unsensibel oder eindimensional sein *will*? Würden Sie glauben, daß er Sie nicht *absichtlich* unglücklich machen will? Er ist durchaus nicht gleichgültig. Nur nimmt er einfach keine Rücksicht auf weibliche Besonderheiten. Niemand hat ihm die Unterschiede zwischen Männern und Frauen erklärt. Wenn Sie dieses Buch zu Ende gelesen haben, wird Ihnen viel klarer sein, wie ein Mann beschaffen ist.

Das zweite Ziel dieses Buches ist mir eigentlich noch wichtiger: Ich will Sie zum Lachen bringen. Kein besonders hochtrabendes Ziel für ein Buch, oder? Meiner Meinung nach aber haben Sie als Frau den größeren Anteil an den Lasten dieser Welt zu tragen. Deshalb kommt Ihnen das Leben vielleicht nicht besonders lustig vor. Oft trägt Ihr Lebenspartner zu diesen Lasten bei. Nehmen Sie es mir bitte ab, wenn ich behaupte, daß er nicht gleichgültig gegen Ihre Bedürfnisse ist. Man hat ihn nur nicht entsprechend unterwiesen. Ich weiß, welchen Kummer Ihnen das bereitet, aber ich hoffe, es gelingt mir, Sie wenigstens mit einem lachenden Auge auf Ihren Mann blicken zu lassen.

Mit diesem Buch präsentiere ich eine doppelte Herausforderung. Erstens möchte ich Sie überzeugen, daß ich etwas von den Bedürfnissen einer Frau verstehe, obwohl ich nie eine war. Zweitens möchte ich auch nicht annähernd so verstanden werden, als wollte ich eine bestimmte Masche verkaufen. Das hat schon so mancher bei Ihnen versucht.

Mein ganzes Leben lang sind mir Freundschaften mit Frauen zugefallen. Wahrscheinlich lieben sie den großväterlichen Typ, und den sehen sie in mir – einen alten, glatzköpfigen, beleibten, schwerhörigen Opa.

Beruflich habe ich in der Werbebranche zu tun. Manchmal muß ich in den Empfangsräumen von Fernseh- und Radiosendern auf einen Werbekaufmann warten. Es entspinnt sich ein Gespräch mit der Empfangsdame, und wenn sonst niemand anwesend ist, dauert es oft nicht lange, bis sie anfängt zu weinen und mir von ihrer Scheidung, ihrem furchtbaren Mann oder den widerspenstigen Kindern erzählt. Ich habe keine Ahnung, welche Äußerung von mir den Erzählfluß in Gang setzt, es sei denn mein Interesse an ihr als Person und meine Bereitschaft zuzuhören.

Barb und ich veranstalten manchmal Konferenzen für Frauen, auf denen ich der einzige Mann bin. Einmal war die Bibellehrerin Kay Arthur Hauptrednerin. Fünfhundert Frauen kamen zu einer Freizeit auf ihrer Ranch zusammen. So viele Frauen! Mir war, als sei ich gestorben und schon in den Himmel gekommen. Da ich alt und harmlos bin, konnten die Frauen ungehemmt über die Probleme mit ihren Männern reden, unter anderem über heikle Beziehungsangelegenheiten. Ich hörte hin und versuchte, mich in die Gedankenwelt dieser Männer hineinzuversetzen. Nach dem Seminar wurde Barb von nicht wenigen Frauen gefragt, ob sie mich mit nach Hause nehmen könnten. Ich sei ja schon trainiert!

Mir ist klar, daß Sie die Männer manchmal für dickköpfig, unsensibel, einseitig, selbstsüchtig und sexbesessen halten. Natürlich haben Sie recht – zumindest grundsätzlich. Dieses Erscheinungsbild bieten nun mal die meisten. Trotzdem gibt es eine gute Nachricht: Die meisten Männer lassen sich *ummontieren* zu liebevollen, fürsorglichen, aufopferungsvollen und sensiblen Menschen. Sie sind nur auf jemanden angewiesen, der ihnen vermittelt, wie sie diese Wesenszüge in ihr Leben einarbeiten sollen.

Hin und wieder kann die Ehefrau diese Lehrerin sein. Das kommt meiner Meinung nach aber selten vor. Tatsächlich steht schon in der Bibel, daß die Frau nicht einmal den *Versuch* machen solle, ihren Mann zu belehren. Meistens bedarf es eines Dritten, der Ihnen hilft, den Mann zu verstehen und sich anhört, was er zu sagen hat. Dieser Dritte sollte in der Regel jemand sein, der – bei etwas gesetzterem Alter – den Mut aufbringt, realistisch zu sein, sich dabei aber die Blöße gibt, eigene Fehler einzugestehen. Gary Smalley war bei mir dieser Unparteiische. Barb und ich haben ihn vor vielen Jahren kennengelernt, als er seine Missionsarbeit unter Sportlern anfing. Als ich Gary erzählte, worüber sich Barb beschwerte, bewies er furchtlos seine eigene Verletzlichkeit und erzählte von sich selbst, um mir etwas deutlich machen zu können. Er klopfte sich auf den Schenkel und sagte: „Genau das hat Norma immer von mir gesagt."

Meist kann die Ehefrau nicht als unparteiische Dritte für ihren Mann wirken. Wir Männer stellen uns gleich auf Verteidigung ein, wenn uns jemand mit Forderungen kommt oder gar mit vermeintlicher Kritik. Aus der Sicht der Frau soll das überhaupt nichts Kritisches sein. Sie gibt nur kleine, hilfreiche Hinweise, wie er sich besser auf sie einstellen könne. Sie weiß, daß er für dieses Stückchen Information dankbar sein kann, weil er sie liebt. Er aber reagiert, als hätte ihn jemand niedergeknüppelt.

Vielleicht kann ich Ihnen von Seite zu Seite besser verstehen helfen, daß das Handeln des Mannes seinem Wesen entspringt und nicht etwa persönliche Rache oder Gleichgültigkeit gegen

Sie bedeutet. Vor allem möchte ich die Hoffnung erwecken, daß ein Mann sich ändern *kann,* wenn Sie und Gott das richtige Team bilden. Aus ihm kann all das werden, was Sie sich immer schon erhofft haben. Wichtiger noch, all das, was Gott aus ihm machen will.

Noch ein mahnendes Wort. In einem Buch wie diesem muß ich sehr allgemein bleiben. Nicht alle Männer sind gleich. Wenn der Mann in Ihrem Leben anders ist als die von mir beschriebenen, wenn Sie keine Probleme haben, ihn zu verstehen, dann gratuliere ich Ihnen! Geben Sie das Buch einer Frau, die es braucht. Anscheinend gehört Ihr Mann zu den Ausnahmen unserer Welt, und Sie sind mit ihm gesegnet. (Natürlich gibt es auch sensible Männer. Der eine wohnt in Sioux Falls und der andere in Pensacola, aber die beiden sind die einzigen, von denen ich gehört habe.)

Sie werden mit meinen Gedanken nicht immer einverstanden sein; selbst wenn Sie das Buch gelesen haben, bleibt wohl noch etwas übrig, das die Gedankenwelt des Mannes unverständlich macht.

An Männern muß nun mal gebastelt werden. Sie brauchen eine Feineinstellung, Bearbeitung, den letzten Schliff, Anpassung; man muß sie zurechtrücken, ausrichten, lose Schrauben anziehen, sie ins Gleichgewicht bringen, scharfstellen, überholen, anspitzen, schleifen, aufbauen, flicken, wiederherstellen, einfassen, stabilisieren, entproblematisieren, erneuern, polieren, eichen und umformen. *Denn Männer haben eine gewisse Montage nötig.*

Es wäre mir eine Ehre, wenn Sie sich die Zeit für dieses Buch nehmen. Hoffentlich macht es Ihnen Spaß, mit mir die geheimnisvollen Gewölbe des männlichen Denkens zu erkunden. Am besten, Sie ziehen sich Gummistiefel an. Vielleicht wird es ein bißchen schlammig.

Mit Gottes Liebe,
Chuck Snyder

Barbs Einleitung

Chuck ist ein Quälgeist! Chuck hat einen wunderbaren Sinn für Humor! Chuck übertreibt entsetzlich!

In meiner Jugend habe ich mir Gedanken über den Typ Mann gemacht, den ich gern heiraten würde, und er war genau so, wie Chuck heute ist – abgesehen von den Übertreibungen. Ich wollte einen, mit dem ich Freundschaft schließen konnte. Ich wollte viel Spaß mit ihm erleben. Ich wollte einen, der mir zuhören und sich gut ausdrücken konnte. Ich wollte einen sensiblen Mann.

Einen sensiblen habe ich bekommen – ausgesprochen sensibel. Als wir eine Weile verheiratet waren, fing er an, mich zu necken, und ich neckte ihn zurück. Da verdunkelte sich seine Miene. Plötzlich war die Sache kein Spaß mehr, es wurde Ernst daraus. Wohlgemerkt, *er* neckte mich weiter, aber *ich* durfte das nicht. Ich glaube, es hing damit zusammen, daß wir beide unbeabsichtigt etwas Verletzendes gemacht hatten. Irgendwie hatte Chuck sich die Neckerei zu Herzen genommen und dachte, ich wollte ihm am Zeug flicken. Er setzte bei sich selbst das Allerschlimmste voraus und nahm an, ich denke ebenso. Wenn wir uns aussprachen, warf er mir meine Denkweise vor, allerdings mit „seinem" Vokabular. Ich beruhigte ihn damit, daß ich ja nicht gegen ihn sei.

Als es zu einem Punkt kam, an dem wir merkten, was sich bei ihm abspielte, zog Chuck die Konsequenzen. Er hielt sich an die Schriftstelle, in der es heißt: „Liebe ... verhält sich nicht ungehörig, sie sucht nicht das Ihre, sie läßt sich nicht erbittern ... sie freut sich nicht über die Ungerechtigkeit, sie freut sich aber an der Wahrheit; sie erträgt alles, sie glaubt alles, sie hofft alles, sie duldet alles" (1. Kor. 13,5-7).

Was ich vor allem an dem Mann bewundere, den ich geheiratet habe, ist sein Gehorsam gegenüber Gott. Chuck nahm sich also die Bibelstelle zu Herzen und fing an zu glauben, daß ich ihn liebe, daß eine Neckerei nicht gleich der Versuch ist, ihn zu verletzen. Im Verlauf der Jahre – dieses Jahr werden es 40 – sind wir gereift und bereit, voneinander das Beste zu glauben.

Chuck und ich necken uns also seither gegenseitig. Was er in diesem Buch mit seinen Geschichten über mich erzählt, ist bei uns zu Hause der Normalzustand. Ich weiß, daß er nichts tun würde, um mich zu verletzen. Auch ich würde das nie tun. Ich weiß, daß er mich liebt. Machen Sie sich also keine Sorgen um mich, wenn sie seine Späße nicht so lustig finden, wie er meint.

Andererseits gab es in der Vergangenheit durchaus Zeiten, als er Begebenheiten falsch wiedergab, zu früh mit seiner Meinung herausrückte und nicht einmal durchschaut hatte, warum etwas passiert war. Bei solchen Situationen war eine gewisse Montagearbeit durchaus angebracht, und er ließ sich gut montieren.

Sie sollen einfach wissen, daß Chuck meinen Segen für dieses Buch hat, selbst wenn ich manche Geschichte vielleicht etwas anders erzählt hätte.

Barb Snyder

Wie kommt es bloß, daß ich bei meinem Gegenstück gelandet bin?

„Warum können Frauen nicht so sein wie Männer?" So heißt es in einem Lied aus *My Fair Lady*. Wäre das Leben nicht viel leichter, wenn Männer und Frauen gleich denken und reagieren würden und die gleichen Interessen und Geschmäcker hätten? Vielleicht dachten Sie damals bei der Begegnung mit dem Menschen, der Ihr Ehepartner wurde, daß Sie sich sehr ähnlich seien. Ich möchte Ihnen das bestgehütete Geheimnis der Welt verraten. Eigentlich darf keine Frau davon wissen, aber ich weihe Sie trotzdem ein, weil Sie diese Erklärung verdient haben. Zunächst aber möchte ich von mir erzählen, damit Ihnen klar wird, wovon ich rede.

Ich glaube, daß mir Mädchen zum ersten Mal auffielen, als ich in der dritten Klasse war. Ich wußte auch vorher schon von ihrer Existenz, hatte aber keine Ahnung, wozu sie gut waren, außer daß sie in der Schule immer als erste die Hand hoben und niemals Ärger bekamen.

Dann kam Jean Trovani in die Bank hinter mir, und ich fing an, ihr als Zeichen meiner Bewunderung Schokoladenkekse von zu Hause mitzubringen. Aus meiner Romanze mit Jean ist zwar nichts geworden, aber ich erinnere mich gern daran.

Erst in der Oberschule brachte ich den Mut auf, mir eine wirkliche Freundin anzulachen. Ich machte ein paar Annäherungsversuche, und als sie erwidert wurden, geriet ich in Panik und machte mich aus dem Staub. Selbst heute noch tut mir das leid, aber das Gefühl, mich festlegen zu müssen, hatte mir einen Riesenschrecken eingejagt.

Den Sommer über half ich immer auf der Farm von meinem Opa und meinem Onkel aus. Ich arbeitete im Haus und auf dem

Feld. Meine Oma stellte junge Mädchen ein, die beim Kochen und Einkaufen halfen. Es war ein Genuß, vom Feld nach Hause zu kommen und so einen entzückenden Anblick genießen zu können. Sie sahen toll aus und dufteten großartig. Hin und wieder tat mein Herz einen Freudensprung, wenn sich beim Essen unsere Ellbogen berührten.

Ich erinnere mich an das eine Mal, als ich sechzehn war. Das Hausmädchen und ich wollten erleben, wie es war, die ganze Nacht wachzubleiben und den Sonnenaufgang zu beobachten. Ob Sie's glauben oder nicht, wir haben nichts gemacht, wofür wir uns schämen müßten. Wir wollten bloß die Sonne über einem wunderschönen Felsencanyon in der Nähe aufgehen sehen. Wir schliefen ein Weilchen, warteten sehr lange, und natürlich kam dann die Sonne hervor. Und Onkel und Tante ließen auch nicht lange auf sich warten. Sie kamen mit dem Auto.

Es gab nur ein winziges Problemchen bei unserem nächtlichen Aufenthalt: Wir hatten vergessen, Onkel und Tante Bescheid zu sagen. Ich hätte sie wahrscheinlich eingeweiht, wenn mir in den Sinn gekommen wäre, daß es Schwierigkeiten geben könnte. Sie waren fast die ganze Nacht unterwegs gewesen, um nach uns zu suchen. Bestimmt hatten sie sich ausgemalt, daß wir mit dem Auto in den Abgrund oder in einen See gestürzt waren oder einen Unfall gebaut hatten. Es tut mir sehr leid, aber junge Leute machen nun mal solchen Unsinn, und dieser Streich gehörte zu den dümmsten.

Können Sie sich vorstellen, daß wir nicht angeschrien wurden? Sie waren erleichtert, uns sicher aufzufinden. Allerdings mußten wir den ganzen Tag hart arbeiten. Weder war das Unkraut wegen unserer tollen Idee in Urlaub gegangen, noch verzichteten die Tiere auf ihr Futter oder die Felder auf die Bearbeitung. Ich weiß noch, wie ich an diesem Tag immer wieder auf dem Traktor einschlummerte. Beim Abendessen wurden wir auch noch geneckt, aber das war schon alles.

Nach so einer Dummheit auch noch bedingungslose Liebe von Onkel und Tante – was für ein Geschenk, wenn man jung ist! Woher kam so viel Verständnis? Vielleicht war es das reifere Alter der beiden, oder die Erinnerung an ein paar eigene Jugendstreiche war noch nicht verflogen.

Wenige Jahre nach diesem Vorfall entschloß ich mich, aufs College zu gehen und Tierarzt zu werden. In der ersten Woche des ersten Semesters las ich das Schwarze Brett im Studentenwohnheim und entdeckte eine Anzeige: Country-Musik-Band sucht Gitarristen. Ich spielte vor, bekam den Job und spielte jeden Freitag- und Samstagabend auf Farmen, in Scheunen und bei anderen geselligen Treffen auf dem Campus. Es machte Spaß, war eine saubere Sache, und die Studenten fanden es anscheinend zur Abwechslung gut, nicht immer die gerade angesagte Popmusik zu hören.

Ich verliebte mich in die Sängerin der Band, aber sie hatte schon einen Freund, und das war es dann auch schon. Einmal aber lud sie die Band zu ihrer Studentinnenvereinigung ein, um die Mädchen beim Sonntagsessen zu unterhalten. Ich saß gegenüber einer niedlichen Kleinen, die sofort meine Aufmerksamkeit fesselte. Noch vor dem Ende der Veranstaltung machte sie sich mit einem ziemlich blöden Typen aus dem Staub. Ich kannte nicht einmal ihren Namen. Na schön, wie gewonnen, so zerronnen.

Später erfuhr ich, daß die Kleine, die damals einfach weggegangen war, Barb hieß und ihrer Mutter am Telefon gesagt hatte, sie habe den Mann ihres Lebens gefunden – *mich,* nicht den Trottel! Meine Gefühle für sie waren genauso stark, aber wegen meiner Schüchternheit wollte mir nicht einfallen, wie ich damit umgehen sollte.

Die Veranstaltung, bei der wir uns kennengelernt hatten, war im Mai gewesen. Nach dem Schuljahr wurde ich zum stellvertretenden Vorsitzenden für eine CVJM-Konferenz bestimmt. Barb hatte sich vorgenommen, nach Ablauf dieses Jahres nach Hause zurückzukehren, aber als sie herausfand, daß ich stellvertretender Vorsitzender war, meldete sie sich zur Konferenz an.

Nach dem ersten Konferenztag hatte ich völlig durchnäßte Schuhe, weil ich das ganze Gelände durchstiefeln mußte, um nach dem Rechten zu sehen. Ich fragte Barb, ob sie den kurzen Weg mit mir nach Hause fahren wolle, um trockene Schuhe zu besorgen. Wahrscheinlich gab es damals keine Öfen, oder zumindest kam es mir nicht in den Sinn, sie am Ofen zu trocknen. Zu Hause angekommen, ließ ich Barb im Auto warten und lief hinein, um die Schuhe zu holen. Ich hielt es nicht für nötig, meiner Familie ein Mädchen vorzustellen, mit dem ich erst zweimal gesprochen hatte. Da es bei mir kaum Verabredungen gegeben hatte, als ich noch zu Hause lebte, wirkte das Mädchen im Auto geradezu schockierend auf meine Mutter. Später erzählte sie, wie viele Baldriantropfen sie zum Einschlafen hatte schlucken müssen.

Wir fuhren zur Konferenz zurück und fingen am nächsten Tag an, die Probleme der Welt zu lösen. Es gab Komitees zu Krieg und Frieden, Atombombentests und zahlreichen sozialen Anliegen. Da ich Vizevorsitzender war, konnte ich jedes Komitee begutachten, das ich sehen wollte, und zufällig ergab es sich, daß ich mich vor allem mit den Gruppen beschäftigte, in denen Barb ihren Dienst tat. Um eine kurze Geschichte noch kürzer zu fassen: am Dienstag derselben Woche waren wir verlobt. Am Freitag stand der Hochzeitstermin fest; wir hatten bloß noch niemand etwas davon erzählt, weil es Geschichten wie unsere nur im Kino gab.

Als wir im Herbst ins College zurückkehrten, legte Barb ihren Verlobungsring in das Kästchen der Hausmutter, statt ihn herumzuzeigen. Sie wartete nur auf den richtigen Augenblick, um alle einzuweihen. Ich wartete auch nur ab, weiter nichts. Damals mußte ein Pärchen abwarten, bis beide einen freien Abend hatten, um die Verlobung beiden Wohngruppen gleichzeitig mitteilen zu können. Ich hatte mir so viele Aktivitäten aufgehalst, daß ich keinen freien Abend fand. Aber irgendwie schafften wir es, viel Zeit füreinander zu haben.

Mein ganzes Leben war völlig von den Zeiten mit Barb in Anspruch genommen, weil wir so viel gemeinsam hatten. Sie hörte gern Country-Musik, oder wenigstens machte sie den Eindruck, weil sie überallhin mitkam, wo ich mit der Band spielte, und mit seligem Lächeln zuhörte. Ich machte Riesenumwege, um sie zu ihren Unterrichtsstunden zu bringen. Ich tat so, als möge ich Gemüse. Obwohl ich fand, daß Tee nur etwas für Chinesen sei, rührte ich 15 Löffel Zucker hinein und schluckte das Zeug hinunter. Ich begleitete sie zur Apfelblütenparade in ihrer Heimatstadt. Wie gern suchte ich sie in der Bibliothek auf, wo wir studierten. Ich wollte sie keine Minute aus den Augen lassen, und es war der traurigste Augenblick des Tages, wenn ich sie an der Hintertür des Studentinnenblocks verabschieden mußte. Wir freuten uns beide auf die Zeiten, wenn wir nicht mehr „Auf Wiedersehen" sagen mußten, sondern zusammen in die eigene Wohnung gehen durften.

Was ich mit der ganzen Geschichte sagen will: Wie es bei den meisten Paaren läuft, suchte ich eine Person, die genau wie ich war. Und ich hatte sie gefunden. Sie hieß Barb. Wir hatten so viel gemeinsam. Wir paßten ganz und gar zueinander.

Dann kam die Hochzeit ... und plötzlich stellten wir fest, daß wir genau das Gegenteil voneinander waren. Tatsächlich erkannten wir uns als das gegensätzlichste Paar auf der ganzen Welt.

Barb war plötzlich entschlossen, keine Country-Musik mehr zu mögen. Ich hielt es nicht mehr für nötig, Gemüse zu mögen. Ich reichte das Tablett einfach weiter und trank Kaffee. Außerdem hatte ich Besseres zu tun, als Jahr für Jahr immer gleiche Apfelblütendekorationen zu betrachten. Im Lauf der Jahre sammelten wir alle Unterschiede, die wir feststellten, und jetzt sind schon zwei DIN-A4-Blätter voll damit. Wir zeigen sie allen, die uns die Unterschiedlichkeitsmeisterschaft streitig machen wollen. Was war geschehen?

Das Geheimnis

Barb erfuhr eins der Geheimnisse, das viele meiner Leserinnen erlebt haben: Sie hatte anscheinend zwei unterschiedliche Männer geheiratet. Der Mann, in den sie sich verliebt hatte, war fürsorglich und liebevoll. Er hielt ihr die Tür auf und erhob sich, wenn sie im Restaurant an den Tisch zurückkehrte. Er schaute ihr tief in die Augen und hakte interessiert nach: „Erzähl mir mehr davon", „Das ist ja faszinierend" und „Was hat deine Mutter sonst noch gesagt?" Er ging begeistert mit zum Einkaufen und wartete geduldig, während sie Schuhe anprobierte oder Blusen durchging. Er wußte, wann sie eine Umarmung oder Ermutigung brauchte, und er versuchte nicht, ihr Gefühlsleben zu „regulieren". Er hörte einfach zu und bestätigte mit seinen eigenen

Worten, daß er ihre Gefühle verstanden hatte. Er interessierte sich für das, woran sie interessiert war.

War das bei Ihnen auch so? Ja, Ihr Freund hörte sich mit Ihnen sogar eine Sinfonie an. Er saß gern mit Ihnen auf einer Decke am Seeufer und wollte alles wissen, was Sie erlebten, welche Ziele und Probleme Sie hatten.

Wenn Sie sprachen, ließ er beipflichtende Geräusche hören: „Aha ... oh ... mhm." Er schaute Ihnen direkt in die Augen, und Sie konnten in seine Seele blicken. Er wusch samstags das Auto für Sie und half Ihrem Vater den Garten umgraben. Er bezirzte Ihre Mutter so sehr, daß sie kaum die Hochzeit abwarten konnte, weil sie ganz genau wußte, daß der zukünftige Schwiegersohn einzigartig war. Immer gab sie ihm ein Extrastück von der Torte oder schob zuerst ihm die Sportseiten der Sonntagszeitung zu.

Im Prinzip mochte Papa den jungen Mann, hoffte aber sehr, daß er sein Haar schneiden und den Bart abrasieren würde. „Wag es ja nicht, allein mit ihm in seine Wohnung zu gehen!" warnte Papa.

Selbst wenn das verliebte Paar zufällig auf unterschiedliche Meinungen oder sonst etwas stieß, hieß es nicht: „Wie blöd!", sondern: „Das ist ja interessant. So habe ich das bis jetzt noch gar nicht gesehen. Erzähl mir doch genauer, wie du das meinst."

Die Hochzeit kommt, und Sie, die Braut, freuen sich auf ein langes Leben voller Glückseligkeit in Gespräch und Gemeinschaft. Sie argwöhnen nicht, daß mit Ihrem Mann irgend etwas passieren könnte, während Sie nach der Feier das Kleid wechseln. Lange aber dauert es nicht, bis Sie merken, daß etwas passiert ist. Was eigentlich?

Zum ersten Mal enthülle ich das tiefe, dunkle Geheimnis: Ihr frischgebackener Ehemann wurde am Gehirn operiert. Es geschah gleich nach der Feier, kurz vor dem Aufbruch in die Flitterwochen. Die Kirche stellt den Operationssaal dafür bereit, und zwar im Bereich der Kinderbetreuungsräume. Während Sie aus dem Hochzeitskleid schlüpfen, wird Ihr Mann in das Zimmer entführt. Der Arzt eröffnet sorgsam die Schädeldecke und fängt mit seiner Präzisionsarbeit an. Zuerst wird der Gehirnlappen für „Besuche" durch sein Gegenstück für „Sportschau" ersetzt. Die Windung für „Anteilnahme" wird zugunsten der „Karrierewindung“ entfernt. Das „Gefühl“ wird weggeschnitten, eingepflanzt wird die „Machermentalität“. Schließlich wird die „Einkaufsbummelwindung“ wegoperiert, eine „Sportwindung“ eingesetzt und alles wieder zugenäht.

Wenn Sie Ihren Mann dann wieder vor sich haben, ist er ein völlig anderer Mensch. Sein neues Gehirn meldet ihm, daß er eins seiner Lebensziele erreicht hat: Sie zu heiraten. Nach dieser Leistung schreitet er weiter zu Höherem und Besserem, zum Beispiel zu Beruf, Sport und Hobbys. Er fragt nicht mehr, wie es Ihnen geht. Wenn Sie ihm in die Augen sehen, ist nicht nur der Blick in seine Seele versperrt. Es ist niemand da. Seine Augen sehen aus wie glasierte Kirschen. Er kommt einfach nicht mehr dazu, den Beisitz auf dem Motorrad fertig zu montieren. Wenn Sie ihn an die Herbstausstellung erinnern, hat er keine Lust dazu, weil er schon einmal da war. Warum also noch einmal hingehen? Das schön präsentierte Obst und die Tiere sehen ja doch nicht anders aus als beim ersten Mal.

Jetzt reagiert er auf Ihre Gefühlsäußerungen mit Lösungsvorschlägen und versucht, Sie „zurechtzurücken“. Er rülpst und kratzt sich und macht noch so manches, das Ihren Sinn für Anstand beleidigt. McDonalds ist das exklusivste Restaurant, in das Sie ihn schleppen können – das heißt, wenn Sie ihn überhaupt zum Ausgehen bewegen. Seine Augen stieren ins Leere, wenn Sie von Ihrer Mutter reden. Er haßt Sinfoniekonzerte, und Sie müssen feststellen, daß *seine* Lieblingsinterpreten allesamt in der Hitparade zu finden sind. Er genießt diese Unterhaltung am liebsten im Auto oder Wohnzimmer, dargeboten von meterhohen Lautsprechern, die jeden Fluglärm übertönen. Das Auto müssen Sie selbst waschen. Für Besuche verschwendet er keine Zeit. Er schaut Ihnen nicht mehr in die Augen und ist bei jedem Thema anderer Meinung. Er findet, daß Sie im Unrecht sind. Plötzlich merken Sie, daß die Unterschiede in die Hunderte gehen. In der Phase der Verliebtheit ist Ihnen das völlig entgangen.

Ihr Mann geht nicht einmal mit zum Einkaufsbummel; wenn ja, stellt er etwas dar, was Barb als bloße „Anwesenheit“ oder „Bedrückung“ bezeichnet. Dazu kann ich nur sagen, welche hohe Ehre ich Barb damit erweise, überhaupt mitzukommen. Mein ganzes Leben kommt zum absoluten Stillstand, wenn ich mit ihr einkaufe. Ich kann nicht mehr den Lauf der Welt beeinflussen. Ich muß herumstehen, während Barb Blusen oder Schuhfarben vergleicht. Sie besitzt Schuhe in allen Farben und Macharten, die je produziert worden sind, aber bequem sind sie alle nicht, und überall sucht sie nach den idealen Schuhen, die unauffindbar bleiben.

In ein paar Läden gibt es gutgemeinte Ecken für Ehemänner, die mit einem ständig überfüllten Sofa ausgestattet sind, aber in der Regel muß ich unterstellen, daß man dem Mann zusätzliches Leid auferlegen will. Hat er nicht die Sünde begangen, im Garten Eden den Apfel nicht abgelehnt zu haben? Also muß der Mann stehen. Und wenn er das Glück hat, sich gegen die anderen 15 wartenden Männer durchzusetzen und einen Sitzplatz zu ergattern, werden ihm Modezeitschriften zugemutet, die „Frisuren der Welt“, „Die Bluse des Monats“ oder „Frau und Land“ heißen, mit Artikeln, deren Titel beispielsweise „Röcke, die ich gut finde“ lauten.

Es gibt Hoffnung

Tut mir leid, daß Ihr Mann auch eine Gehirnoperation durchmachen mußte. Dieses Buch soll zu der Erkenntnis beitragen, daß man nicht viel daran ändern kann. Das soll für Sie allerdings keine Ausrede sein, mit dem Lesen aufzuhören. Die Hoffnung besteht darin, daß jemand anders Ihrem Mann begegnen und ihm zeigen kann, wie aus ihm der fürsorgliche, liebevolle und anteilnehmende Mensch wird, den Sie vermeintlich geheiratet haben. Leider kennen die meisten Männer niemanden, der ihnen beibringt, wie man auf die Bedürfnisse einer Frau eingeht. Meist sind die Väter und Großväter von ihren eigenen Vätern und Großvätern nie darin unterwiesen worden, was es heißt, ein liebevoller Ehemann zu sein. Selbst die Kirchenväter waren kaum besonders hilfreich, obwohl die Bibel deutlich macht, wie ein Mann mit seiner Frau umgehen sollte.

Es gibt einen Hoffnungsschimmer. Also bitte weiterblättern, und wenn ich mit diesem Buch schließe, haben Sie eine Vorstellung davon, welche Rolle Sie in diesem Aufbauprojekt spielen können. Ich werde Ihnen erklären, warum Ihr Mann die ganze Zeit an Sex denkt. Warum er sich nicht so schnell um Reparaturen im Haushalt kümmert, wie Sie es gern hätten. Warum es ihm nicht auffällt, wenn Sie eine neue Frisur haben. Warum seine Arbeit sich genauso zerstörerisch auf Ihre Ehe auswirken kann wie die gefürchtete „andere Frau“. Warum Ihr Mann so abwesend sein kann. Warum er nicht zuhört, wenn Sie mit ihm reden. Warum die meisten Männer, die Sie kennengelernt haben, so fanatische Sportschaugucker sind. Was die größten Ängste des Mannes sind. Warum er Ihre hilfreichen Bemerkungen als Kritik betrachtet. Warum er nicht zum Arzt gehen will. Und wie man seinen Ehemann loslassen kann, damit er von allein zurückkommt und nicht wegläuft.

Wenn Sie dieses Buch gelesen haben, werden die Hoffnungen wieder aufblühen. Aber im Augenblick haben Sie die Hochzeit schon hinter sich und mußten entsetzt feststellen, daß Sie und Ihr Mann *verschieden* sind. Was also machen Sie jetzt?

Gott sagte, wir würden „ein Fleisch“, und dieses eine bin ich ... Stimmt’s?

In meiner Jugend hatte ich nur eine altertümliche Bibelübersetzung. Darin sprach Gott in 1. Mose 2,18 von der Frau als „Helferin“ des Mannes. Niemand war sich ganz sicher, was damit gemeint war. Es hörte sich an, als solle die Frau dem Mann behilflich sein, ihm überallhin folgen, seine Unterwäsche und Socken aufsammeln, rechtzeitig für das Mittagessen sorgen und jederzeit mit ihm ins Bett springen, wenn ihm danach ist.

Von Barb erfuhr ich, daß das hebräische Wort für „Helferin“ eigentlich *Vollenderin* bedeute. Meinem Verständnis für Barbs Rolle in meinem Leben verhalf das zu einer ganz neuen Richtung. Wenn sie mich *vollenden* sollte, dann mußte sie anders als ich sein. Erstaunlich! Ich dachte, ich habe die Bibel wörtlich verstanden, wenn sie davon spricht, daß Mann und Frau in der Ehe „ein Fleisch“ seien. Ich dachte aber, daß ich dieser „eine“ sei, da ich meistens recht habe, wenigstens aus meiner hellsichtigen Perspektive. Da ich recht hatte und ein Fleisch mit Barb war, mußte das Leben meiner Meinung nach für sie viel einfacher geworden sein. Sie brauchte die Welt nur noch von meinem Standpunkt aus zu betrachten, und unsere Ehe würde ein Muster an Vollkommenheit werden.

Als wir daher heirateten und ein Fleisch wurden, war ich sicher, daß meine Urlaubspläne gleichzeitig *unsere* Urlaubspläne sein mußten. Mein Einrichtungsgeschmack mußte von ihr übernommen werden. Meine Freizeitgestaltung würde *unsere* Freizeit bestimmen. Ich entdeckte jedoch, daß ich in jeder Hinsicht das genaue Gegenteil von mir geheiratet hatte. Die Verwirrung war komplett. Niemand hatte mich darauf hingewiesen, daß Verliebte blind für die Realität sind.

Nicht alle Paare sind so vollständig unterschiedlich. Manche Ehepartner ähneln sich eher, als daß sie sich unterscheiden. Wenn das Ihre Situation ist, sind Sie nicht seltsam, nur selten. Damit ersparen Sie sich aber nicht jeden Konflikt. Sie führen nur eine andere Sorte Streit als die gegensätzlichen Paare.

Zuerst dachte ich, Gott habe einen gewaltigen Fehler gemacht, Barb so anders als mich zu schaffen. Ich zweifelte nicht daran, daß sie die richtige Partnerin für mich war, mußte aber feststellen, daß wir nur eines gemeinsam hatten: den Hochzeitstermin. Das war's auch schon. Ach ja, Barb erinnert mich gerade daran, daß wir auch die gleichen Kinder und Enkel haben. Das sind alle unsere Ähnlichkeiten. Wie kam es bloß, daß ich all die Unterschiede übersehen hatte? Sie kennen die Antwort aus dem Kapitel über die Phase der Verliebtheit: Wir haben uns als Verliebte nur über die Ähnlichkeiten unterhalten, nicht über die Unterschiede.

Weil ich schon immer dachte, in fast allen Punkten recht zu haben, war ich zutiefst schockiert zu erfahren, daß Barb mich die ganze Zeit im *Unrecht* sah. Da mir aber meine Eltern und die Kirche, in der ich groß wurde, immer den Eindruck vermittelt hatten, daß Ärger und Streit Sünde seien, unterdrückte ich meine Gefühle und richtete mich nach Barb. Sie merkte nicht, daß sie in meinen Augen etwas falsch machte. Wenn ich an damals denke, kam sie mir auch gar nicht so fehlbar vor. Das hätte mich im Unterbewußtsein in eine unmögliche Lage gebracht. Wenn ich gedacht hätte, sie sei im Unrecht, dann wäre das auf einen Streit hinausgelaufen. Dann hätte ich ärgerlich sein müssen, hätte also gesündigt. Ich mußte aber doch versuchen, nicht zu sündigen. Also konzentrierte ich mich auf meine Arbeit und versuchte zu übersehen, was sie „falsch" machte. Damals wußte ich noch nicht, daß sie weder richtig noch falsch lag, sondern *anders* war als ich. Ich ging dem Konflikt aus dem Weg, um nicht zu sündigen.

In meiner Familie ging es sehr ruhig zu. Niemand sprach ein lautes Wort, und Meinungsverschiedenheiten kamen auf keinen Fall zur Sprache. Wenn ich an früher denke, erinnere ich mich, daß mein Vater manchmal verstummte oder etwas nervös wirkte, aber so etwas war für mich kein Ärger. Wer zornig war, brüllte oder warf mit Geschirr. Beim Nachdenken über unser Familienleben wird mir klar, daß meine Mutter ziemlich dominant war. Bestimmt ergab es sich manchmal, daß Papa in die Garage ging und gegen das Auto trat. Ich habe es aber nie gesehen.

Barb wiederum hatte eine Familie, in der die Gefühle viel offener gezeigt wurden. Sie konnten kampfbereit und wütend aufeinander einbrüllen und danach gleich wieder Frieden schließen. Wenn Barb und ich also aneinandergerieten und sich eine Meinungsverschiedenheit ergab, dachte ich, daß wir furchtbar versagt hätten, und ich fühlte mich elend. Sie aber dachte, wir hätten etwas Großartiges geleistet, und sie fühlte sich wunderbar.

Wie schon erwähnt, haben Barb und ich zwei ganze Seiten, auf denen vermerkt ist, wie unterschiedlich wir sind. Die Liste wird immer noch fortgesetzt. Seit wir zum Beispiel gemeinsam Vorträge halten, fällt mir auf, daß Barb sich *Bleistiftnotizen* macht. Kann man sich das vorstellen? Meiner Meinung nach erwartet Gott von uns Entwürfe in Tinte, und ich bevorzuge einen blauen Füller mit breiter Federspitze, mit dem ich der Welt etwas mitteilen kann, wohinter ich stehe, wovon ich nicht abweiche. Barbs Bleistift besagt, daß sie vielleicht noch ihre Meinung ändert oder sich auf einen anderen Standpunkt einlassen könnte. Als gäbe es noch etwas zu radieren.

Außerdem schläft sie gern bei offenem Fenster. Ich mache es lieber zu, weil sonst Ungeziefer und Pollen eindringen und ich niesen muß. Wir haben vor dem Schlafzimmerfenster einen Springbrunnen, der Geräusche macht. Barb muß ihn abends abstellen, damit sie ihn nicht hören kann. Ich schlug vor, daß wir nur das Fenster zu schließen brauchten, damit sie ihn nicht mehr höre. Dann müßte man nicht auch noch daran denken. Sie aber wollte lieber das Fenster offenlassen, und jetzt muß ich andauernd niesen.

Barb möchte, daß alle Uhren genau gehen. Ich will, daß sie sieben Minuten vorgehen, damit ich mich nicht verspäte. Fünf Minuten wären zu knapp, weil man sie zu leicht veranschlagen kann. Wenn meine Uhr aber sieben Minuten vorgeht, wird es komplizierter, die tatsächliche Zeit zu berechnen. Also gehe ich dann aus dem Haus, wenn meine Uhr findet, es sei soweit.

Für Barb gelten Richtlinien, keine absoluten Fristen. Für sie ist es nicht sinnvoll, pünktlich zu kommen, weil Sitzungen sowieso verspätet anfangen. Sie schwört, daß sie immer pünktlich sei, aber das stimmt nicht. Ich versuche, ihre Küchenuhr vorzustellen, damit sie es leichter hat, aber sie hat gerade eine Mikrowelle und einen neuen Herd bekommen, und bei beiden ist eine Digitaluhr eingebaut. Mit einem Blick kann sie alle drei Uhren vergleichen und erkennen, ob ich daran herumgespielt habe.

Beim Aufstehen bevorzuge ich die „progressive" Methode. Das heißt, daß ich mir gern drei Wecker stelle, um morgens wach zu werden. Einen stelle ich am Bett auf, und wenn er loslegt, dann weiß ich, daß mir noch eine halbe Stunde Schlaf vergönnt ist. Dann darf ich friedlich dahindösen. Den zweiten stelle ich so auf, daß ich mich ein wenig recken muß, und wenn er klingelt, kann ich noch eine Viertelstunde selig schlummern. Der dritte steht auf dem Nachttisch. Um diesen abzustellen, muß ich tatsächlich aufstehen, und wenn ich schon einmal aufgestanden bin, kann ich genausogut an die Arbeit gehen. Schwierig ist nur, daß Barb beim ersten Weckerklingeln aufschreckt und den Rest des Tages wach bleibt. Sie pfeift auf das dreifache Wecksystem. Deshalb bleibt es bei einem Wecker.

Damit hat sich jedoch ein größeres Problem eingestellt. Weil ich langsam schwerhörig werde, brauche ich den Wecker dicht am Bett. Im Gegensatz dazu hat Barb die besten Ohren der Welt und hört sogar die Blätter vom Zweig abfallen, und sei es im hintersten Winkel unseres hektargroßen Waldgeländes. Mir macht das Ticken einer Uhr nichts aus. Es hört sich irgendwie friedlich an. Also läuft die Sache folgendermaßen ab: Ich stelle den Wecker auf den Nachttisch an meiner Seite und fange an, ein Buch zu lesen. „Ich höre ihn immer noch", meldet sie sich. Dann stelle ich ihn auf den Boden. „Ich kann ihn noch hören", sagt sie. Jetzt lege ich ein Kissen darüber. „Immer noch", sagt sie wieder. Also kommt der Wecker in die Garage. „Ich höre ihn trotzdem", behauptet sie. Nun stelle ich ihn in den Wald, und endlich kann sie ihn nicht mehr hören, und wir begeben uns zur Ruhe. Dabei habe ich dann allerdings das Problem, die ganze Nacht wachbleiben und mir Sorgen machen zu müssen, ob ich auch pünktlich aufstehen kann. Denn aus dem Wald kann ich das Klingeln nicht hören.

Ich blieb auch schon nächtelang wach, weil ich mir Gedanken machte, ob ich schnarche. Jedenfalls habe ich geschnarcht, bevor ich in ein anderes Schlafzimmer umzog – sonst hätte Barb angeblich nie ein Auge zugetan. In unserem hohen Alter bekommen wir beide nun endlich unseren Schlaf, und ich kann den Wecker hören. Aber ich bezweifle, daß wir auf diese Art noch mehr Nachwuchs bekommen.

Nach alter Tradition besuchten wir einmal zu Silvester zwei von Barbs Brüdern und ihre Familien in einem Bungalow am See. Unser Haus bietet 600 Quadratmeter. Der Bungalow ist nur 40 Quadratmeter groß. Daran muß man sich gewöhnen. Wir sechs Leute vergnügen uns trotzdem. Vor ein paar Jahren allerdings lud Barbs Bruder Dick anscheinend die gesamte Einwohnerschaft der Stadt Edmonds zum Feiern und Übernachten ein. Barb und ich schlafen meist in einer Art Dachboden, aber in diesem Jahr wimmelte es von Eindringlingen in unserem Raum, überall waren Männer, Frauen und Kinder. Es schien so, als ob ein paar hundert Leute da oben übernachten wollten, dazu noch ein Bruder mit seiner Frau, Phil und Max. Ich stieg auf das Dach, wo niemand zusehen konnte, wie ich mir den Pyjama anzog (im Badezimmer war wegen der hundert Leute kein Platz mehr), und schlich mich ins Bett, als die anderen allmählich zur Ruhe kamen.

Jetzt ging es ums Schnarchen. Barb schärfte mir ein, daß sie sich scheiden lassen würde, wenn ich auch nur einen Schnarcher hören ließe. Vielleicht hat sie das auch nicht gesagt, aber ich nahm mir die Ermahnung zu Herzen. Ich lag da, starrte die ganze Zeit an die Decke und dachte über mein Schicksal nach. Einzuschlafen und meine Frau zu verlieren oder wachzubleiben und nicht zu schnarchen – sonst hatte ich keine Wahl.

Dann erschütterte ein Grummeln das Fundament des Bungalows. Es wurde immer lauter. Es waren Phil und seine Frau. Sie schnarchten, und auch Barb atmete in tiefstem Schlaf, und ich hatte mein Problem. Ein wenig dämmerte ich ein, aber Barb wurde wach, stieß mich an – und schlief wieder ein. Das war wohl die schlimmste Nacht meines Lebens. Zum Glück waren wir sechs letztes Jahr wieder unter uns. Aber mein Erfolg im Leben ist in Frage gestellt, solange ich ständig Angst haben muß, daß mein Zäpfchen in Schwingungen gerät – oder was sonst passiert, wenn ich schnarche.

Barb verlangt, daß ich mir die Kehle durchschneiden lassen soll. Eigentlich beschreibt sie es ein wenig anders. Angeblich gibt es inzwischen eine Laserbehandlung, bei der Einschnitte ins Zäpfchen oder anderswo gemacht werden. Leider kann man nie wieder sprechen, wenn etwas schiefgeht, und da ich meinen Lebensunterhalt durch Radiosendungen und Fernsehwerbung bestreite, sehe ich nicht ein, warum ich mich auf das Risiko einer fragwürdigen Operation einlassen sollte, die auf den Gang zum Sozialamt hinauslaufen könnte.

Noch ein Unterschied: Barb führt auf den Pfennig genau Buch über ihre Ausgaben. Ich dagegen leiste mir einen sogenannten „I-(Irrtums)-Faktor". Wenn ich meine Kontoauszüge bekomme, schaue ich nach, ob sie mit meinen eigenen Ausgaben übereinstimmen. Wenn die Bank meint, ich habe ein bißchen mehr, als ich dachte, schreibe ich einfach ein I unter die Ausgabenliste und addiere die Differenz. Wenn aus den Auszügen hervorgeht, daß ich ein bißchen weniger habe, notiere ich auch ein I und ziehe die Differenz ab. Jedesmal komme ich so auf den Pfennig genau hin. Ich weiß exakt, wieviel ich auf dem Konto habe. Wenn ich ungefähr bei plus/minus 20 Dollar bin, brauche ich doch nicht den Herbst meines Lebens mit der Suche nach der Differenz zu vergeuden. Irgend jemand hat einen Fehler gemacht, entweder ich oder die Bank. Also trage ich den Irrtumsfaktor ein und lebe fröhlich weiter.

Barb und ich durften sogar feststellen, daß wir verschiedene geistliche Gaben haben und die Bibel unterschiedlich lesen. Barb hat die Gabe des Lehrens und hockt *stundenlang* im Sessel, studiert die verschiedenen Zeitformen und vergleicht Vers mit Vers. Seelsorge ist nicht ihr Metier. Ich habe die Gabe der Ermutigung und lese die Bibel *minutenweise* vor Kundenterminen, im Badezimmer und beim Essen. Und bei der Seelsorge fühle ich mich richtig wohl.

Am meisten genieße ich es, (ohne Barb) mit einem Ehepaar essen zu gehen, das Eheprobleme durchmacht, Leute, die mir völlig fremd sind, am besten Nichtchristen. Nichtchristen machen mir Freude. Sie wissen nicht, was sie nicht glauben, und sie haben noch nie etwas vom Dienen gehört, vom Aufgeben eigener Rechte und von Hochachtung für den anderen. Sie geben sich nicht mit dem zweiten Platz zufrieden und haben noch nie erlebt, wie es ist, wenn man von einem rechtskonservativen, fundamentalistischen, sonderbaren wiedergeborenen Christen ohne Vorbehalte angenommen wird.

Unsere Unterschiede springen sogar dann ins Auge, wenn wir uns auf eins unserer Eheseminare vorbereiten. Da Barb Lehrerin ist, besteht sie auf einem Entwurf für den Vortrag. Weil ich Leute ermutigen will, reicht es mir, die betreffende Bibelstelle zu lesen und den Menschen zu erzählen, wie sie sich auf ihr Leben anwenden läßt.

Als wir einmal samstags ein Seminar in einer Kirche durchgeführt hatten, bat uns der Pastor zu bleiben und am nächsten Morgen in der Bibelstunde zu sprechen. Ich war einverstanden und dachte, was für eine gute Chance das sei, das Gelernte für noch mehr Zuhörer anzubieten. Barb war auch einverstanden, obwohl sie lieber etwas anderes gemacht hätte. Als wir allein waren, fragte sie, was wir jetzt tun sollten. Ich zog das kleine Notizbuch für Ideen aus der Tasche, in der es immer steckt, schrieb vier Bibelstellen zum Thema Leid auf und gab es ihr mit den Worten: „Christen wissen oft nicht, wie man so mit Versuchungen umgeht, daß es Gott gefällt. Sprechen wir also zum Thema Leid."

„Wie gehen wir vor?" fragte sie.

„Einfach so, daß wir diese Verse vorlesen und sie auf die Lebenssituation der Menschen anwenden."

„Wie arbeiten wir das aus?"

„Einfach so, daß wir diese Verse vorlesen und sie auf die Lebenssituation der Menschen anwenden."

„Wie formulieren wir unsere Ziele?"

„Einfach so, daß wir diese Verse vorlesen und sie auf die Lebenssituation der Menschen anwenden."

Sie schloß unser Gespräch mit den Worten ab: „Dann mach du das mal." Damit meinte sie, daß sie sich zurückhalten und mich schweben lassen wollte. „Schweben" heißt für sie, keinen Plan zu haben. Für mich heißt „schweben", mich an keinen bestimmten Entwurf zu fesseln und lieber die Bibel einzusetzen, um ihre Prinzipien auf das Leben der Zuhörer anzuwenden.

Am nächsten Morgen stellte ich mich auf den „Schwebeflug" ein. Barb hatte sich vorgenommen, nichts zu sagen, außer vielleicht dann, wenn sie etwas unterstreichen wollte. Als wir uns vor der Gruppe aufstellten, sagte ich „Guten Morgen", und Barb fiel mir ins Wort und sagte 45 Minuten lang alles, was der Heilige Geist sie in den letzten 20 Jahren gelehrt hatte. Ich bat sie, hin und wieder Luft zu holen, damit ich auch ein paar Einwürfe machen könne. Wir beide konnten unsere Gaben anwenden, und wir paßten großartig zueinander, weil wir so verschieden sind.

Einmal bereiteten wir uns auf einen Vortrag vor und machten eine Pause, um die Notizen zu vergleichen. Ich hatte versucht, das Publikum zum Lachen zu bringen. Barb wollte Einsichten vermitteln. Ich für meinen Teil finde, daß man am besten lernt, wenn man lacht – besonders dann, wenn die Lehrer selbst etwas zu lachen haben. Barb will vor allem Information weitergeben. Keiner von uns ist damit im Recht oder Unrecht; wir sind einfach verschieden.

Unsere Einstellung zu Hotels ist auch so ein Bereich, in dem die Unterschiede zutage treten. Als wir einmal auf eine Reise gingen, bekamen wir an der Hotelrezeption den Schlüssel für Zimmer 203. Ich stehe unter dem Schirm eines Gottes, der uns nur das Beste gönnt. Also nahm ich an, daß Gott vor Grundlegung der Welt festgelegt hatte, daß Barb und ich für Zimmer 203 bestimmt seien.

Barb war mit diesem Gedankengang aber nicht einverstanden, besonders, als wir den Raum sahen. Er roch nicht gut. Er war zu dicht am Aufzug. Das Bett hatte die falsche Größe. Die Gäste in der Bar direkt darunter machten zuviel Lärm. Wir hatten keine Aussicht auf das Meer, und so weiter. Während ich immer noch am Eindruck festhielt, Gott habe uns in Zimmer 203 gestellt, wollte Barb einen anderen Raum. Man stelle sich das einmal vor! Es war mir so peinlich. Sie wollte tatsächlich hinunter zur Rezeption gehen, den Empfangschef bei seiner wichtigen Arbeit unterbrechen und sich die Schlüssel von 15 Zimmern geben lassen, damit sie sich eins aussuchen konnte. Ich versuchte, mich unsichtbar zu machen, damit niemand merkte, daß sie zu mir gehörte. Als sie sich dann später festgelegt hatte, schlich ich mich über die Feuertreppe hinauf und ins Zimmer.

Allmählich merkte ich, daß sie bei Hotels eine gute Hand hat. Sie kann sich in den Gang der Dinge einmischen, ohne rot zu werden, und wir bekommen ein besseres Zimmer. Wenn wir jetzt zur Rezeption gehen, überlasse ich ihr die Kreditkarte und lasse mich in den nächsten Sessel fallen, wo ich das Buch lesen kann, das ich für solche Situationen ständig dabei habe. Sie übernimmt die gesamte Verhandlung um das richtige Zimmer, und für mich springt dabei der Blick auf das Meer heraus. Klappt wunderbar!

Barb hat außerdem noch die Lotsengabe. Ich weiß selten, wo ich bin, außer beim Weg zur Arbeit. Obwohl ich instinktiv weiß, daß sie sich besser zurechtfindet als ich, stört es mich trotzdem, wenn Barb eingreift: „Warum bist du da hinten nicht abgebogen? Du hast die Abfahrt verpaßt. Warum fährst du da lang?“ Mir fallen auf solche Fragen keine guten Antworten ein, deshalb fühle ich mich herabgesetzt. Barb will mich gar nicht niedermachen. Sie weiß einfach den besten Weg zu unserem Ziel und wünscht sich, auch ich möge ihn erkennen.

Schließlich sah ich ein, daß nicht ich, sondern Barb der beste Lotse in der Familie ist. Ich überließ ihr dieses Feld. Barb übernimmt immer dann die Navigation, wenn wir gemeinsam fahren. Sie gibt ihre Anweisungen: „Rechts abbiegen“ oder „Links abbiegen.“ Ich sage ihr, daß ich beim Fahren in Gedanken Werbetexte oder Möbel entwerfe. Sie ist also dafür zuständig, daß wir unser Ziel erreichen.

Vor kurzem verstieß sie gegen die Abmachung. Wir fuhren auf einer Straße Richtung Meer. Ich sah ein Sackgassenschild und machte Barb darauf aufmerksam. Sie gab zu, dieses Schild auch gesehen zu haben, hatte aber weder „Rechts abbiegen“ noch „Links abbiegen“ gesagt. Also fuhr ich geradeaus weiter – direkt in die Sackgasse. Wahrscheinlich wußte sie mehr als ich. Am Ende der Straße hielt ich an und teilte ihr mit: „Das war eine Sackgasse.“ Sie gab mir recht und meinte: „Was sollen wir denn hier?“ Was erwartet sie eigentlich, wenn sie mir nicht sagt, daß ich abbiegen soll? Mir blieb doch nur der Weg geradeaus übrig. Barb hatte gedacht, mir sei inzwischen der Weg zur Anlegestelle klar gewesen. Das war nicht der Fall. Ich reagiere nur auf ihre Anweisungen.

Barb und ich dachten, wir kämen beide auf Flughäfen gut zurecht. Also gab es jedesmal Streit, wenn wir an einem auswärtigen Flughafen ankamen. Ich finde, man sollte sich zuerst den Mietwagen besorgen, weil das Gepäck sowieso erst nach einer Weile ausgeladen wird. Sie findet, wir sollten erst auf das Gepäck warten, damit es nicht gestohlen wird. Wenn wir dann abfliegen, meine ich, man sollte erst einmal zum Schalter gehen. Barb möchte manchmal erst eine Tasse Kaffee trinken und herausfinden, wie lange wir bis zum Abflug warten können, indem wir erst dann durch den Sicherheits-Check gehen, wenn das Flugzeug schon anrollt. Wenigstens kommt es mir manchmal so vor.

Einmal brachten wir ganz ohne Streit den ganzen Flughafenkram hinter uns. Es war wunderbar. Ich machte eine Bemerkung zu dieser erstaunlich glatten Episode, und Barb sagte: „Ich hab' ja auch alles so gemacht, wie du es wolltest." Wie schön, daß sie endlich meine Flughafenkenntnisse anerkannte.

Harte Arbeit

Vermutlich ist Ihnen klargeworden, daß man an der Ehe hart arbeiten muß, vor allem, wenn Sie sich von Ihrem Ehepartner unterscheiden.

Obwohl wir von Leuten wie James Dobson, Gary Smalley, Larry Burkett oder Larry Wright stark beeinflußt wurden und ihnen ewig dankbar sind, haben wir die meisten Gedanken zur Ehe, die wir weitergeben, nicht aus Büchern gelernt. Eigentlich habe ich die meisten Ehefakten aus meinen *Fehlern* gelernt. Weil ich ein typischer Mann bin, der nur ungern versagt, sollte man glauben, daß ich am liebsten verschweige, was ich falsch gemacht habe. Ich habe jedoch festgestellt, daß ich meine Fehler preisgeben muß, sonst kann ich anderen nicht die Einsichten vermitteln, die sie für ihre Ehe brauchen. Da Barb und ich diese Prinzipien auf unser Leben angewandt haben, wissen wir, daß sie gültig sind. Jetzt können wir uns den Mitmenschen zuwenden und ihnen den Trost mitteilen, den Gott uns in trüben Stunden geschenkt hat.

Wenn wir versucht hätten, uns aus allen Problemen zu befreien, hätten wir anderen Ehepaaren nichts besonders Wertvolles zu berichten. Weglaufen ist allzu einfach, wenn es einem in der Ehe schlecht ergeht, und viele machen das heutzutage. Schwieriger ist es, zu bleiben und sich durch die Probleme durchzubeißen.

Da wir schon soweit sind, möchte ich schnell zugeben, daß es nicht leicht ist, Eheprobleme zu lösen. Eheprobleme sind unendlich kompliziert. Sie ergeben sich aus unterschiedlichen Elternhäusern, Schulerfahrungen, Persönlichkeiten, Lerngewohnheiten, Kulturen und den typischen Verschiedenheiten zwischen Männern und Frauen, um nur einige Quellen zu nennen. Ich habe Hunderte von Paaren beraten, und die Probleme liegen weder jemals klar auf der Hand, noch ist einer von beiden der eindeutig Schuldige. Ich kann mir kaum größere Qualen auf dieser Welt vorstellen als Ehekonflikte. Teilweise läßt sich der Streit auf die schwelende Frage zurückführen, warum etwas, das so süß und wunderbar angefangen hat, zu einer solchen Verbitterung und sogar zu Haß geworden ist.

Einige meiner Leser sind durch die Hölle der Scheidung, des Verlassenwerdens oder der emotionalen oder körperlichen Mißhandlung gegangen. Auch wenn ich dieses Leid nicht am eigenen Leib verspürt habe, sollen Sie doch wissen, daß ich mir einen anderen Ausgang für Sie gewünscht hätte. Bitte haben Sie nicht den Eindruck, ich wolle Sie mit meinen Worten herabsetzen. Ich möchte nur sagen: Wenn *beide* Ehepartner ihre Unterschiede beiseite stellen und anfangen zu lernen, wie man auf die Bedürfnisse des anderen eingeht, wenn sie sich ehrlichen Herzens um einen Wandel bemühen, dann gibt es Hoffnung und Heilung für die Beziehung. Manchmal kann eine professionelle Eheberatung diesen Heilungsprozeß beeinflussen, aber oft ergibt sich schon ein Fortschritt, wenn man sich mit einem anderen Ehepaar berät, das mit ähnlichen Problemen gekämpft und sie überwunden hat.

Bisher ist mir noch nie die „perfekte" Ehe begegnet. Es gibt immer einen Bereich, in dem es ein wenig hakt. Zur Lösung gehört auch die Frage, was die Bibel zur Ehe zu sagen hat, was man in Büchern lesen und auf Kassetten hören kann, was in

Eheseminaren geboten wird. All das hilft uns, die Fähigkeiten zu pflegen, mit denen wir unseren Anteil zur Beziehung beitragen können, damit Gott daraus macht, was aus ihr werden kann. Noch einmal: Ich weiß, daß es keine einfachen Lösungen für Ehekonflikte gibt. Aber aus eigener Erfahrung weiß ich auch, daß Gott aus Ruß Diamanten machen kann, wenn wir auf seine Grundsätze aufbauen.

Wenn man in einer Ehe zusammenkommt, ist es ähnlich wie bei zwei Flüssen, die erst Seite an Seite fließen und dann zusammenströmen. Wenn sie ineinander münden, entstehen viele Wellen und Gischt. Wenn sie aber eins sind, haben sie mehr Kraft und Tiefe als die einzelnen Zuflüsse.

Ich habe festgestellt, daß die Vermischung dieser beiden verschiedenartigen Ströme bei den Ehen, in denen ich um Hilfe gebeten werde, die häufigsten Probleme verursacht. Um dem Paar seine Unterschiede verstehen zu helfen, mache ich eine Temperamentanalyse nach Taylor-Johnson. Das ist ein sehr schöner Test, der von neun verschiedenen Persönlichkeitsgegensätzen ausgeht. Er läßt mich deutlich erkennen, wer von beiden am „Montags-Syndrom" leidet. Er zeigt mir, wer der Partylöwe ist und wer sich nie zum Briefkasten bemüht. Er erklärt, warum das Paar keine echte Kommunikation hat und warum die beiden sich gegenseitig eher Lösungen andrehen wollen, als Mitgefühl füreinander zu empfinden. Er sagt mir, wer von beiden negative Gefühle in Situationen hineindeutet und immer bei den falschen Antworten landet. Er zeigt, wer von beiden kluge, auf Tatsachen und nicht auf Gefühlen beruhende Entscheidungen treffen kann. Er zeigt, wer wen unterdrückt, wer Zornesausbrüche hat und wer die Zeitschriften auf dem Sofatisch parallel zur Tischkante ausrichtet und nach dem Datum sortiert.

Ehepartner haben die größte Mühe zuzulassen, daß der andere der Mensch sein darf, zu dem Gott ihn gemacht hat. Die Ehebeziehung ist so intim, daß man die gegenseitigen Stärken, Schwächen und das Deodorant kennt, das der andere benutzt. Wegen unrealistischer Erwartungen vor der Ehe fangen Mann und Frau bald an zu betonen, was der Partner jeweils „falsch" macht, statt zu erkennen, was er „richtig" macht. Und wenn die Unterschiede erst einmal zum Brennpunkt der Ehe geworden sind, ist der größte Bereich der Beziehung festgelegt durch Aussagen wie „Immer macht sie ...“ oder „Er kann nie ...“

Mir tut es weh, wenn ein Paar nach jahrelanger Eheberatung zu mir kommt und im Verhältnis zum Zeitaufwand wenig oder keinen Fortschritt aufweisen kann. Meiner Erfahrung nach haben sie so wenig Erfolge zu feiern, weil der Therapeut oder Pastor sich auf die *Symptome* statt auf die *Wurzeln* des Problems konzentriert hat, die darin bestehen, daß das Paar sich nicht an die biblischen Grundsätze der Ehe hält. Im allgemeinen ist bei den meisten Eheproblemen harte Arbeit nötig, besonders dann, wenn zur weiteren Komplikation noch Faktoren wie Mißhandlung in der Kindheit, Suchtprobleme, geschiedene Eltern und anderes hinzukommen. Diese Themen müssen in der Beratung berücksichtigt werden, bevor man zur Ehe selbst kommt.

Gott hat in der Bibel einige besondere Anweisungen gegeben, wie man eine harmonische, zufriedene Ehe zuwege bringt, und die meisten Leute schaffen das auch, wenn sie sich an Gottes Wege halten. Am schwersten ist es, das selbstsüchtige Wesen aufzugeben: zuerst an den anderen zu denken; dem Partner zu dienen; auf seine Bedürfnisse einzugehen; zu lernen, wie man Freund, Liebhaber und Partner wird. Alles steht in der Bibel geschrieben, wenn man nur offen dafür ist, das zu tun, was Gott sagt.

Schnell aber ein Wort an meine geschiedenen Leserinnen. Viele von Ihnen sind abgewiesen worden, auch wenn Sie alles getan haben, um die Ehe zusammenzuhalten. Manche mußten wegen Mißhandlung oder ständigen Ehebruchs selbst den Schritt aus der Ehe tun. Ich würde Ihnen gern eine kräftige, altmodische, großväterliche Umarmung verpassen, was leider nicht geht. Am zweitbesten ist die Zusage, daß Gott versprochen hat, den Vaterlosen Vater zu sein und Ehemann denen, die keinen Mann (mehr) haben. Er will im Leid dieses Lebens trösten. Aus der Asche kann immer noch ein Phönix entstehen, wenn Sie Ihre Geschichte bereitwillig anderen erzählen, die das gleiche durchmachen. Sie können Gottes Werkzeug der Hoffnung werden, wenn Sie diesen anderen helfen, ein ähnliches Trauma im Leben zu überwinden.

Zur Ehe gehören beständiges Wachstum und Lernbereitschaft. Typischerweise denkt man: Wenn der Partner sich erst einmal entwickelt und gelernt hat, was „richtig" ist, also ein bißchen mehr wie ich geworden ist, kann ich mir die Hände abklopfen, feststellen, daß zur vollkommenen Ehe nun nichts mehr fehlt und mich anderen Dingen zuwenden. Dazu muß ich etwas sagen. Sie werden Ihren Mann *niemals* in Ihr Bildnis umformen (genausowenig kann er das mit Ihnen tun). Er wird *niemals* die Welt mit Ihren Augen sehen. Er wird *immer* irgend etwas machen, das Sie ärgert. Je eher Sie sich entspannen und Gottes Plan akzeptieren, der die Unterschiede zwischen Ihnen und Ihrem Mann einschließt, desto eher können Sie anfangen, aus Ihrer Ehe jenen Stoff zu schaffen, aus dem die Träume sind.

Die Vorstellung von der Helferin (Vollenderin) in 1. Mose 2,18 birgt für mich den Gedanken der Gleichheit. Barb ergänzt mich und bringt Gaben und Charakterstärken in unsere Beziehung ein, die ich nicht habe. Ich ergänze sie und bereichere die Beziehung durch Wesenszüge, die sie nicht hat. Wir beide unterstellen uns Gott, und Barb und ich werden zu einer Einheit: ein Fleisch, nicht zwei oder annähernd eins oder doch ein bißchen mehr zwei. Wir sind *ein* Fleisch: untrennbar, unteilbar, ein einziges Wesen.

Ich stelle mir die Ehebeziehung als Dreieck vor. Der Mann dient seiner Frau, und die Frau dient dem Mann. Sie beide dienen gleichermaßen Gott. Aber wenn sie sich voneinander entfernen, entfernen sie sich auch von Gott.

Ich möchte Sie dahin bringen, daß Sie entspannt die Unterschiede zu Ihrem Partner akzeptieren und letzten Endes sagen können: „Ja, so macht er es nun mal" und „Gut, so ist er nun mal." Dazu gehört eine gewaltige Dosis der Gnade Gottes, aber man *kann* dahin gelangen.

Ein Aspekt der ehelichen Mißverständnisse ergibt sich aus dem körperlichen Bereich der Beziehung. Gott hat sich die Sexualität als etwas Vergnügliches für die Ehe vorgestellt. Oft genug aber haben beide Partner keine Ahnung, wie der andere sich diesen „Zuckerguß" auf dem Ehekuchen vorstellt. Schauen wir also nach, wie Männer und Frauen sich hier unterscheiden.

Die Idee mit dem Sex stammt von Gott ... kaum zu glauben, oder?

Barb und ich führten neulich ein Eheseminar durch. Es war nicht mehr viel Zeit, und Barb wollte auf einen weiteren Punkt zu sprechen kommen, bevor ich das Gespräch über den körperlichen Bereich der Beziehung eröffnete. Also sagte Barb: „In einer Minute wird Chuck euch alles sagen, was er über Sex weiß." Natürlich brach im Publikum Gelächter aus. Als die Ruhe wiederhergestellt war, korrigierte ich Barb: „Es dauert mindestens zwei Minuten, bis ich alles gesagt habe, was ich über Sex weiß."

Wußten Sie, daß die sexuelle Beziehung eines Mannes mit seiner Frau zu den schönsten Dingen gehört, die er kennt, und gleichzeitig sein stärkstes Bedürfnis befriedigt? Ganz richtig, sein *stärkstes* Bedürfnis. Er ist deswegen kein Tier. Gott hat dem Mann dieses intensive Verlangen und Interesse eingepflanzt, um der menschlichen Art das Überleben zu sichern. Gott verfolgte damit noch einen Zweck: einem Ehepaar die höchste Ekstase zu schenken, die das Leben bieten kann.

Ja, die Idee mit dem Sex stammt von Gott. Er dachte lange und gründlich darüber nach, ob er Adam oder Eva die grundsätzliche Verantwortung für diesen Bereich der Ehe geben solle. Gott entschied sich letzten Endes für Adam, weil er wußte, daß Eva zu beschäftigt, zu müde oder zu grüblerisch sein würde, wenn er sie damit betraut hätte. Wenn Eva die Sexualität verwalten würde, wäre es um die Spezies Mensch schnell geschehen, denn Eva hätte noch zuviel anderes zu überdenken gehabt.

Andererseits war Adam und jeder Mann in seinen Fußstapfen stets darauf konzentriert, sich einseitig, aber eifrig um diesen entscheidenden Teil von Gottes Plan für den Menschen zu kümmern. Gott wußte, daß er dem Mann zutrauen konnte, gründliche

Arbeit zu leisten. Wenn also Ihr Mann hin und wieder einmal früher zu Bett gehen möchte, müssen Sie wissen, daß er es nicht um seinetwillen tut. Es geschieht wegen des *Schicksals der Menschheit,* der *Erhaltung der menschlichen Art!* Was für eine edle und erschütternde Bürde, die der Mann zu tragen hat! Zweifellos möchte Ihr Mann Gott seinen unbedingten Gehorsam erweisen, wenn er seinen Auftrag erfüllt, um den Menschen vor dem Aussterben zu bewahren – die Frau ist ja derart beschäftigt. Überzeugt? Konnte ich mir auch kaum vorstellen. Im Ernst, es geht auch noch um etwas anderes.

Die Sexualität gehört zu den Lebensbereichen, in denen Mann und Frau kaum gemeinsame Seiten haben; oft lesen sie nicht einmal das gleiche Buch. Sicher ist, daß die Antriebskraft der Männer mit zunehmenden Jahren abnimmt (während sie bei manchen Frauen zunimmt), aber selbst dann noch ist die sexuelle Beziehung mit seiner Frau der erfreulichste Aspekt im Leben des Mannes. Manchmal werde ich gefragt, ob Sex nach 60 noch eine Rolle spiele. Was für eine lächerliche Frage! Selbstverständlich! Meine schönste Zeit für Sex ist die Weihnachtssaison, und weil der Sommer fast vorbei ist, werde ich schon ganz aufgeregt.

Mein Freund Gary Smalley sagt, daß ein Mann alle 50 Sekunden an Sex denkt. Das ist albern. Ich weiß nicht, woher er so eine Zahl nimmt. Bei mir persönlich sind es mindestens anderthalb Minuten, also kann er nicht recht haben.

Bloß weil ein Mann die ganze Zeit an Sex denkt, braucht er noch lange kein Tier oder pervers zu sein. Er reagiert eben nur auf die geballte Kraft, die Gott ihm bei der Schöpfung in Verstand und Körper gepflanzt hat, um die Arterhaltung zu sichern.

Damit will ich nicht sagen, daß Frauen kein Interesse an Sex haben. Sie haben einfach einen anderen Zugang. Ein Blick auf die Titelbilder von Illustrierten verleiht uns Einblick. Blätter für Männer betrachten Sex als Ereignis. In Frauenzeitschriften geht es um die Beziehung dabei.

Vor kurzem wurde ich an die Unterschiede zwischen männlicher und weiblicher Sexualität erinnert, als ich in unserer Lokalzeitung den Leserbrief einer Frau entdeckte. Sie machte sich lustig über eine andere Leserbriefschreiberin, die Anstoß am Anblick barbusiger Frauen auf einer Parade nahm. Es ging ihr um die Wirkung auf männliche Zuschauer. Die (erstgenannte) Schreiberin schloß in ihrer Spottrede mit der Feststellung, *sie* habe die Brüste schließlich auch gesehen und habe keine plötzlichen lustvollen Gedanken bekommen. Wie könne die andere Frau also glauben, daß es um die Männer so bestellt sei.

Einverstanden – Brüste kommen in der männlichen Gedankenwelt schon mal vor. Sie erregen allerdings starkes Aufsehen, und in unserer amerikanischen Kultur haben sie eine ausgesprochen sexuelle Bedeutung. Darum machen *Playboy, Hustler* und andere Magazine alles in allem ein Milliardengeschäft, indem sie den Männern einen Anblick zugänglich machen, der eben nicht alltäglich ist.

Obwohl christliche Männer genauso verdrahtet sind wie nichtchristliche, haben wir andere Gebrauchsanleitungen. Wir abonnieren weder *Playboy* noch *Hustler.* Wir blättern auch nicht heimlich darin, wenn wir beim Friseur sind. Ein wirklich ernstzunehmender Christ konsumiert vermutlich auch keine Pornofilme im Fernsehen oder auf Video, vor allem deshalb nicht, weil er seinen Kindern den Anblick ersparen will. Und zweitens kann er mit der geballten Ladung Nacktheit nicht umgehen, ohne in Gedanken zu sündigen. Wir müssen vor der Versuchung *Reißaus* nehmen. Versuchungen gibt es für den Mann reichlich. Die meisten Hotels bieten Pornokanäle. Viele Kioske legen Pornomagazine aus. In den meisten Spielfilmen hat Nacktheit einen festen Platz.

Selbst Sportzeitungen präsentieren immer wieder Bademoden – natürlich mit der Absicht, die Umsätze der Modeindustrie zu fördern ... Glauben Sie wirklich? Dann schreiben Sie mir. Ich habe ein Grundstück in Florida, das ich Ihnen zum Vorzugspreis verkaufen würde. Auf den Seiten mit Bademoden geht es *nicht* um Bikinis; es geht darum, Zeitschriften mit sexueller Beigabe zu verkaufen, die nicht so offen dargeboten wird wie im *Playboy.* Ich kenne nicht die genauen Umsätze, aber ich wette, daß die Badesaisonausgabe sich als großer Verkaufsrenner auswirkt. Warum? Weil Männer vom weiblichen Körper fasziniert sind. Für sie ist der weibliche Körper einfach das Schönste im ganzen Universum.

Es hat mich amüsiert, einen Leserbrief zum Thema Bademoden in so einer Zeitung zu lesen. Die wohlmeinende Frau stand vor einem Rätsel. „Die Mädchen auf den Bildern waren überhaupt nicht sportlich“, staunte sie. Sie fand, es sei sinnvoller, sie erst dann im Bikini zu zeigen, wenn sie als Schwimmerinnen etwas erreicht hätten. Offensichtlich hatte sie etwas falsch verstanden.

Wahrscheinlich denken Sie, daß wenigstens die Heimwerker harmlose Hobbyzeitschriften bekämen. Es klingt vielleicht seltsam, aber da die Bootshersteller wissen, daß man mit Sex alles verkaufen kann, garnieren sie ihre Anzeigen in solchen Magazinen immer mit einem Mann und einer Begleiterin, die schier aus den Nähten eines Etwas platzt, das sich albernerweise Badeanzug nennt. Die Bilder sind allerdings sehr klein. Man braucht eine Lupe, um die Kurven wirklich würdigen zu können – die Kurven des Bootes. Ich muß mit zunehmendem Alter eine immer stärkere Lupe nehmen. Ich werde älter und die Augen schwächer. (Barb, ich will ja nur ein Beispiel anbringen, damit meine Leser durchblicken. Ich habe überhaupt keine Lupe. Und auch wenn du weißt, daß ich für Boote nichts übrig habe, muß ich doch auf dem laufenden bleiben, falls jemand aus meiner Bibelstunde aus dieser Branche kommt. Also bitte, nicht gleich das Abonnement kündigen!)

Auch als treusorgender christlicher Ehemann, der seine Phantasie so rein wie möglich zu erhalten versucht, bleibe ich immer am Anblick des Mädchens im Badeanzug hängen, das neben dem Ölfilter in der *Internationalen Trucker-Ersatzteilzeitung* abgedruckt ist. Ich glaube, es ist einem Mann nicht möglich, an einen Punkt zu gelangen, wo ihm eine hübsche Frau nicht auffällt, außer er ist blind, homosexuell oder älter als 120. Er sieht, wie eine schöne Frau die Straße entlanggeht. Er sieht sie, und damit hat es sich. Er zieht deshalb noch lange nicht lüstern um die Häuser oder spioniert ihr nach, um sie täglich zu beobachten. Das wäre Sünde.

Die meisten Menschen glauben, Gott habe Adam in den Schlaf versetzt und aus seiner Rippe sogleich die Frau geschaffen. Nun, ich glaube, er hat sich Zeit gelassen. Das geht klar aus meiner Bibel mit den ausführlichen Worterklärungen hervor (ich muß die Sache wissenschaftlich halten, damit Barb mit dem Buch einverstanden ist). Gott gönnte sich zwei Wochen hintereinander kaum Ruhe und arbeitete an der weiblichen Figur. Er ließ sich von zweien seiner männlichen Engel helfen. Gerade formt er etwas Lehm und fragt seine Helfer: „Wie wäre es, wenn ich das hier ansetze?“

Keine Antwort.

„Und da drüben?“

Keine Antwort.

„Wie sieht das eigentlich aus, ein bißchen hier an dieser Stelle?“

Die männlichen Engel fangen leicht an zu schwitzen.

„Perfekt“, sagt Gott. „Na, wie wär’s, vielleicht runden wir die Ecken noch etwas ab? Mein Vorschlag läuft darauf hinaus, beim ganzen Design völlig auf harte Kanten oder rechte Winkel zu verzichten. Glatt, weich und rund – damit ist dieses Produkt absolut konkurrenzlos.“

Die männlichen Engel rufen im Chor „Amen“.

Dann versteckte Gott Eva in den Büschen, wo Adam gerade die Azaleen goß. Er bat Adam, ihm beim Benennen der Tiere zu helfen und sich gleichzeitig für eine Gefährtin zu entscheiden, eine Ergänzung. Für Adam war Gott der Größte, also half er ihm eifrig, die Tiere zu benennen.

Gott stellte ihm die Giraffe vor. „Giraffe“, sagte Adam, „kommt aber als Partner nicht in Frage.“ Als nächstes ließ Gott den Strauß kommen und sich verbeugen. „Strauß“, sagte Adam. „Kein Partner.“ Gott brachte das Känguruh, das Nashorn, die Ameise, das Erdferkel und die Biene herbei. Adam vergab die Namen und lehnte ab. Dann brachte Gott Eva zum Vorschein und präsentierte sie Adam. Die Luther- und anderen Übersetzungen lassen Adam bei diesem Anblick „siehe“ und „wahrlich“ sagen. Diese Worte aber werden den Gefühlen vermutlich einfach nicht gerecht. Die wahre Übersetzung müßte etwa lauten: „Toll! Da hast du aber was erfunden! Mensch! Echt serienreif! Die und keine andere! Was ganz Besonderes! Das haut mich glatt um!“

Als Adam sich davon erholt hatte, bat Gott ein paar Gorillas, ihn zu stützen. Dann traute er das junge Paar. Seither führten sie ein glückliches Leben fast bis in alle Ewigkeit.

Der weibliche Körper ist Gottes erlesenstes Werk, etwas durch und durch Schönes, und so geschaffen, daß der Mann sich davon angezogen fühlt. Das hat Gott so geplant. Hören wir uns an, wie Salomo eine schöne Frau beschreibt:

> „Wie schön ist dein Gang in den Schuhen, du Fürstentochter! Die Rundung deiner Hüfte ist wie ein Halsgeschmeide, das des Meisters Hand gemacht hat. Dein Schoß ist wie ein runder Becher, dem nimmer Getränk mangelt. Dein Leib ist wie ein Weizenhaufen, umsteckt mit Lilien. Deine beiden Brüste sind wie junge Zwillinge von Gazellen. Dein Hals ist wie ein Turm von Elfenbein. Deine Augen sind wie die Teiche von Heschbon am Tor Bat-Rabbim. Deine Nase ist wie der Turm auf dem Libanon, der nach Damaskus sieht. Dein Haupt auf dir ist wie der Karmel. Das Haar auf deinem Haupt ist wie Purpur; ein König liegt in deinen Locken gefangen.
> Wie schön und lieblich bist du, du Liebe voller Wonne! Dein Wuchs ist hoch wie ein Palmbaum, deine Brüste gleichen den Weintrauben. Ich sprach: Ich will auf den Palmbaum steigen und seine Zweige ergreifen. Laß deine Brüste sein wie Trauben am Weinstock und den Duft deines Atems wie Äpfel; laß deinen Mund sein wie guten Wein, der meinem Gaumen glatt eingeht und Lippen und Zähne mir netzt." (Hoheslied 7,2-10)

Im Bund der Ehe stehen alle diese wunderbaren Bilder unter dem Segen Gottes. Nun verschafft es mir keine erregenden Gefühle, wenn ich an Barbs Nase als „Turm auf dem Libanon" denke oder an ihre Augen als „Teiche von Heschbon", aber eine Frau kann sich einfach nicht vorstellen, wie faszinierend der weibliche Körper auf den Mann wirkt.

Selbst Freunde von mir sind mit der nächsten Behauptung nicht einverstanden, doch Sie sollten immerhin darüber nachdenken. Ich glaube, daß der Mann eine schöne Frau ansehen und in ihr einfach Gottes Werk bewundern kann, ohne daß er sie unbedingt begehrt. Wie schon gesagt, meine ich, daß es dem Mann *unmöglich* ist, eine schöne Frau *nicht* zu bemerken. So hat Gott ihn nun mal geschaffen. Wir Männer müssen nur darauf achten, daß unsere wertneutrale Aufmerksamkeit nicht in Sünde abgleitet.

Barb und ich fuhren einmal ins Gebirge, um meine Lieblingstante zu besuchen, die Krebs hatte und im Heim wohnte. Wir verabredeten ein Treffen mit meinem Cousin Ray und seiner Frau Beverly im Heim, und es war eine angenehme Überraschung, dort auch meinem Onkel Ted mit seiner Frau May zu begegnen. Zuerst besuchten wir unsere Tante, und dann gingen wir drei Paare in ein Restaurant. Es war ein gelungener Besuch gewesen. Wie üblich entwickelten sich die Gespräche von Männern und Frauen in verschiedene Richtungen. Wir bekamen nicht mehr mit, worüber unsere Frauen sprachen. Unser Tisch war am Fenster. Plötzlich machte unser gut siebzigjähriger Onkel seine beiden sechzigjährigen Neffen auf eine hochgewachsene Schönheit draußen auf der Straße aufmerksam.

Ein toller Anblick, dieses junge Mädchen in knappen Shorts und Cowboystiefeln. Einfach überwältigend! Wir freuten uns am Anblick dieses Geschöpfes Gottes, bis sie vorübergegangen war. Ich weiß nicht, was Onkel und Cousin dachten; wahrscheinlich nichts anderes als ich: „Danke, Herr, daß du die Frauen so schön und großartig gemacht hast." Dann widmeten wir uns wieder unserer Suppe, ohne weiter an sie zu denken. Erst jetzt, bei diesem Kapitel des Buches, fällt sie mir wieder ein.

Finden Sie es anstößig, wenn wir Männer uns am Anblick der Schöpfung Gottes erfreuen? Wir sind keine schmuddeligen alten Böcke, und wir haben auch nicht in unserer Phantasie gesündigt, als dieser Traum von einer Frau vorüberging. Wir schauten nur hin. Wir freuten uns an ihrem Anblick. Und dann aßen wir weiter. Bitte finden Sie sich damit ab, wie Ihr Mann und wir anderen alle funktionieren, ohne sich davon bedroht zu fühlen. Bitte kritisieren Sie uns deswegen nicht. Im Grunde könnten Sie auf das Spiel eingehen und beim Strandspaziergang Ihren Mann fragen: „Wie findest du die da drüben im Bikini?" Er streitet wahrscheinlich ab, die Bikinischönheit bemerkt zu haben, aber Sie wissen es besser. Vor Gott ist das in Ordnung, und wenn Sie verstehen, wie Männer konstruiert sind, werden auch Sie keinen Anstoß nehmen.

Einseitige Phantasie

Wenn Sie meinen, daß Ihr Mann die ganze Zeit an Sex denkt, dann haben Sie recht. Ein weiter Bereich seiner Gedankenwelt ist davon beansprucht, und natürlich hofft er, daß für Sie Sex auch etwas Schönes ist. Oft allerdings kommt es vor, daß Sie müde sind. Die Kinder rauben manchmal den letzten Nerv, Sie sind sauer auf Ihre Mutter, und dann haben Sie ja auch Ihre Tage. Alles in allem sind Sie zwar nicht zum Selbstmord, aber durchaus zum Totschlag aufgelegt. Die Kirchengemeinde mutet Ihnen einiges zu, der Chef ist einfach unmöglich, die Wohnung ein Chaos – und jetzt will dieser Mann auch noch mit Ihnen ins Bett! 24 Stunden am Tag haben Sie sich verausgabt, sieben Tage in der Woche, ohne zu klagen, und dann sollen Sie jedesmal sexuellen Appetit zeigen, wenn Ihr Mann eine gewisse Anzeige in seiner Hobbyzeitschrift gesehen hat.

Nebenbei, in diesem Bereich der Ehe können Sie Verhandlungsgeschick beweisen und trotzdem Ihren Spaß haben. Vielleicht muß die Verandatür repariert oder etwas zur Mülltonne gebracht werden. Sie wollen ein Zimmer gestrichen haben, von den Kindern entlastet werden, brauchen Hilfe beim Abwaschen, Staubsaugen oder tausend anderen Sachen. Sie brauchen nur abzumachen, daß Sie mit ihm ins Bett gehen, wenn er mit allem fertig ist. Dann fühlt er sich geehrt und geschmeichelt – und wird nervös. Wahrscheinlich haut er sich mit dem Hammer den Daumennagel blau oder läuft auf dem Weg zur Mülltonne gegen den Wäschepfahl, aber das ist es ihm wert. Machen Sie den Deal, sooft es Ihnen paßt, und Sie haben den bestfunktionierenden Haushalt der ganzen Welt. Wenn er aber bei Reparatur und Anstrich nicht so richtig mitspielt, sollten Sie sich trotzdem nicht verweigern. Er begehrt Sie in jedem Fall, und Sie sind sein bestes Geschenk.

Wenn ein Mann heiratet, geht er davon aus, bei der Frau seines Lebens sexuell ungehindert zum Zuge zu kommen. Aus heiterem Himmel stellen sich ihm dann der monatliche Zyklus, Schwangerschaften, Müdigkeit, Verwandtschaftsstreß und die eigene Unzulänglichkeit als Liebhaber in den Weg. Peng – das Paar kommt ganze sechs Wochen nicht mehr zusammen. Beim

Mann steigt der Druckpegel; läßt die sexuelle Erfüllung sehr lange auf sich warten, steigert sich der Druck bis in den Gefahrenbereich. Dann lassen selbst Cartoons seine Phantasie sprießen. Oder der Anblick eines LKW-Aufklebers mit weiblichen Umrissen erweckt den unstillbaren Drang, zu Ihnen nach Hause zu kommen und etwas gegen diesen Druck zu unternehmen.

Manche sexuellen Probleme ergeben sich aus der gegenseitigen Unkenntnis von Wünschen und Bedürfnissen, die der andere in diesem Bereich hegt. Männer glauben, alles liefe ganz natürlich. Ein großer Teil weiß überhaupt nichts von den Bedürfnissen einer Frau. Diesen Männern ist nicht klar, daß eine Frau langsam warm wird, wie ein Bügeleisen, und dann langsam wieder abkühlt. Sie dagegen wissen schon, daß Ihr Mann wie eine Glühbirne funktioniert: An! Aus! Er schnarcht schon längst, wenn Sie in Gedanken noch beim Abendessen sind. Und wenn er Sie nicht befriedigen konnte (vor allem wegen seiner Ahnungslosigkeit), ist das für Sie verwirrend und verletzend und hinterläßt das Gefühl, benutzt worden zu sein. Natürlich denken Sie mit Widerwillen an das nächste Mal.

Wenn ein Mann seine Frau nie berührt, außer wenn er mit ihr schlafen will, fühlt sie sich nicht wie die Person, die er liebt, sondern mehr wie ein Objekt. Das aber versteht er nicht und fragt sich, warum sie nicht mehr Begeisterung zeigt. Jemand sagte einmal, daß Sex in der Küche anfängt. Sex ist eine Beziehungssache. Den meisten Männern ist das nicht bewußt. Also werden die beiden nervös. Der Mann hat Angst, sich zu romantisch zu geben und auf Tuchfühlung zu gehen, weil er denkt, seine Frau glaube, er wolle gleich mit ihr ins Bett. Die Frau schreckt vor romantischen Umarmungen zurück, weil sie befürchtet, ihn damit auf dumme Gedanken zu bringen.

Bei einer Antwort auf die Umfrage, die ich zur Vorbereitung für dieses Buch durchführte, stellte eine Frau die Frage, wie ihr Mann nach einem großen Streit glauben könne, alles sei wieder in Ordnung, wenn er mit ihr schlafe. Oder wie er kurz nach einem schönen Erlebnis im Bett einen Streit anzetteln könne. Mir liefert das nur einen weiteren Beweis dafür, daß Männer Sex als bloßes Ereignis betrachten, Frauen dagegen die Beziehung im Vordergrund sehen.

Es soll Spaß machen!

Um in diesem Problembereich Abhilfe zu schaffen, sollten Sie daran denken, daß nichts Ihrem Mann mehr Freude macht, als mit Ihnen zu schlafen. Sie wissen, daß es auch Ihnen Freude machen kann. Es ist ja nicht so, daß Sie Sex nicht genießen können – das Problem sind die vielen ablenkenden Faktoren. Versuchen Sie doch, öfter für ihn da zu sein, einfach deshalb, weil Sie ihn lieben. Wenn ich eine Frau wäre und wüßte, woran mein Mann die größte Freude hätte, dann würde ich mir einiges ausdenken, um ihm diese Freude so oft wie möglich zu gewähren. Wir Männer verlieren ziemlich schnell den Antrieb, und wenn sich herausstellt, daß unsere Frauen am sexuellen Bereich der Ehe nicht so interessiert sind wie wir, suchen wir unseren Spaß in anderen Bereichen, Arbeit oder Hobby. Wenn ein Mann leichtfertig mit dem Eheversprechen umgeht, könnte er Befriedigung in einer neuen Beziehung suchen.

Betrachten Sie es mal so: er fühlt sich beschenkt, wenn Sie mit ihm schlafen. Sehen Sie in Ihrem Mann ein Projekt. Bringen Sie ihn aus der Ruhe, necken Sie ihn. Flirten Sie mit ihm. Übernehmen Sie hin und wieder die Initiative zur Liebe. Überraschen Sie ihn damit, und Ihr Mann wird ausgesprochen glücklich sein.

Es gibt viele wunderbare Bücher zur Liebe in der Ehe, die Sie mit Ihrem Mann gemeinsam lesen können. Die Ahnungslosigkeit hinsichtlich der Bedürfnisse des Partners ist ein Haupthindernis für die volle Entfaltung der Sexualität in der Ehe.

Gott hat im Hinblick auf Männer und Frauen klare Regeln aufgestellt:

> „Der Mann leiste der Frau, was er ihr schuldig ist, desgleichen die Frau dem Mann. Die Frau verfügt nicht über ihren Leib, sondern der Mann. Ebenso verfügt der Mann nicht über seinen Leib, sondern die Frau. Entziehe sich nicht eins dem anderen, es sei denn eine Zeitlang, wenn beide es wollen, damit ihr zum Beten Ruhe habt; und dann kommt wieder zusammen, damit euch der Satan nicht versucht, weil ihr euch nicht enthalten könnt." (1. Korinther 7,3-5)

Es ist interessant, bei der Bedeutung des griechischen Wortes für „wieder zusammenkommen" in der obigen Textstelle einmal nachzuschlagen. Es lautet *hypotasso* und setzt drei- oder mehrmals wöchentlich voraus. Geben Sie nicht mir die Schuld, liebe Leserinnen. Schauen Sie selbst im griechischen Wörterbuch nach. Oder fragen Sie Barb. Ach nein, ich hab's mir überlegt: lieber nicht. Vertrauen Sie mir einfach.

Einmal sollten Barb und ich zwei Konferenzen in einer bestimmten Kirche durchführen, die eine für Männer, die andere für Frauen. Die Frauenkonferenz fand zuerst statt und erwies sich als großartig. Meine letzten Worte an die Frauen vor dem Abschiedsgruß waren die Bitte, öfter mit ihren Männern ins Bett zu gehen. Die Leiterin der Gruppe nahm diesen Gedanken auf und erklärte sich einverstanden damit: es blieben bis zur Konferenz der Männer noch vier Wochen Zeit, damit anzufangen. Vermutlich hielten die Frauen sich ziemlich genau an die Vorschläge, denn mir wurde versichert, in der gesamten Geschichte dieser Kirche habe es keine höhere Teilnehmerzahl gegeben.

Wir hielten im nächsten Jahr eine Nachfolgekonferenz für Männer und Frauen ab. Nach dem ersten Treffen kam ein junges Paar mit Baby nach vorn und sagte: „Vielen Dank!"

Also: Schicken Sie doch mal wieder die Kinder zum Übernachten zu den Großeltern, kochen Sie Ihrem Mann sein Lieblingsessen, zünden ein paar Kerzen an, tragen Sie etwas, das nicht alles vollständig verhüllt und lassen der Natur ihren Lauf. Freuen Sie sich aneinander. Ja, ich weiß, manchmal lassen Sie sich im Nachthemd sehen, aber das ist ja fast ein Overall. Mehr Kreativität, bitte! Machen Sie ihm doch einmal die Tür auf, wenn Sie gar nichts anhaben (hoffentlich ist es dann nicht der Briefträger). Ich kann kaum die Wirkung auf ihn beschreiben, wenn er merkt, daß auch Sie *Spaß* daran haben. Machen Sie das aber nur ein- oder zweimal. Wenn es öfter passiert, hält sein Herz die Aufregung einfach nicht aus. Vergessen Sie aber nicht die griechische Vokabel: hypotasso (dreimal!).

Nun wollen wir erkunden, was sich aus einer guten sexuellen Beziehung ergeben kann: Babys!

Wie man Kinder perfekt erzieht: Fragen Sie einfach Oma und Opa

Als Barb und ich geheiratet haben, gab es weder Bücher über die Ehe noch über Elternschaft. Eigentlich hatten wir keine Ahnung, wie man zu Babys kommt. Ich dachte, sie müsse in eine Blumenwiese gehen und bestäubt werden ... oder so ähnlich. Wir wollten gleich eine Familie gründen. Einen Monat nach der Hochzeit wurde es Barb übel. Sie wollte nur noch saure Gurken und Kekse essen, und zwar morgens vor dem Aufstehen. Auch nahm sie um die Hüften ein wenig zu und ging wegen einer Diät zum Arzt. Na also: es stellte sich heraus, daß sie schwanger war. Tim war unterwegs. Er war nicht unbedingt eingeplant, allerdings auch nicht *ungeplant.* Damals, in der guten alten Zeit, „passierten" Schwangerschaften nun mal.

Barb brauchte 30 Stunden, um Tim zur Welt zu bringen. Endlich kam er doch. Damals durften die Männer ihre Frauen noch nicht bei der Geburt begleiten. Einen Großteil der Zeit im Warteraum verschlief ich. Heute ist eine Geburt natürlich ein Medienereignis mit Kameras und Presseverträgen, aber damals saß ich hilflos herum, bis die Krankenschwester eintrat und sagte: „Es ist ein Junge."

Ich hatte keine Ahnung, was das eigentlich bedeutete. In unserer Generation taten wir zur Vorbereitung auf die Elternschaft nichts anderes, als das Kinderzimmer hellblau oder rosa zu streichen. Es gab niemanden, der uns vermittelte, was ein Baby im Hinblick auf Zeit und Geld wirklich bedeutete. Nach der Ankündigung, daß es ein Junge sei, wußte ich also nur, daß ich meine größer gewordene Familie nach Hause bringen und wieder zur Arbeit gehen mußte.

Es gibt ganz sicher einen biblischen Grundsatz, nach dem ein

Mann sich erst dann in das Leben des Neugeborenen einmischen darf, wenn es sechs Monate alt wird, lächeln kann und ein „Mensch“ ist. Es ist die *Frau,* die Gott mit der Fähigkeit ausgerüstet hat, sich um die Bedürfnisse neugeborener Babys zu kümmern, besonders dann, wenn es um das nächtliche Aufstehen geht. Jetzt, während ich dieses Buch schreibe, bin ich zu beschäftigt, um den genauen Vers aufzusuchen, aber irgendwo in der Bibel wird er schon stehen.

Nachts aufzustehen funktioniert nach dem sogenannten Aufmerksamkeitsaktivierungs-Prinzip. Es handelt sich um den Prozeß, bei dem das Gehirn ausfiltert, was wir nicht hören wollen. Wir *entscheiden* uns für das, was wir hören wollen und ignorieren alles andere. Wer an Eisenbahngleisen wohnt, hört keinen Zug mehr. Wer in der Nähe eines Flughafens wohnt, achtet nicht mehr auf die Flugzeuge, auch wenn sie fast durch die Toilette fliegen. Und Väter von Neugeborenen hören nachts niemals einen Schrei.

Barb und ich leiten einen Bibelkurs mit Ehepaaren, die sich zum Umfeld des Baseballteams der Marinesoldaten von Seattle zählen. Außerdem halte ich Andachten im Baseballstadion. Wir betrachten die Spieler als unsere „Kinder“, weil wir vom Alter her ihre Eltern sein könnten. Es ist uns eine Ehre, ihnen durch manchen Wachstumsprozeß zu helfen – wenn sich Kinder einstellen, in der Beziehung zueinander und zu den Trainern und Fans. Vor ein paar Jahren wurden innerhalb kurzer Zeit in den Familien von Spielern und Marinesoldaten sechzehn Babys geboren. Glauben Sie mir, da gab es ziemlichen Streß!

Der ging zum Teil auf das Konto einiger Frauen, die Gottes Planung nicht erkannten. Da die Baseballer nach nächtlichen Spielen erst gegen Mitternacht nach Hause kamen, sollte man annehmen, daß die Babys mit ihren Baseballgenen doch wenigstens bis zehn Uhr morgens durchschliefen, oder? Leider nein. Manche Babys wurden schon um halb fünf wach. Können Sie sich das vorstellen? Daraus ergaben sich allerlei Störungen. Ich habe einen Vorschlag gemacht, der nicht besonders gut ankam, obwohl ich ihn absolut vernünftig fand. Ich schlug vor, daß die Frauen in den ersten fünf oder sechs Monaten nach der Geburt bei ihren Müttern leben könnten, da kein Mann dazu geschaffen sei, mitten in der Nacht aufzustehen, bespuckt zu werden oder schmutzige Windeln zu wechseln.

Wir taugen einfach nicht dazu. Wir können mit einem Schlag den Baseball auf 120 Stundenkilometer beschleunigen, einen kleinen Ball mit dem Schläger 250 Meter weit befördern und lernen, welche Taste am Computer die Graphik abruft. Aber schmutzige Windeln sind für unseren Verstand zu kompliziert. Daher hat Gott die Mutter gebeten, für all das die Verantwortung zu übernehmen, bis das Baby selbst dafür sorgen kann. Ich weiß, daß die Weisheit dieses Gedankens unmittelbar einleuchtet. Deshalb bin ich überrascht, wieviel Sperrfeuer ich wegen solch eines einfachen Prinzips von den Frauen bekomme.

Barb versorgte unsere Kinder ganz nach Gottes Plan für die Neugeborenen. Ich weiß noch, wie ich mich verpflichtet fühlte, wach zu bleiben und sie in diesen besonderen Zeiten zu begleiten. Ich fürchte, ich habe es nie geschafft. Ich hatte Spaß daran, mit Tim kreative Spiele zu treiben; zum Beispiel verkleidete ich ihn mit Armeesachen. Wir spielten auch zusammen „Football", als er gerade laufen lernte. Barb und ich saßen uns auf dem Boden gegenüber, und einer von uns schickte ihn los. Wenn er hinfiel, war das der neue Freistoßpunkt, und der nächste Angriff ging von dort los, bis er ein Tor machte.

Ich habe zu Hause immer eine Werkstatt eingerichtet, egal, wie klein die Wohnung war. Neue Möbel konnten wir uns nicht leisten. Wir kauften also in Gebraucht- und Billigläden ein, und ich reparierte alle Schätze, die wir fanden. Als Tim noch ein Kleinkind war, mußte ich sein Zimmer als Werkstatt nehmen. Er kam nach dem Essen ins Bett. Jetzt holte ich mir irgend etwas aus meiner „Werkstatt". Dann stand er immer am Gitter seines Bettchens und sah mir zu. Wenn ich fertig war, legte er sich schlafen. Mußte ich mir noch etwas holen, wurde er wach und stand wieder auf.

In meiner Dummheit hatte ich keine Ahnung, daß ich ihm seinen wertvollen Schlaf raubte. Ich kannte nur ein Ziel – unsere Möbel zu reparieren –, und nur abends hatte ich Zeit dazu. Es war die reinste Kindesmißhandlung. (Tim, du hast doch sicher gemerkt, daß es einen dunklen Punkt in deiner Vergangenheit gab. Jetzt kennst du die Lösung und darfst dich entspannen.)

Im letzten Dienstjahr in der Armee hatte Barb eine Fehlgeburt. Wir entschlossen uns, mit dem nächsten Kind zu warten, bis ich den Militärdienst hinter mir hatte. Aber – reichen Sie doch mal die Kekse und sauren Gurken rüber – Barb brachte es fertig, auf eigene Faust schwanger zu werden. So kam es mir jedenfalls vor. Sie reiste 55 Tage früher nach Washington, weil sie noch knapper vor dem Geburtstermin nicht mehr fliegen durfte. Beverly war genau am Tag meiner Entlassung aus der Armee „fällig". Ich weiß deshalb, daß es noch 55 Tage dauerte, weil ich jeden einzelnen zählte. Es war ohne Barb und Tim so einsam, daß ich mir nicht vorstellen konnte, wie ich es schaffen sollte. Diese Phase meines Lebens habe ich nur verschwommen im Gedächtnis, weil sie so traurig war.

Endlich kam der Tag, an dem unsere Habseligkeiten abtransportiert wurden. Mir standen ein paar freie Tage für die Fahrt nach Hause bevor. Ich fuhr viele lange Stunden, um meine Süße und unseren kleinen Sohn wiederzusehen. Nach ein paar zermürbenden Tagen auf dem Highway kam ich endlich in der Straße an, wo Barbs Familie wohnte. Wieder vereint!

Weil Barbs Termin für Beverlys Geburt gekommen war, leitete der Arzt am letzten Tag meiner Dienstzeit die Wehen ein. So hatte uns die Armee zu zwei Gratisbabys verholfen. Tim hatte ganze sieben Dollar fünfzig an Gebühren gekostet und Beverly fünfundzwanzig, aber schließlich weiß jeder, daß Mädchen komplizierter sind als Jungen. Vielen Dank, Steuerzahler. Ich weiß Ihre Freundlichkeit sehr zu schätzen.

Andererseits hatten wir uns das auch verdient, denn zwischen September 1955 und September 1957 verletzte nicht *eine* russische Mig den Luftraum der Vereinigten Staaten. Nicht *ein* sowjetisches U-Boot wurde in der Mississippi-Mündung gesichtet. Nicht *eine* Atombombe machte New York dem Erdboden gleich. Ich fand, daß ich meiner Aufgabe, Amerika zu schützen, sehr wohl gerecht geworden war.

Wir hatten sehr viel Freude an unseren Kindern. Als ich bei der Heilsarmee und anderen Institutionen nach gebrauchten Möbeln schaute, nahm ich gleich eine Modelleisenbahn und andere Spielsachen mit, die ich für die Kinder instand setzen wollte. Mehr konnten wir uns nicht leisten, aber mir kam keinen

Augenblick in den Sinn, daß unser Zustand nach heutigen Maßstäben als „arm“ bezeichnet werden mußte. Wir spielten auf einer Wiese Golf, stellten eine alte Spielplatzrutsche an den kleinen Swimmingpool, machten Camping und vieles andere mehr, was man als Familie überhaupt machen konnte.

Ich erinnere mich an alle typischen Mühen und Schmerzen der Erziehung, zum Beispiel daran, daß es zwanzig Minuten dauerte, die Kinder in den Schneeanzug zu zwängen, und daß sie dann wegen der Kälte schon nach zwei Minuten wieder ins Haus wollten.

Beverleys Erziehung war die reinste Freude. Barb und ich dachten, daß Gott Bev nehmen würde, wenn er wieder mal eine Maria brauchen sollte. So ganz vollkommen war sie aber doch nicht. Als sie größer war, erzählte sie uns von ihren Streichen. Einmal hatte sie ihre Haare in einen Gully gehalten, damit es möglichst dramatisch aussah, so als sei sie fast ertrunken. Wir waren so unsensibel gewesen, von ihr zu verlangen, bei Regen zu Fuß von der Schule nach Hause zu gehen.

Barb und ich sorgten uns, daß wir Bev die Ehe madig gemacht hatten. Wegen unseres Dienstes in der Kirche steckten 90 Prozent der Paare, die wir kennenlernten, in tiefen Problemen. Ich erinnere mich an einen Ausspruch von Beverly, als das Gespräch auf die Ehe kam: „Warum soll ich mir das antun?“ Doch dann saß eines Tages ein gutaussehender junger Mann in der ersten Reihe der Bibelgruppe. Sie heirateten und schenkten uns die beiden vollkommensten Enkel der Welt.

Mit Tim lief es ganz anders. Bei ihm lag der Schwerpunkt auf der rechten Gehirnhälfte. Er hatte einen Lernstil, den ich in Kapitel 9 beschreiben möchte. Nun gab es zwei Probleme. Erstens hatten seine Eltern keine Ahnung von unterschiedlichen Lernstilen, und zweitens sind die meisten Schulen auf die Bereiche der linken Gehirnhälfte festgelegt, also Physik, Lesen, Mathematik, Biologie, Chemie und so weiter. Fächer der rechten Hirnhälfte wie Kunst und Musik werden in eine bestimmte Kategorie gedrängt: Wenn du sonst nichts kannst ...

Im Rückblick weiß ich, daß ich Tim beim Heranwachsen etwas versagt habe, nämlich Kind auf eine Art zu sein, zu der meine Eltern mir den Freiraum gegeben hatten. Weil er der Erstgeborene war, hielt ich ihn für weiter entwickelt, als er tatsächlich war. (Nebenbei, Tim hat mir erlaubt, diese Dinge preiszugeben. Er hofft, mit seiner Erfahrung dazu beizutragen, daß meine Leser mit kreativen Kindern besser umgehen lernen.)

Daß Tim eine so perfekte Schwester hatte, trug zu seinem Problem bei. Denn als zweites Kind konnte Bev leicht beobachten und bleiben lassen, womit Tim sich Ärger einhandelte. Ich denke an das eine Mal – beide waren noch Kleinkinder –, als wir Bev im Schlafzimmer weinen und schimpfen hörten. Wie immer riefen wir: „Tim, du darfst deine Schwester nicht schlagen!" Der Lärm hörte aber nicht auf. Wir ließen alles stehen und liegen und gingen ins Zimmer. Bev schlug mit Fäusten auf Tim ein und schrie dabei, so laut sie konnte. Wahrscheinlich hatten wir Tim viele Male irrtümlich bestraft. Es tut uns leid, so dumm gewesen zu sein.

Als Tim ungefähr zehn war, klaute er ein Spielflugzeug aus Mr. Savins Laden in unserer Gegend. Als wir ihm auf die Schliche gekommen waren, mußte er wieder zum Laden gehen, sich bei Mr. Savin entschuldigen und das Flugzeug bezahlen. Bestimmt hatte Tim so eine harte Nuß noch nie zu knacken gehabt, aber diese Erfahrung machte ihn reifer. Der Besitzer muß beeindruckt gewesen sein, denn er sagte ihm: „Du bist schwer in Ordnung, Tim!"

Erst gestern abend riefen Tim und Tammie, seine Frau, uns an. Es gab wieder einmal einen „Dieb" in der Familie – meine vierjährige Enkelin Brooke. Ich war schockiert. Soweit ich weiß, war Brooke ein Musterkind und ist es nach wie vor. Wahrscheinlich ist sie mit einem Mädchen aus der Nachbarschaft verwechselt worden und muß die Sache fälschlich ausbaden. Auf jeden Fall hat Brooke, wie ihre Eltern erzählen, in der Vorschule eine Dose Popcorn aus dem Schrank genommen. Dummerweise erzählte sie ihrem Vater davon, und plötzlich steckte sie bis zum Hals in einem Riesenschlamassel und mußte früher als sonst ins Bett.

Heute soll sie zur Schulleiterin gehen und sagen, daß es ihr leid tut. Ich müßte eigentlich aufhören zu schreiben und hinfahren, damit sie sich von ihrem lieben Opa die wunde Seele trösten lassen kann. Als ich allerdings bei Barb damit vorfühlte, sagte sie: „Das fehlt gerade noch." Was hat sie damit bloß gemeint? Ich will Brooke doch nur in die Arme nehmen und zusammen mit ihr über die Traurigkeit hinwegkommen. Vielleicht kaufen wir uns hinterher ein Eis.

Ich genieße es, mit Brooke traurig zu sein. Je mehr sie weint, desto mehr Mitleid bekomme ich, und bald hört sie sich an wie ein Oldtimer mit stotterndem Motor. Sie versucht weiter zu weinen, hat jedoch keine Tränen mehr. Sie kann sich aber keinen Stimmungsumschwung leisten, denn Opa kann ja so schön trösten. Letzten Endes geht es dann ab in den Sandkasten. Alles ist vergessen. Falls jemand weiß, was Barb mit ihrer Bemerkung gemeint hat, sollte er mir eine Nachricht zukommen lassen und mich aufklären. Immerhin hat Tim sich erinnert, daß er vor Jahren das Spielflugzeug zurückbringen mußte, als er Barb von Brookes Missetat erzählte.

Tim war wie die meisten kreativen Menschen ein Träumer. Er saß auf seiner Schulbank und sah sich plötzlich mit der Situation konfrontiert, daß die Lehrerin schon eine Viertelstunde lang geredet hatte, ohne im geringsten in sein Bewußtsein vorzudringen. Auch in Tims Noten spiegelte sich diese Träumerei wider.

Etwa in der siebten Klasse zog Tim sich aus gemeinsamen Familienaktionen zurück. Damals fiel es uns nicht auf, aber zum Teil hing es damit zusammen, daß er heimlich anfing zu rauchen. Ich wußte nicht, was in meiner eigenen Familie vorging. Damit ging ich über alle biblischen Grundsätze hinweg. Ich kannte niemanden, der die Bibel auf das wirkliche Leben anwenden konnte; auch dem Pastor und den Bibellehrern in der Kirche gelang das nicht. Deshalb hatte ich keine Ahnung, was die Bibel zur Kindererziehung zu sagen hat. Mir war nicht klar, daß ich mir Zeit nehmen mußte, wenn ich begreifen wollte, was mit Tim los war.

Als Tim in die Oberschule ging, ergaben sich einige Streitigkeiten zwischen ihm und seiner Mutter. Ich nahm ihm das stellvertretend für Barb übel und ließ keine bedeutsame gefühlsmäßige Beziehung mehr zu ihm aufkommen. Viel später half mir ein Freund verstehen, was passiert war. Wenn jemand, den wir lieben, Konflikte mit einem anderen bekommt, gibt Gott dem Angegriffenen Gnade genug, die Sache durchzustehen, nicht aber uns, den bloßen Zuschauern. Wenn wir uns wegen der Schwierigkeiten des Angegriffenen selbst zerfleischen, sind nämlich *wir* die Belasteten, wenn der Konflikt längst gelöst ist. Wir haben nicht loslassen können.

Heute weiß ich, daß ich zwar Traurigkeit und Unbehagen wegen Tims Raucherei und des Umgangs mit seiner Mutter zum Ausdruck hätte bringen sollen. Aber ich hätte dabei meine Beziehung zu ihm aufrechterhalten müssen. Meine Liebe hätte nicht von seinem Verhalten abhängig sein dürfen. Ich habe ihn im Grunde im Stich gelassen und ihn mittlerweile wegen meiner Dummheit um Vergebung gebeten. Weil ich nicht wußte, wie ich ihm den Kopf zurechtrücken sollte, habe ich ihn nur bestraft.

Bei Tim habe ich auch in anderer Hinsicht versagt: er durfte vor mir seinen Gefühlen keinen freien Lauf lassen. Das gleiche galt für Barb. Ich hasse Konflikte. Es braucht nur jemand laut zu werden oder negative Gefühle zu äußern, schon will ich den Betreffenden zum Schweigen bringen, oder ich gehe weg. Ich hasse Streitigkeiten mit jeder Faser meines Wesens. Nach all den Jahren aber konnte ich die menschliche Reife erwerben, mit dieser Schwäche umzugehen. Wenn Tim seiner Wut Luft machte, sagte ich ihm, er solle den Mund halten, auf sein Zimmer gehen oder nie wieder mit seiner Mutter so reden. Ich gab mir keine Mühe festzustellen, was ihn eigentlich nervte. An den Symptomen merkte ich, daß etwas faul war, aber bis zu den Wurzeln des Problems drang ich nicht vor. Ich konnte den Zorn über Tims Verhalten nicht überwinden, um zur eigentlichen Ursache vorzustoßen.

Es gab jedesmal einen Machtkampf, wenn Tim Geschirr spülen sollte. Manchmal hielt er sich bis zehn Uhr abends damit auf. Ich weiß nicht, wie er die ganze Zeit füllte, abgesehen davon, daß er, mit einem riesigen Kopfhörersystem ausgerüstet, Kassetten oder Radio hören konnte, während er „Sklavendienste" leisten mußte. Der ganze Abend ging dabei drauf, ihn zur Erledigung seiner Arbeit zu zwingen.

Als Tim achtzehn wurde, faßten Barb und ich den Entschluß, ihn der Obhut Gottes zu überlassen, damit er selbst Druck auf ihn ausüben könne, wenn er an seinen Gewohnheiten und dem ganzen Lebensstil etwas ändern wolle. Wir hatten alles getan, was wir konnten. Also sagten wir Tim, daß er sich jetzt vor Gott allein verantworten müsse, nicht vor uns. Wir würden immer seine Eltern bleiben. Unser Zuhause würde immer auch sein Zuhause sein. Wir würden ihm helfen, wenn er darum bitte, ihm aber nicht mehr seinen Umgang vorschreiben. Er müsse jetzt eigenständig regeln, wann er nach Hause kommen und welchen Lebensstil er pflegen wolle.

Ob man es glaubt oder nicht – plötzlich rief er uns mitten in der Nacht an und sagte: „Macht euch keine Sorgen, ich bin nur hier bei Rob.“ Wir hatten uns keine Sorgen gemacht, sondern fest geschlafen. Wir wußten, daß Gott über ihn wacht. Es dauerte nicht lange, bis Tim um Mitternacht nach Hause kam. Als nächstes ging er schon um halb elf zu Bett. Bald schrieb er in der Schule Einsen. Wir hatten Tim für die Familie gewonnen, indem wir ihn Gott überließen.

Heute sagt Tim, daß er auf seine Erziehung eher verständnisvoll als verbittert zurückschaut. Tatsächlich schrieb er mir neulich einen Brief, in dem er mir versicherte, daß ich seiner Meinung nach das Bestmögliche für ihn getan habe. Weil er inzwischen selbst Vater ist, hat er noch mehr Verständnis gewonnen.

Eines Tages schreibe ich ein Buch über Erziehung; vorläufig aber beschränke ich mich auf ein paar Hinweise. Zu den Streitpunkten zwischen Tim und mir gehörte das Thema Vertrauen. Er handelte sich Ärger ein und warf mir vor: „Du vertraust mir nicht.“ Meine Antwort: „Darauf kannst du wetten, junger Mann. Du bist ja auch unzuverlässig.“ „Aber du vertraust mir nicht.“ „Na klar, weil du unzuverlässig bist.“

Wissen Sie, was ich hätte tun sollen? Ich hätte den Teufelskreis des Mißtrauens durchbrechen müssen. Ich hätte trotzdem noch einmal vertrauen müssen, obwohl die Wahrscheinlichkeit groß war, daß ich mir die Finger verbrenne.

Als Eltern ist man geradezu begeistert, wenn der Heranwachsende endlich etwas Verantwortungsgefühl beweist. Wir klopfen uns den Staub von den Händen und sagen: „Toll! Das wäre geschafft.“ Dann passiert etwas Dummes, Unverantwortliches, und wir fragen uns: „Was ist denn jetzt los? Ich dachte, daß er vernünftig geworden ist!“ Man muß bedenken, daß er ein „erwachsenes“ Kind ist. Einmal verhält er sich verantwortungsbewußt, einen Augenblick später nicht mehr. Ich schlage vor, ihn unbedingt zu loben, wenn er vernünftig ist, und sich mit ihm zu ärgern, wenn er einen Fehler gemacht hat.

Es dauert nicht lange, bis die Kinder erwachsen sind und ihren Eltern die wunderbarsten Enkel schenken. Die vier bisher vollkommensten Enkel der Welt heißen Kjersten, Brooke, Cameron und Connor. Das heißt, Ihr Enkelkind könnte das fünftbeste sein. Machen Sie mir keine Vorwürfe; ich habe keine Ahnung, warum die vier allerbesten nicht nach Kansas oder Rumänien oder Edmonton vergeben wurden. Wir dürfen an Gottes Ratschluß nicht deuteln. Wenn er sich entschließt, die vier vollkommensten Enkel der Welt in eine bestimmte Familie zu geben – wer sind wir, seine Wege erforschen zu wollen?

Meine Aufgabe als Großvater besteht darin, das Leben meiner Enkel mit Glanz zu versehen. Die *Eltern* müssen aus ihren Kindern nützliche Bürger machen. Eltern sagen: „Paß doch besser auf!" Großeltern beschwichtigen: „Du kannst nichts dafür." Mir ist vorgeworfen worden, daß ich meine Enkel verwöhne, aber das ist alles andere als wahr. Als Großvater habe ich ganz feste Maßstäbe, in die ich mir nicht hineinreden lasse. Es sind stahlharte, unbeugsame Regeln. Wenn Sie bei Ihren Enkeln einmal mehr Härte zeigen müssen, gebe ich Ihnen ein paar bedenkenswerte Regeln auf den Weg:

- Kein Fallschirmspringen.
- Nicht von Hochhäusern springen.
- Nicht zu Fuß die Autobahn überqueren.
- Nicht auf der Landebahn des Flughafens spielen.
- Höchstens 19 Eis am Stiel hintereinander essen.

Erlaubt ist, ein Päckchen Kaugummi auf einmal in den Mund zu stecken. Warum nicht? Soll das etwa eine Sünde sein? Sollen wir ein paar Streifen für die verhungernden Kinder in Afrika aufbewahren? Irgendwann wird die Packung sowieso aufgebraucht sein, warum also nicht jetzt? Aber wenn Sie unbedingt so lächerliche Regeln wie „Nur ein Stück Kaugummi" durchsetzen wollen, habe ich noch ein paar für Sie:

- ▷ Iß nicht so viele Süßigkeiten. Davon verfaulen die Zähne.
- ▷ Du bekommst kein Luftgewehr, sonst schießt du dir ins Auge.
- ▷ Nicht schielen! Die Augen würden in dieser Stellung stehenbleiben.
- ▷ Nicht Papas Brille aufsetzen. Davon wird man blind.
- ▷ Immer saubere Wäsche tragen. Man könnte einen Unfall haben.
- ▷ Jeden Bissen 37mal kauen.
- ▷ Die Narbe verheilt nie mehr, wenn du daran herumkratzt.
- ▷ Ein bißchen frische Luft kann nicht schaden.

Ich werde nie vergessen, wie schön das Leben wurde, als Gott uns ein Enkelkind nach dem andern schenkte. Kjersten kam zuerst. Sie ist impulsiv und launisch, genau wie ihr Opa, also machen wir viele verschiedene Sachen, wenn sie zu Besuch kommt. Wenn wir ein ganzes Päckchen Kaugummi gegessen haben, spielen wir im Auto Verstecken, und sie versteckt sich unten auf dem Boden am Rücksitz. Noch nie habe ich sie gefunden, wenn sie nicht ein bißchen gequiekt hat.

Auch zum Spielplatz gehen wir. Wir haben einen Satz Geschirr dabei und kochen „Brokkoli", backen „Eistorte" und lassen den Sand in einen Tunnel rinnen. Dann schaukeln wir eine Weile und klettern an den Seilen. Danach übt sie Rückhandschläge auf dem Tennisplatz. Sie trifft ungefähr jeden siebenundvierzigsten Ball. Anschließend lassen wir das kleine Elektromotorrad fahren. Dann gehen wir zum See und füttern die Enten. Wenn sie *mein* Kind wäre, würde ich ihr natürlich drei Schwimmwesten anlegen, sie an einen Baum binden und 356mal sagen: „Bleib ja vom Wasser weg! Hast du gehört, junge Dame?" So haben wir einfach Spaß.

Nach dem Vergnügen am Ufer gehen wir wieder nach Hause und feiern eine Erdnußparty. Nur ich, Kjersten, der Hund und die Katze. Wir vier sitzen auf dem Küchenboden, und ich knacke eine Erdnuß für Kjersten, dann eine für den Hund, eine für die Katze, eine für mich und dann wieder eine für Kjersten. Das macht viele Krümel, aber dafür gibt es ja Besen.

Dann fahren wir ein paar Minuten Dreirad. Hinterher geht es ins Wohnzimmer, wo wir uns Stühle zusammenstellen, Decken darüber breiten und „Zelt“ spielen. Dann wird abgewaschen. Ich hole sauberes Geschirr aus dem Schrank und halte Kjersten fest, die auf einem Hocker steht und „abwäscht“.

Die Seifenblasen von der Flüssigseife machen ihr einen Riesenspaß, und wir haben mehr davon verbraucht, als mancher Neinsager für nötig hält. Ich habe noch keine Bibelstelle gefunden, in der steht, wieviel Schaum genug ist; also genehmigen wir uns ganz schön viel. Gelegentlich setzt es Seitenblicke von Barb, die mich „mäßigen“ will. Deshalb beschränken wir uns auf die *halbe* Flasche, statt die ganze zu verbrauchen. Wenn das keine Mäßigung ist! Dann trocknen wir uns ab und lesen ein paar Seiten aus einem Buch, schauen uns fünf Minuten lang einen Zeichentrickfilm an und schlummern dann vor dem warmen Kamin ein.

Ich bin bekannt dafür, daß ich nur hin und wieder leicht übertreibe, wenn ich mit meinen Enkeln rede. Manchmal erzähle ich Kjersten, wie ich damals, als ich noch zur Schule ging, die Dinosaurier fütterte. Ich erzähle, daß ich einen Planwagen fuhr und zum Mond geflogen bin. Ich frage sie, ob sie weiß, daß Kühe Eier legen. Dann schaut sie zu Barb, und die schüttelt langsam den Kopf: „Nein.“

Manchmal flüstert Barb Kjersten zu: „Opa lügt dich an.“ Einmal haben Kjersten und ich hinten im Kombi ein Picknick mit Hamburgern gemacht. Ich sagte ihr, wie dankbar ich sei, daß Gott sie extra für mich geschaffen habe. Sie meinte, Gott habe sie doch für ihre Eltern gemacht. Ich bestand auf meiner Version. Da Barb nicht dabei war, hörte Kjersten eine Minute auf zu kauen, schaute zum Autodach hoch und sagte: „Gott, lügt er mich an?“

Brooke ist unsere zweitgeborene perfekte Enkelin. Sie ist ganz anders als Kjersten. Brooke kann eine Stunde ganz allein ausfüllen. Sie ist eine wunderbare Künstlerin, während Kjersten etwas weniger geduldig ist.

Im Augenblick, wo dieses Buch entsteht, ist Brooke fünf Jahre alt. Es macht ihr besonders viel Spaß, bei ihren Besuchen bei uns Kaufmannsladen zu spielen. Ich habe für einen Dollar pro Stück ein paar alte Telefone im Gebrauchtwarenladen gekauft. Außerdem haben wir ziemlich viel Kram, den sie „verkauft“. Ich habe ihr eine kleine Registrierkasse und reichlich Monopoly-Geld besorgt. Alle Waren werden auf dem Tisch im Keller aufgestellt, und dann geht es los.

Ich muß die Verkäuferin jedesmal anrufen, wenn ich wissen will, ob der Laden auch geöffnet ist. Sie schließt nämlich beim kleinsten Anlaß, um ihre Waren zu sortieren. Auf jeden Fall möchte ich den ganzen Weg von der Waschmaschine bis zum Ofen nicht umsonst machen, deshalb rufe ich lieber an. Ich frage, ob sie vielleicht Ballons, Zündplättchenpistolen, Süßigkeiten oder Spielzeuggeschirr zum Verkauf anbietet. Dann frage ich nach dem Preis, und sie muß sich den Hörer unter das Kinn klemmen, wie sie es ihrer Mutter abgeguckt hat. Alle Tasten auf der Kasse werden gedrückt. Sie berechnet, was ich zu zahlen habe. Dann geht sie ans Telefon und sagt: „Das macht dann zwei." Zwei Dollar? Cents? Zweihundert? Ich frage nicht nach. Ich nehme nur mein Geld, komme hinter dem Ofen hervor und bezahle.

Ich genehmige ihr beim „echten" Einkaufen immer einen Etat, und sie ist so nett, sich daran zu halten. Es bleibt bei einer Größenordnung von fünf Dollar, ein Betrag, mit dem sie sehr gut auskommt. Wir schlendern die Spielzeugabteilung entlang, bis der Fußboden abgenutzt ist und sie sich für etwas entschieden hat. Ab und zu zeigt sie auf eine 40-Dollar-Puppe. „Tut mir leid", sage ich, „zu teuer." Als wir einmal zum Kaufhaus unterwegs waren, bemerkte sie: „Und sag nicht wieder ‚zu teuer'!"

Soeben habe ich eine Pause gemacht, doch meine Augen sind bei den folgenden Sätzen tränennaß. Ich mußte mich von meinem allerliebsten Enkel Cameron verabschieden, den ich wahrscheinlich *eine Woche* lang nicht wiedersehen werde.

Gut, gut, mir ist klar, daß die Mehrheit meiner Leser kein Verständnis dafür hat, wenn ich wegen *einer* Woche Trennung von meinem Enkel traurig bin. *Sie* sind schließlich *Eltern.* Sie wissen es nicht zu schätzen, von Gott dazu ausersehen zu sein, 24 Stunden am Tag, 7 Tage in der Woche und 365 Tage im Jahr die Kinder um sich herum zu haben. Was für eine unbezahlbare Ehre. Und darüber sind Sie nicht begeistert? Auch ich war es nicht in vollem Maße, aber jetzt habe ich eine zweite Chance, alles richtig zu machen.

Als Beweis dafür, daß Männer und Frauen von Mutterleibe an

verschieden sind, beschäftigen Cameron und ich uns mit ganz anderen Dingen als die Mädchen, als sie in seinem Alter waren. Er ist gerade ein Jahr alt geworden und noch nicht so lange auf der Welt, daß die Erziehung, die Umwelt oder die Kultur ihn hätten beeinflussen können. Er ist einfach anders geschaffen.

Wenn er zu uns nach Hause kommt, klettert er erst in den Kinderwagen, und dann geht es zu den Schaukeln. Nach dem Schaukeln spielen wir im Sand. Ich habe auch mit den Mädchen im Sand gespielt, aber jetzt rücken wir dem Sand mit LKWs zu Leibe, statt damit auf dem Spielherd zu kochen. So will er es, nicht ich. Dann gehen wir wieder ins Haus, in mein Kellerbüro, und schreiben einen Brief auf meiner elektrischen Schreibmaschine. Sie macht tolle Sachen und hört sich auch toll an. Es reicht ihm aber nicht, nur zu tippen, auch wenn das sehr gut klappt. Er muß mit den Fingerchen ans Farbband, wo das Papier herauskommt, und alle Schikanen begutachten. Gerade mal ein Jahr alt, läßt er sich faszinieren von Knöpfen, Tasten, Schaltern – von allem, was mechanisch ist. Dann machen wir auf dem Keyboard Musik.

Schließlich sehen wir nach, was für hübsche Sachen ich in der Spielzeugschublade habe. Dann essen wir zu Mittag und lassen dabei Molly, unseren Hund, alle Löffel, Teller und Schüsseln ablecken. Ich habe gelesen, daß Hundemäuler sowieso sauberer als menschliche Münder sind.

Erst vor ein paar Monaten schenkte uns unsere Tochter Beverly den kleinen Connor, den besten viertältesten Enkel der ganzen Welt. Er fängt an zu lächeln, und schon will ich meine Lobeshymne halten, aber eigentlich habe ich noch nicht viel zu erzählen, weil er noch kein vollwertiges Mitglied der Gesellschaft ist. Ich muß Sie in meinem nächsten Buch auf den neuesten Stand bringen.

Ich schreibe das alles nicht, um Sie als Großeltern zu quälen, wenn Ihre Enkel nicht in der Nähe wohnen. Ich möchte nur an die unbezahlbare, überwältigende Freude erinnern, sich Zeit für die Kleinen zu nehmen, wenn es Ihnen möglich ist.

Ich war so beschäftigt, meinen Kindern ein wahrer Erziehungsberechtigter zu sein, daß ich den Spaß daran manchmal vergessen habe. Ich war so besorgt, sie zu brauchbaren Bürgern zu machen, daß ich ihnen nicht genug zuhörte. Ich verpaßte Problemlösungen, wenn sie der Schuh drückte. Ich habe nicht daran gedacht, die Welt mit *ihren* Augen zu sehen, sondern nur mich, meine Pläne und Bedürfnisse im Auge gehabt.

Wissen Sie, warum Gott meiner Meinung nach Großeltern erfunden hat? Es sind die einzigen Menschen, die Zeit haben, die Grundbedingung der Elternschaft. Leider haben junge Eltern meist *keine* Zeit, alles zu geben, was ihre Kinder brauchen, weil sie mit ihrer Ehe beschäftigt sind, mit dem Beruf, mit den Schwiegereltern und den Verpflichtungen durch Kirche und Gesellschaft. Weil Männer eher ziel- und berufsorientiert sind, nehmen sie sich nicht ständig Zeit, als liebevoller, fürsorglicher Vater aufzutreten. Sie sind oft erschöpft nach der Arbeit des Tages und kommen nicht so leicht aus dem Sessel, um Ball zu spielen, ein Buch vorzulesen oder im Haushalt zu helfen. *Gute* Väter kommen aus dem Sessel hoch, aber trotzdem schenken sie den Kindern nicht so viel Zeit, wie ihre Frauen sich das wünschen.

Da Frauen eher beziehungsorientiert sind, fällt es ihnen schneller auf, wenn Kinder unter ungestillten Bedürfnissen leiden. Machen sie ihren Mann darauf aufmerksam, fühlt er sich kritisiert und igelt sich ein. Wenn sie bemerkt, daß er mit den Kindern zu streng umgeht, sich nicht genügend um sie kümmert oder kein Verständnis für ihr Gefühlsleben hat, zieht er sich meist unauffällig zurück. Im Grunde sagt er: „Da ich hier wohl alles falsch mache, überlasse ich lieber dir die Sache“, und dann geht er zur Arbeit, setzt sich vor den Fernseher oder geht mit Freunden einen heben. Wenn er heftiger kritisiert wird, zieht er sich noch mehr zurück. Er hat nicht das Gefühl dazuzugehören, wenigstens, was die Kinder angeht.

Mir ist egal, was in unserer Kultur über die Freuden und Sorgen alleinstehender Eltern gesagt wird. Elternschaft ist eine Aufgabe für zwei. Ein Sohn ist auf fürsorgliche, nährende, bedingungslose Liebe seiner Mutter angewiesen. Er muß von seinem Vater lernen, wie man in dieser Welt mithalten kann. Eine Tochter muß von ihrem Vater beschützt und versorgt werden. Sie braucht guten Rat von ihrer Mutter, soll sich geistlich einig mit ihr fühlen und gemeinsam mit ihr das Frausein genießen.

Wenn Sie mit Ihrem Mann ständig Streit über Erziehungsfragen haben, ist ein neuer Anfang für ihre Ehebeziehung nötig. Ich habe gelesen, wie wichtig die Beziehung der *Eltern* für die Selbstachtung des Kindes ist, weniger die Beziehung, die sie zu dem Kind selbst haben.

Ich schlage vor, daß Sie zu zweit jedes gute Buch über Elternschaft lesen, das Ihnen in die Hände fällt. Im Anhang habe ich ein paar Bücher aufgezählt, die mir geholfen haben. Bruce Narramores Buch *Help – I'm a Parent* („Hilfe, wir sind Eltern") zum Beispiel gehört zu den besten, die ich je gelesen habe. Unter anderem habe ich von ihm gelernt, daß *Strafe* im Blick auf die Vergangenheit, mit Rachegefühlen wegen des schlechten Verhaltens und oft im Zorn erteilt wird. *Disziplinierung* im Sinne von *Erziehung* andererseits ist zukunftsbetont und sinnt auf Anleitung und Einübung, damit das nächste Mal richtig gehandelt wird. Sie geschieht liebevoll.

Interessant finde ich auch, daß der biblische Begriff *Disziplin* der gleichen Wortwurzel entstammt wie das Wort *disciple,* also *Jünger.* Mit anderen Worten: wir sollen unsere Kinder in gleicher Weise erziehen, wie Christus mit seinen Jüngern umgegangen ist. Das heißt, daß wir mit Geduld, Freundlichkeit, Sanftheit und Mitgefühl, durch Zuhören, mit Vergebung und vor allem *bedingungsloser Liebe* erziehen sollen.

Sehr empfehlenswert ist auch das „Anti-Frust-Buch für Eltern von willigen und eigenwilligen Kindern" von Dr. James Dobson (Editions Trobisch 1991).

Liebe Großeltern, tun Sie alles, was nötig ist, damit Sie die Enkel häufiger als nur zu Weihnachten sehen. Verkaufen Sie Ihr

Unternehmen, wechseln Sie die Kirche, stellen Sie die Scheune anderswo auf. Wenn Ihre Kinder an verschiedenen Orten wohnen, sollten Sie die Rentenansprüche zu Bargeld machen, ein Wohnmobil kaufen und jährlich mindestens einen Monat in der Nachbarschaft jedes einzelnen Kindes und seiner Familie verbringen. Nicht, daß Sie *bei* ihnen wohnen! Halten Sie sich dort in der Gegend auf, damit Sie freien Zugang zu den Enkeln haben. Und Sie, liebe Eltern, können aus solchen Situationen nur Vorteile holen. Ihre Eltern sind sowieso nicht Ihretwegen gekommen. Denken Sie über einen Urlaub nach und spannen Sie die Großeltern als Babysitter in Ihrer Wohnung ein, während Sie nach Hawaii oder in irgendein Hotel abdüsen.

Noch eins, liebe Eltern: Wenn die Großeltern nicht zu Ihnen kommen können, sollten *Sie* sich in ihrer Gegend ansiedeln. Großeltern haben einem Kind so viel Unverzichtbares zu geben; es läuft auf bedingungslose Liebe hinaus. Die meisten Großeltern lieben ihre Enkel schon deshalb, weil sie *atmen,* nicht, weil sie etwas Besonderes tun oder nicht tun.

Natürlich spreche ich vom Idealzustand. Für viele meiner Leser kommt ein Umzug nicht in Frage. Für diesen Fall schlage ich vor, daß Sie, meine älteren Leser, kleine Kinder in Kirche oder Nachbarschaft „adoptieren", sofern diese keine Großeltern haben. Die Eltern unter meinen Lesern sollten sich Großeltern aus Kirche oder Nachbarschaft adoptieren, wenn die eigenen Großeltern nicht zur Stelle sind. Gewähren Sie ihnen einen Anteil an der Erziehung Ihrer Kleinen. Ich kann gar nicht genug betonen, wie wichtig die Liebe von Großeltern ist, wie sehr es Selbstverständnis und Selbstvertrauen des kleinen Wesens fördert, wenn es sich völlig bestätigt, bedingungslos geliebt und auch ein bißchen verwöhnt fühlen kann. Wer von uns würde das nicht hin und wieder genießen?

Gehen wir jetzt über zum Thema, wie Männer mit anderen Beziehungen als mit der eigenen Frau, den Kindern und Enkeln umgehen.

Konfliktlösung: Wer etwas davon versteht, hat das Sagen

Männer und Frauen gehen ganz unterschiedlich an Beziehungen heran. Vor kurzem erfuhr ich, daß die TV-Fernbedienung etwas mit Beziehungen zu tun hat. Ich dachte, bei uns zu Hause sei allen klar, daß derjenige das Programm bestimmt, der sich als erster an den Fernseher setzt. Ich finde diese Regel ziemlich eindeutig. Wie ich jedoch feststellen mußte, bin ich der einzige, der die Sache so sieht.

Barb und ich waren uns einig, eines Sonntags die Sport-Weltmeisterschaften anzuschauen. Ich verdiene mein Geld mit der Produktion von Werbespots, schaue mir deswegen aber nicht unbedingt die Spots von *anderen* an. Also zappe ich oder schalte weiter, wie auch immer man die Betätigung der Fernbedienung nennen mag. Ich kann die Weltmeisterschaften, drei Fußballspiele, ein Autorennen, eine archäologische Ausgrabung, ein brandneues Musik-Video und einen Science-Fiction-Film gleichzeitig sehen. Klar, man braucht eine besondere Begabung. Sie findet sich in der Aufzählung von Talenten in 2. Simson 4,5-6. Simson spricht dort von Menschen, die die Gabe der Kritik, des Schweigens, des Rechthabens und des Weiterschaltens haben. (Sie merken doch hoffentlich, daß ich Spaß mache? Es gibt keine Simson-Bücher.)

Barb hat diese Gabe nicht. Sie hat kein Gefühl dafür, wann man weiterschalten muß und wann man aufhört. Stellen Sie sich bloß vor: Sie verweilt bei zwei Leuten, die an einem Tisch sitzen und reden; bei einem weinenden kleinen Jungen; bei einer Krankenhausszene, in einem Klassenzimmer, beim Streit eines Liebespaares oder bei einem 150 Jahre alten Schwarzweißfilm, den man vor lauter Kratzern nicht mehr erkennen kann.

Als talentierter Programmhüpfer weiß ich, daß solche Themen nichts bringen. Also bleibe ich bei wichtigeren Dingen stehen, beim Angriff von Aliens auf eine Weltraumbasis, einer Schlachtszene aus dem 2. Weltkrieg, einem Footballspiel, beim Fallschirmspringen oder bei den neuesten Bademoden. Hier gilt es, besonders vorsichtig zu sein. Bei all diesen wichtigen Szenen muß die Weiterschaltgeschwindigkeit konstant bleiben. Barb wirft mir vor, bei den Bademodenmannequins ein bißchen zu lange zu verweilen. Wahrscheinlich wirkt sich das Alter auf mein Reaktionsvermögen aus, weil ein Fernbedienungsspezialist ein konstantes Schalttempo einhalten sollte, ohne daß jemand seine Vorlieben für die eine oder andere Szene bemerkt. Wie gesagt, es hat etwas mit Begabung zu tun, und so etwas kann nicht jeder.

Auf jeden Fall hatte sich etwas aufgestaut. An besagtem Sonntag dachte ich, mir stehe die Fernbedienung zu, weil ich als erster vor dem Fernseher saß. Ich erfüllte eindeutig alle Voraussetzungen als Chefzapper des Tages. Fröhlich schaltete ich mich in der Werbepause durch alle Kanäle, während Barb ungeduldig anmerkte: „Schalt mal zurück. Bleib doch hier. Da laufen gerade Nachrichten. Das finde ich aber interessant. Warte! Halt! Zurück zum Hund, der im Sterben liegt." Mir dämmerte plötzlich, daß der Besitz der Fernbedienung mich noch lange nicht zum Schalter vom Dienst machte. Andere Zuschauer haben ganz bestimmte Vorstellungen, bei welchen Programmen man verweilen solle. Mir kamen Erinnerungsfetzen von tausend Situationen hoch, als ähnliches passiert war, und dann klickte es in meinem Gehirn.

Sehr freundlich und vorsichtig, in einer christusähnlichen Einstellung, legte ich die Fernbedienung neben Barbs Sessel und fing an zu lesen. Sie sagte, meine Einstellung sei *nicht* gut. Ich erinnere mich allerdings deutlich, ruhig, beherrscht und freundlich gewesen zu sein. Für mich war es einfach logisch, daß derjenige, der unbedingt „bestimmen" wollte, bei welchem Programm man stehenbleibt, die Fernbedienung in der Hand halten solle. Sie sagte mir später – man stelle sich das einmal vor! –, sie habe gemeint, es gehe beim gemeinsamen Schalten um die *Beziehung*. Ich hätte nie gedacht, daß es damit etwas zu tun haben könnte. Für mich ging es nur um Gegenstände wie

Fernseher und Fernbedienung. Offensichtlich hatte jemand vor dem Fernseher es nötig, das Weiterschalten zu beeinflussen, und das war anscheinend Barb. Also tat ich, was ein liebender Ehemann nun mal tut: Ich gab ihr die Fernbedienung. Sie stand auf und ging schmollend davon, tief verletzt.

Als wir später darüber sprachen, sagte Barb, ihr sei für immer der „Spaß“ am gemeinsamen Programmhüpfen vergangen. „Nie mehr“ könnten wir gemeinsam zappen. Uns sei eine wertvolle Beziehungserfahrung verlorengegangen. Für mich war das alles neu.

Was stand eigentlich dahinter? Ich bin zielorientiert wie kein zweiter. Jederzeit habe ich tausend Projekte laufen. Es handelt sich um Vorhaben in meiner Werkstatt, im Keller, in meinem Audiostudio, in meinem Fernsehstudio und im Computerraum, wo ich schreibe. Außerdem gibt es eine lange Liste von häuslichen Arbeiten, zum Beispiel muß ich die Abflüsse reinigen, die Verandadecke streichen, Kaminholz ins Haus tragen, und, und und. Barb hat ein hartes Leben hinter sich, denn immer dann, wenn sie etwas gemeinsam mit mir machen will, hält es mich von irgendeiner Arbeit ab, und ich fürchte, daß ich mich meist beklage. Daher betrachtete sie das gemeinsame Schalten am Fernseher als seltene freundschaftliche Aktion, und dieses Zusammensein habe ich ihr verdorben. Es tut mir leid, diese Zusammenhänge nicht begriffen zu haben.

In letzter Zeit gab es keine Schaltkonflikte. Vermutlich deshalb nicht, weil Barb ihr Recht auf Mitbestimmung, Kommentare oder das Verweilen bei bestimmten Sendungen aufgegeben hat. Ich würde mir gern vormachen, sie habe es meiner christusähnlichen Einstellung zu verdanken, daß die Fernbedienung ihr häufiger zur Verfügung steht. Ich schnappe sie mir nicht als erster, nehme sie auch nicht mit, wenn ich während der Werbepause zur Toilette muß oder verstecke sie gar unter meinem Kissen. Immerhin habe ich zugegeben, daß es überhaupt ein Problem gab.

Eigentlich wollte ich diesen Lebensbereich unerwähnt lassen, aber jetzt haben Sie Anspruch auf die ganze Wahrheit. Ich nehme an einem Kursus teil, „Fernbedienung in 12 Schritten“. Ich gehe zu Sitzungen, bei denen man im Kreis sitzt und einander nur mit Vornamen kennt. Wir bekennen als erstes, daß wir ein Problem haben. Dann müssen wir einräumen, daß wir andere mit unseren Schaltgewohnheiten verletzen. Als nächstes streben wir nach der Hilfe eines höheren Wesens. Ich bin mit meinem Kurs so gut wie fertig, aber die Leiter haben uns gewarnt: wir sind nur einen Tastendruck weit vom Absturz entfernt. Ich habe Namen und Telefonnummer von jemandem bekommen, den ich anrufen kann, wenn der Drang mich überkommt.

Die meisten Männer, die ich kenne, schätzen Beziehungen außerhalb der Familie nicht so sehr wie Frauen, es sei denn, der Kontakt bietet greifbare Vorteile oder einen erkennbaren Grund, warum man sich zusammensetzen sollte. Das soll nicht heißen, daß wir Menschenfeinde sind. Wir haben einfach manche Ziele, die uns wichtiger sind als Zusammenkünfte mit anderen Menschen – besonders dann, wenn wir sie nicht kennen. Natürlich gibt es Ausnahmen, aber den meisten Männern geht es eben so.

Einmal setzte Barbs Bibelkursleiter einen Gemeinschaftsabend an, und sie wollte, daß ich mitkomme. Mir fiel kein Grund ein, warum ich ihr den Gefallen tun sollte. Ich kannte niemanden aus der Runde, ich hatte viel zu tun, und ohnehin nehme ich an ihren Kursen nicht teil. Also fehlte mir jede Beziehung dazu. Außerdem gehe ich ungern aus dem Haus; es fiel mir demnach doppelt schwer, mich in eine Gruppe von Fremden hineinzubegeben.

Glücklicherweise gab es ein paar Kinder in dem Haus, wo das Treffen stattfand. Ich verbrachte den Abend vorwiegend in ihrer Gesellschaft, während Barb und die Kursleiter über ihr Programm redeten. Barb hatte nicht verstanden, warum ich nicht mitkommen wollte. Der Grund ist, daß ich alle meine Unternehmungen einstellen muß, wenn ich mir Zeit für gesellschaftliche Aktivitäten nehme. Bestimmt ist das unverständlich für Sie, aber so ist das nun mal mit den meisten Männern. Allerdings *sollten* wir Männer uns dazu durchringen, mitzukommen und ein fröhliches Gesicht aufzusetzen, denn gleich nach Gott *ist unsere Frau* das Wichtigste im Leben.

Zu den Problemen, die eine Beziehung mit sich bringt, gehören Besuche. Ich bin kein guter Besucher. Nachdem wir die Tabellenstände der Sportvereine durchgesprochen haben, geht mir der Gesprächsstoff aus – außer natürlich, jemand möchte Selbstmord begehen oder sich scheiden lassen. Mit solchen Menschen könnte ich tagelang reden und ihnen mit allem zu helfen versuchen, was ich aus der Bibel und meiner Erfahrung gelernt habe. Für Small talk aber habe ich keine Begabung.

Selbst Terroristen machen es sich inzwischen zunutze, daß die meisten Männer anders als Frauen Besuche unerträglich finden. Haben Sie nicht neulich in der Zeitung gelesen, was eine Terroristengruppe im Irak macht, um den Willen der männlichen Gefangenen zu brechen? Die Folter findet in einer simulierten Wohnzimmerszene in Bagdad statt. Es gibt Kaffeetische und dicke Sessel, Bilder an den Wänden und weiche Kissen. Man bringt die Gefangenen in das Zimmer, holt Hot-Dog-Brötchen ohne Würstchen und Cola ohne Eis und läßt sie *Besuch* spielen. Nach einer guten Viertelstunde bitten die Gefangenen schreiend um Befreiung. Sie wollen den Bewachern alles sagen, was sie über geheime Raketenbasen und Flugpläne wissen. Ein schrecklicher Anblick! Die Genfer Konvention erwägt, ob diese Folter nicht als Verletzung der Kriegsregeln gewertet werden soll.

Das eine Mal geriet ich mit Barb in einen besonderen Streit. Es war mir vorgekommen, als hätten wir bereits den ganzen Tag lang unsere Beziehung gepflegt. Jetzt wollte ich gern mit meinem Leben weitermachen. Wir waren auf dem Nachhauseweg, als es ihr einfiel, mal „für ein paar Sekunden" bei Verwandten anzuhalten. Ich habe wörtlich zitiert – zumindest soweit ich mich erinnere. Als Barb bei diesem Kapitel Korrektur las, schrieb sie auf das Manuskript: „Du lügst!" Vielleicht hat sie auch „kurze Zeit" gesagt, „nur ein paar Minuten" oder „mal kurz reinschauen". Für mich bedeuten diese Redewendungen allesamt, daß es nur um ein paar Augenblicke geht.

Wie auch immer, als wir eintrafen, nahm ich weder Platz, noch zog ich meinen Mantel aus. Ich hatte am selben Tag bereits viele Stunden meines wertvollen Lebens für Besuche eingesetzt, und es drängte mich, wieder mit dem Leben anzufangen und irgendwie die Welt zu verändern. Aber „die paar Sekunden", die „kurze Zeit", „nur ein paar Minuten", das „kurze Vorbeischauen" erstreckte sich auf eine Stunde. Barb legte sogar ihren Mantel ab und setzte sich. Unglaublich! Wir wollten doch nur kurz mal ... (siehe oben). Wie konnte sie mich so leichtfertig anlügen? Deshalb behielt ich die ganze Zeit den Mantel an, blieb stehen und habe wahrscheinlich einen ziemlich albernen Eindruck hinterlassen.

Inzwischen sehe ich ein, wie ich Barb damit verletzt habe, aber ganz ohne Absicht. Ich fand, daß Barb unsensibel dafür war, was für einen bedeutsamen Abschnitt meines Lebens ich an diesem Tag schon für Besuche geopfert hatte. Sie betrachtete wohl meine Weigerung, mich hinzusetzen oder den Mantel abzulegen, als Affront gegen sie und ihre Verwandten, aber meiner Meinung nach fiel das niemandem auf. Ich wollte doch nur wenigstens ein paar Minuten des Tages retten, um etwas *Wichtiges* zu tun.

Ich höre mich an wie ein gefühlloses Tier, nicht wahr, daß ich so gar kein Bedürfnis habe, unter Menschen zu gehen oder mein Leben mit Freunden zu verbringen. Aber das trifft überhaupt nicht zu. Barb und ich haben einfach unterschiedliche Toleranzschwellen. Ich mag die Verwandten, die wir besucht hatten. Ich bin gern mit meinen Freunden zusammen. Aber dann wird es Zeit, daß ich wieder mit meinem Leben weitermache.

Barb meint, daß Männer deshalb so ungern Besuche machen, weil wir nur zu oberflächlichen Kontakten in der Lage sind. Stimmt nicht! In vielen wichtigen Bereichen unseres Lebens pflegen wir intensivste Gemeinschaft, zum Beispiel beim Fußballspiel vom letzten Sonntag. Wir lassen unseren Gefühlen über den Fehler der Lokalmannschaft freien Lauf. Wir klären lang und breit die Frage, warum der Trainer an seinem Verteidigungssystem klebenblieb, als schon längst klar war, daß seine Männer nach vorn geschickt werden mußten. Ganz tief wird das Gespräch über unsere Lieblingsmannschaft: Hat sie eine Chance, ins Endspiel zu kommen?

Außerdem geben wir tiefe Einblicke in unser Leben, wenn wir unser letztes Golfspiel nacherzählen. Wir geben unserer Verwunderung über die Lage des sechsten Loches Ausdruck. Selbst wenn man nur drei Schläge dahin gebraucht hatte, waren immer noch zwei weitere zum Einputten nötig. Hätte man es mit einem langen Schlag versucht, wäre der Golfball im Sand gelandet. Man mache doch bitte uns Männern nie wieder den Vorwurf, wir hätten nur oberflächliche Themen oder erfreuten uns nicht an den kleinen Dingen des Lebens.

Wenn man die obigen Gesprächsthemen noch einmal durchgeht, erkennt man, wie schnell und gern wir Gemeinschaft haben und mit unseren Freunden reden. Es kommt jedoch die Zeit, wenn wir weitergehen müssen. Und wenn es soweit ist, haben unsere Frauen ihre Gemeinschaft gerade erst eingefädelt. Sie besprachen Gewicht, Größe und Pflegeprobleme aller Neugeborenen. Sie redeten über ihre Männer, denen ja noch nie klar war, was sie sich eigentlich dabei denken, wenn ... Sie sprachen über das, was sie in der Bibelstunde der letzten Woche gelernt haben, wie interessant es sei, daß das griechische Verb gerade diese zeitliche Bedeutung annehmen könne. Sie redeten über Schwägerinnen, die jüngsten Beobachtungen in der Schuhmode und die Nerverei beim Einkaufsgewühl. Sie tauschten sieben Rezepte aus. Die berufstätigen Frauen berichteten über liebenswerte oder boshafte Chefs und Mitarbeiterinnen und begründeten, warum sie eine Gehaltserhöhung verdient hätten. Die Großmütter zeigten allen in der Runde den letzten Bilderstapel von ihren Enkeln.

Wenn auch die letzte Frau die Bilder gesehen hat, geht es in das Zimmer, wo die Männer ins Gespräch vertieft sind. Jetzt müssen sie die Bilder betrachten. Wenn man *ein* Kinderfoto gesehen hat, kennt man alle, es sei denn, man hat selbst Enkel. Dann zeigt man die *eigenen* Bilder herum, wie sie im Schlamm spielen oder auf Baumwipfel klettern. Die Männer haben alle wichtigen Fragen der idealen Verteidigungsstrategie und sonstige entscheidende Themen geklärt. Jetzt sind sie auf dem Sprung, nach Hause zu fahren. Dann regen die Frauen sich auf: „Nie" will er Besuche machen. Tatsache ist doch, daß der Besuch *schon fünfzehn Stunden dauert,* und wenn jetzt noch zwei Minuten drangehängt werden sollen, halten wir es im Kopf nicht aus.

Barb hat auch einen seltsamen Geschmack bei Filmen. Sie zerrt mich andauernd in Filme, in denen es ausschließlich um Beziehungsfragen geht. Die Leute sitzen herum und besuchen einander, mehr passiert in diesen Filmen nicht. Einmal nahm sie mich mit in „Töchter des Himmels", ein Film über unendlich viele Frauen. Von jeder wurde eine Großaufnahme und die Lebensgeschichte gebracht. Als wir dann alle Geschichten in sämtlichen Details gehört hatten und die Kamera die vermeintlich letzte Großaufnahme gezeigt hatte, traten die *500 Töchter* dieser Frauen auf, und der Film konzentrierte sich auf jede einzelne und ihre Lebensgeschichte. Gar nicht schlecht für einen Film mit Überlänge (zwei Wochen), aber ein bißchen kürzer finde ich besser.

Barb mag Geschichten, in denen die Mutter Krebs bekommt, der kleine Junge sich im Wald verirrt, der Hund überfahren wird oder das Paar geschieden wird oder ein Kind verliert. Sie liebt alles, was Tränen erzeugt. Einmal waren wir beim letzten Viertel eines Films angelangt, in dem dies alles vorkam und noch mehr. Wenn ich mich richtig erinnere, bekam die Mutter gerade einen Herzinfarkt, als Barb sich zu mir beugte und fragte, ob ich wohl meine, daß die Mutter sterben würde. Ich erwiderte sinngemäß: „Würde mich nicht überraschen. Alles andere ist ja schon passiert." Barb fing geräuschvoll an zu prusten. Wir mußten das Kino verlassen.

Das wiederum erinnert mich daran, wie Barb mich in mein erstes Sinfoniekonzert schleppte. Sie wissen ja bereits, daß ich auf Country-Musik stehe; also fühlte ich mich ein wenig unbehaglich. Erst ging es in der Vorhalle durch ein Gewühl von mehreren tausend Leuten in Smokings und Festkleidern. Wir wurden zu unseren Plätzen gewiesen, und sogleich sagte Barb „Pst" zu mir. Pst? Wenn wir zu meinen Country-Konzerten gingen, gab es vor dem ersten Auftritt immer ein großes Hallo, aber hier machte man so etwas anscheinend nicht. Ich scharrte mit dem Fuß auf dem Boden: Acht Leute drehten sich um und starrten mich an. Ich schniefte, und der Ordner hätte mich fast des Saales verwiesen.

Das Orchester spielte die erste Nummer. Gar nicht so schlecht, wie ich befürchtet hatte. Es gefiel mir.

Dann merkte ich, daß bisher nur die Instrumente gestimmt worden waren. Es hatte noch nicht angefangen. Barb bat mich, bis zur Pause die Luft anzuhalten. Ich hielt mich ganz wacker, bis ein angeblicher Mann vortrat und Flöte spielte. Ich begriff nicht, wie ein echter Mann Flöte spielen konnte, aber so war es nun mal. Barb warf mir einen Blick zu und fing an zu kichern. Es hagelte Programme und Schirme – die Leute meinten, wir sollten gehen. Also gingen wir. Es tut mir leid, daß Barb nicht die ganze Sinfonie hören konnte. Sie sollte es noch einmal probieren. Sie hätte ihre Freude daran. Bestimmt bin ich dann zu beschäftigt, um mitzukommen, würde aber das Licht für sie brennen lassen.

Inzwischen haben meine Leser vielleicht den Eindruck, daß Barb ein Muster an Perfektion ist. Ich hoffe, Sie sind nicht allzu enttäuscht, aber sie tut nicht gerade alles dazu, die Gemeinschaft mit mir zu fördern. Beispielsweise können wir erst zu unserem 25-Meilen-Überlebensmarsch aufbrechen, wenn sie den Rucksack in der richtigen Farbe gefunden hat. Wir müssen auf unseren sommerlichen Motorradurlaub im Death Valley verzichten, weil sie sich nicht entscheiden kann, ob wir eine Harley oder eine Honda nehmen sollen. Mir schweben Pläne für einen Vergnügungspark hier in Seattle vor, den ich „Chuckland“ nennen will, aber sie verzögert das Projekt, weil sie sich unschlüssig ist, ob sie lieber vormittags Marmelade kochen und nachmittags die Tickets verkaufen soll oder umgekehrt. Solange diese Grundfragen nicht geklärt sind, ruhen unsere beziehungsfördernden Aktivitäten. Das kann doch nicht gut sein.

Männer haben keine Ahnung, wie wichtig Beziehungen für Frauen sind. Gut, uns fällt auf, daß sie auf Beziehungen Wert legen, aber wir finden, daß es uns überhaupt nichts bringt. Warum sollen wir dabeisein, wenn die Ehefrau auf eine Hochzeit will? Man brachte mir mühselig bei, wie wichtig es mir sein müsse, Barb auf eine Hochzeit zu begleiten, weil sie gleich nach Jesus den höchsten Rang in meinem Leben einnimmt. Ich solle auf ihre Bedürfnisse eingehen. Auf jeden Fall will ich Anteil an ihrem Leben nehmen. Jahrelang habe ich aber nicht gewußt, wie ich das machen soll.

Manches habe ich zufällig richtig gemacht. Als die Kinder noch klein waren, hatten Barb und ich unsere besten Gespräche nach dem Abendessen. Meist wurde zwischen sechs und sieben Uhr abends im Fernsehen etwas für Kinder gebracht. Nach Tisch verzogen die beiden Kleinen sich also an den Fernseher, die Hunde machten es sich auf meinem Schoß gemütlich, und Barb und ich besprachen die Geschehnisse des Tages. Mit diesen Gesprächen wurde ihr Gemeinschaftsbedürfnis gestillt. Hinterher konnte ich in meine Werkstatt gehen oder sonst etwas machen, das mir das Gefühl gab, die Ziele dieses Abends erreicht zu haben. Barb las dann ein Buch oder machte auch, wozu sie Lust hatte.

Wenn wir alles besprochen hatten, kamen die Kinder zurück in die Küche und spülten das Geschirr. Barb hat das Familienleben gut organisiert. Nun sind die Kinder aus dem Haus, und die Zeit nach dem Abendessen finden wir immer noch ideal für unsere Gemeinschaft, aber inzwischen gehen wir oft in ein Restaurant. Selbst damals sind wir hin und wieder ins Restaurant gegangen. Ich merkte es meist schnell, wenn ich Barb nicht oft genug ausgeführt hatte: Im Restaurant griff sie dann nach meinem Teller und schnitt mir das Fleisch zu Häppchen.

Wer hat Vorfahrt in Ihrem Leben?

Mit meinen Ausführungen wollte ich verdeutlichen, daß es bei den Zielen von Männern um Dinge geht, während Frauen mehr an Personen orientiert sind. Natürlich setzen auch Frauen sich Ziele, aber ich habe den Eindruck, daß sie sich zumeist auf das Zuhause oder auf Beziehungen ausrichten, selbst wenn sie im Beruf stehen. Machen Sie einmal Inventur bei Ihren Zielen und beurteilen, ob sie sich in Ihre Situation einfügen.

Auch als Präsidentin von IBM machen Sie sich vielleicht Gedanken, ob zu Hause der Teppich gesaugt oder genug Pfeffer im Schrank ist. Wahrscheinlich finden Sie es erstrebenswert, Zeit genug für Gespräche zu haben, zum Beispiel, um beim Essen mit Arbeitskollegen über Ihr Leben zu plaudern. Vielleicht möchten Sie gern mit einer Freundin wieder Kontakt aufnehmen, die Sie lange nicht gesehen haben. Meist liegt Ihnen viel daran, Eltern oder Schwiegereltern Aufmerksamkeit zu erweisen oder die Geburtstagsfeier Ihrer Großtante nicht zu verpassen. Außerdem sind Sie wahrscheinlich bestrebt, die Gardinen zu reinigen, das Schlafzimmer zu streichen oder die Küche renovieren zu lassen.

Bei uns Männern haben die Ziele tendenziell mit Kegelabenden oder Fußball zu tun. Wenn wir zum Mittagessen gehen, besprechen wir meist berufliche Probleme, knüpfen Kontakt zu potentiellen Kunden oder sättigen uns einfach, bevor wir gemeinsam Golf oder Tennis spielen. Männern geht es in der Regel um das, was man *tun* kann, während Frauen mehr über ihre Beziehungen und *Gefühle* reden.

Wenn Barb allein zur Kirche geht, schaut sie sich nach Bekannten um, weil es ihr auf ein gemeinsames Erlebnis des Gottesdienstes ankommt. Wenn ich allein zur Kirche gehe, nehme ich auf dem nächstbesten Stuhl Platz. Mein Ziel ist der Gottesdienst, mehr nicht.

Vor kurzem nahm ich mir vor, zu einem Konzert in einem kleinen Nest südlich von Seattle zu fahren. Ich wollte Musik hören, die Gott wohlgefällig ist – Country-Musik. Da Barb sich nicht dafür begeistern ließ, blieb sie zu Hause, fragte aber: „Mit wem fährst du hin?“

Ich war verblüfft. Warum sollte ich jemanden mitnehmen? Ich wollte mich bloß hinsetzen und mir einen musikalischen Genuß verschaffen. Bei bestem Willen sah ich nicht ein, warum ich dazu noch jemand anders brauchen sollte. Ich hatte ein Ziel, nämlich diese Musik zu hören. Vielleicht hätte ich unseren Sohn Tim dazu einladen können, aber er hatte an diesem Abend zu tun.

Wenn wir im Sonntagsgottesdienst den letzten Vers des letzten Liedes singen, habe ich nur ein Ziel: schnell raus hier und mit meinem Leben weitermachen. Barb ist bestrebt, noch zu verweilen und mit Bekannten zu plaudern. Wir haben uns auf einen Kompromiß geeinigt. Ich gehe schon vor ins Auto, höre meine Lieblingskassetten oder lese ein Buch, während Barb ihre Beziehungen auffrischt.

Andererseits könnte man mich für einen Partylöwen halten, wenn wir zu Vorträgen eingeladen sind. Ich gehe von Tisch zu Tisch, von einem zum andern, um die Zuhörer willkommen zu heißen, damit sie sich wohlfühlen. Ich lehne es ab, nur als Lehrer aufzutreten und nach dem Vortrag zu verschwinden, ohne mich um Kontakte mit den Zuhörern zu bemühen. Deshalb machen der Gang von Tisch zu Tisch und die Gespräche beim Warten auf das Essen den Eindruck, als sei ich besonders extrovertiert. Dieser Eindruck aber täuscht. Ich habe mir lediglich ein Ziel gesetzt: Ich möchte diesen Menschen etwas mitgeben. Außerdem bestimme ich die Situation. Wenn ich mich auf einer Party, Hochzeit, auf einer Jubiläumsfeier oder inmitten anderer sozialer Ereignisse befinde, deren Ablauf ich *nicht* bestimme, stehe ich nicht gern herum und mache Small talk.

Weil Frauen in der Regel beziehungsorientiert sind, fällt es ihnen schwer, sich entwurzeln zu lassen und umzuziehen. Bei einer Frau reicht das Wurzelwerk tief, das sie mit ihrer Familie, mit Freunden, der Kirche und der Umgebung verbindet. Sie trennt sich ungern von ihren Verwandten, und es bekümmert sie, nicht mehr die Kinder in ihrer Kirche aufwachsen zu sehen. Woher soll sie einen neuen Arzt nehmen? Sie mag am liebsten den, der sie bis jetzt behandelt hat. Wo soll man den Gottesdienst besuchen? Wo schult man am besten die Kinder ein? Ob die neue Schule wohl so gut ist wie die alte? Wie soll sie den Kontakt zu den Freundinnen halten, die sie jetzt zurückläßt?

Ein Mann andererseits interessiert sich für seine neue Arbeitsstelle und die beruflichen Aufstiegsmöglichkeiten. Außerdem nimmt er ja die wichtigsten Menschen seines Lebens mit – Frau und Kinder –, also braucht er bloß alles zusammenzupacken und loszufahren.

Barb und ich haben viele Freunde in den unterschiedlichsten Sportmannschaften der USA. Unserer Meinung nach wirkt sich Baseball wahrscheinlich am stärksten auf das Familienleben aus. Beim Football fahren die Männer am Wochenende weg und kommen dann wieder nach Hause. Beim Baseball kommt es vor, daß die Spieler bis zu zwei Wochen am Stück unterwegs sind. Weil sie so lange ohne Ehepartner sind, unternehmen die Spielerfrauen vieles gemeinsam. Daraus ergeben sich enge Freundschaften. Die Männer haben ein Ziel: Baseballspielen. Die Frauen haben auch ein Ziel, nämlich so enge Beziehungen aufzubauen, daß die langen Tage erträglich sind, bis die wichtigste Beziehung wieder nach Hause kommt.

Ich glaube nicht, daß einer Frau viel daran liegt, gelegentlich die Ziele ihres Mannes zu vereiteln. Nehmen wir an, daß er in seiner Werkstatt arbeitet und feststellt, daß es an Schrauben oder Nägeln fehlt. Er beschließt, auf die Schnelle zum Baumarkt zu fahren und gleich wieder zurückzukommen – gleich, schnell, augenblicklich. Dann macht er einen großen Fehler: er sagt seiner Frau Bescheid. Auf einmal muß er am Supermarkt vorbeifahren und Milch kaufen, bei der Reinigung Röcke abholen, bei der Gärtnerei Setzlinge besorgen und bei einem Freund am entgegengesetzten Ende der Stadt ein Geburtstagsgeschenk abgeben. Plötzlich sieht er sich in seinen Plänen jäh gebremst, und nur wenn er Glück hat, sieht er seine Werkstatt heute überhaupt noch einmal von innen. Ich weiß nicht, welche Schlüsse ich daraus ziehen soll; mit Sicherheit hat er nicht das Gefühl, daß Milch, Reinigung, Pflanzen und Geburtstagsgeschenk so wichtig sind wie sein Ziel, die Schrauben zu besorgen und sein Vorhaben wieder anzugehen. Sie aber als Frau sind bar jeder Schuld. Sie gehen davon aus, daß Ihr Mann Ihnen überflüssige Wege ersparen kann, wenn er sowieso unterwegs ist. Ihn in seinen Plänen zu stören, liegt Ihnen ganz fern.

Was eine Frau sich von ihrer Beziehung verspricht, wirkt sich auch darin aus, wie sie von der Arbeit nach Hause kommt. Sie kann sehr müde gewesen sein, aber nach etwa einer halben Stunde möchte sie von ihren Erlebnissen berichten. Der Mann kommt auch müde nach Hause, aber er schnappt sich die Zeitung oder schaltet am Fernseher herum. Zum Reden ist er nicht aufgelegt. Zumindest betont er, daß er etwas Zeit braucht, um Abstand von den Mühen des Tages zu bekommen. Schwierig, wenn seine Frau nicht berufstätig ist und mal mit einem Erwachsenen reden will, nachdem sie den ganzen Tag lang „Mama, hier" und „Mama, da" gehört hat.

Diese Frage der inneren „Wiederkehr" des Mannes ist entscheidend. Er meint, daß der ganze Abend mit Reden verschwendet werden könnte, wenn er sich hinsetzt und über seine Erlebnisse spricht. Eigentlich passiert aber folgendes: Wenn er seiner Frau etwas Zeit gönnt, Rückschau auf den Tag zu halten und von sich selbst erzählt, wird sie ihm ziemlich bald die Freiheit gönnen, etwas anderes zu tun. Sie möchte nur in seine Welt einbezogen werden und findet es nicht gerade aufbauend, wenn er auf die Frage: „Wie war's bei der Arbeit?" nur „Ganz gut" antwortet.

Ich kann in diesem Fall natürlich nicht die Gedanken einer Frau lesen; also besteht die Möglichkeit, daß ich mich irre. Ich meine, der Bericht eines Mannes über *seine* Erlebnisse sollte nicht fehlen, aber nur einen Teil des Gespräches ausmachen. Ich finde, er sollte hauptsächlich seine Frau von *ihrem* Leben und

Aktivitäten erzählen lassen. Mit dem Zuhören macht er ihr das größte Geschenk. Ich frage mich, ob es beim Bedürfnis einer Frau, über die Erlebnisse ihres Mannes zu reden, wirklich um Informationen geht, oder ob sie nicht vielmehr wissen will, wie wichtig sie für ihn ist, weil er sich Zeit für sie nimmt. Wenn ein Mann auf die Frage nach seinem Tagesablauf nur „Ganz gut" murmelt, liest seine Frau zwischen den Zeilen bestimmt die Botschaft: „Du bist mir nicht wichtig genug." Wenn er aber von sich erzählt, sagt er damit: „Ich liebe dich." Es tut mir leid, daß wir Männer uns so oft nicht die Mühe geben, Zeit für unsere Frauen aufzubringen.

Ich habe dieses Prinzip unserem Sohn Tim erklärt, der eine Autowerkstatt leitet. Seine Frau Tammie, sagte ich, wolle sich nicht aus seiner Welt ausgeschlossen fühlen, wenn er nach Hause komme. Allerdings wußte er genau, daß sie sich nicht für Dieselmotoren interessierte; vor der Geburt des ersten Kindes hatte sie Jura studiert. Ich räumte ein, daß sie nicht gerade eine Automechanikerin sei, aber wenn sie ihn das nächste Mal nach seiner Arbeit frage, solle er ungefähr so antworten: „Ach, Tammie, du kennst doch die 5-Liter-Maschine, mit der wir zugange sind. Wir haben sie gründlich auseinandergenommen und Eisenspäne gefunden. Mit anderen Worten, die Lager waren natürlich hinüber. Ich hab' Charlie kommen lassen, weil er bei uns der Lagerspezialist ist, und was soll ich dir sagen – kaum nimmt er die Zylinderköpfe ab, da sieht er auch schon, daß die Ventile beim zweiten und beim vierten Zylinder verbrannt sind. Das wieder einzuschleifen, kostet uns Stunden, aber wir ... usw."

Tim konnte sich nicht vorstellen, daß sie sich dafür erwärmen könne.

„Vertrau mir", sagte ich.

Also ging er das nächste Mal auf ihre Frage hin, wie sein Tag verlaufen sei, sehr ins Detail. Später berichtete er, daß Tammie ihn „mit Küssen überhäuft" habe. So froh war sie, daß ihm genug an der Beziehung lag, ihr von seiner Arbeit zu erzählen!

Vor ein paar Jahren waren wir auf einer Konferenz in Phoenix und mußten uns vor der ersten Veranstaltung eine Stunde lang die Zeit vertreiben. Ich schlug Barb vor, uns mal wieder so richtig zu unterhalten. Sie sagte: „Ich lese lieber Zeitung." Das faßte ich als großes Kompliment auf. Anscheinend stand es nicht gerade schlecht um unser Gesprächskonto, was ihr die Freiheit gab, Zeitung zu lesen. An diesem Tag hatte ich ihr Gesprächsbedürfnis also gestillt.

Ich nehme an, daß Sie es ausgesprochen schwer haben zu verstehen, warum Ehemann, Vater oder Brüder auf Beziehungen nicht den gleichen Wert legen wie Sie. Manche Männer sind davon ausgenommen; bei den meisten trifft es aber zu. Man muß bitten und betteln und zerren, damit der Ehemann den Besuch bei seiner Schwiegermutter auf sich nimmt. Er läßt sich nur durch Drohungen oder Schmeicheleien dazu bewegen, Sie auf eine Hochzeit zu begleiten. Nicht, daß er Ihre Mutter oder die jungen Leute, die gerade heiraten wollen, nicht leiden kann. Es geht einfach darum, daß er seine vielen *Ziele* schaffen will. Deshalb fällt es ihm so schwer, sich mit „weniger wichtigen" Dingen zu beschäftigen – sich unter Leute zu mischen.

Andererseits haben Sie vielleicht einen Partylöwen geheiratet. Er möchte *andauernd* unter Leute. Er ist es, der Sie zu allen möglichen gesellschaftlichen Anlässen schleppt. Hier vermute ich jedoch, daß Ihr Mann in der Regel ein bestimmtes Ziel verfolgt, wenn er zu dieser Kategorie gehört. Wahrscheinlich will er durch das Ausgehen etwas erreichen: neue Kunden kennenlernen, am Bankett des Golfvereins teilnehmen oder bei einer Bibelstunde mitmachen. Wenn aber *Sie* vorschlagen, er möge Sie zu einem Essen mit Ihren Freundinnen begleiten, wette ich, daß er so etwas für Zeitverschwendung hält.

Männern muß man beibringen, wie wertvoll Beziehungen sind. Ich kann mir aber kaum vorstellen, daß Sie als Ehefrau dazu fähig sind. Sie haben nicht genügend Abstand. Gary Smalley war für mich der „unparteiische Dritte", der mir deutlich machte, wie wichtig Beziehungen sind. Er hat gemeinsam mit John Trent Bücher geschrieben, die geeignet sind, einem Mann das Thema Beziehung nahezubringen.

Fast in jeder Situation geht es um eine Beziehung. Wenn die Kinder einer Frau schon erwachsen sind, muß sie sie trotzdem hin und wieder sehen. Großmütter und Mütter sind für die meisten Frauen ausgesprochen wichtig und fordern Beachtung. Der gesellschaftliche Umgang in der Kirche und an der Arbeitsstelle ist meist auch bedeutsam für Frauen. Alle diese Beziehungsbedürfnisse lassen sich niemals ausschließlich vom eigenen Ehemann stillen. Die Frauen in der Nachbarschaft, im Bibelkreis oder bei der Kaffeepause am Arbeitsplatz sind wesentlich für die geistige Gesundheit einer Frau. Wenn ein Paar zu mir in die Eheberatung kommt, stelle ich oft fest, daß die Frau niemanden hat, bei dem sie sich ausweinen kann. Ihr Mann ist ein Tolpatsch, und sie fühlt sich einsam und hoffnungslos. Ihnen als Frau hat Gott die Gabe der Beziehungsfähigkeit verliehen. Es ist eine wahre Freude, diese schöne Begabung ausgelebt zu sehen, besonders bei Menschen, die ein Leid tragen. Andererseits sieht sich der Mann mehr als Krieger. Er kann „allein zurechtkommen". Er kann sich die Schuhe schnüren, das Gesicht waschen und seinen Wagen selbst reparieren. Er fragt nicht nach dem Weg, wenn er sich verirrt hat; er gibt es nicht zu, wenn er in Schwierigkeiten steckt. Er hat gelernt, daß große Jungs nicht weinen. Sie aber nehmen das persönlich und spielen die Verletzte. Erst diese Woche war ich in einem Einrichtungshaus und sah, wie ein Mann mit einem großen Aktenschrank kämpfte, den er auf seinen Wagen laden wollte. Ich fragte, ob ich ihm helfen könne. Er lächelte und sagte: „Nein, danke. Ich schaff's schon allein." Wenn er zugegeben hätte, daß er Hilfe nötig hat, hätte er eine Schwäche eingestanden. Verstehe ich.

Ein Mann ist auf die Beziehung zu seiner Frau und den Kindern angewiesen, aber das reicht ihm auch schon, es sei denn, er ist einer von den seltenen Partylöwen, die ich bereits erwähnte. Männer sind meist Einzelgänger und wollen alles ganz allein schaffen.

Wie man eine verkümmerte Beziehung nährt

Bestimmt haben Sie manchmal das Gefühl, die Beziehung zu Ihrem Mann sei verkümmert. Er weiß nicht, daß Sie sich ihm mitteilen wollen und daß er Ihnen das Herz ausschütten sollte. Er merkt nicht, daß Sie auf liebevolle Gemeinschaft angewiesen sind, wenn die Arbeit im Büro oder der alltägliche Umgang mit den Kindern Sie ausgelaugt hat. Wenn es so ist, dann können Sie hilfreich eingreifen. Oft stelle ich fest, daß eine Frau stumm bleibt, wenn sie ein Bedürfnis hat. Vielleicht baut sie sich eine kleine Wand aus Mauersteinen der Verbitterung, oder sie möchte nicht den Zorn ihres Mannes heraufbeschwören, wenn sie ihm mit Problemen kommt. Da wäre es günstig, ihn zu fragen: „Können wir uns einmal unterhalten?“ Sonst kann es Jahre dauern, bis Ihr Gemeinschaftsbedürfnis gestillt wird, weil Ihr Mann nicht Bescheid weiß. Er holt sich mit seiner Arbeit alles, was er an Selbstachtung, Zustimmung und Zufriedenheit braucht. Er hat keine Ahnung, daß Sie zu Hause beziehungsmäßig verkümmern.

Weil er zur Zeit gar nichts von sich mitteilt, wäre selbst ein wenig schon ein guter Anfang. Sorgen Sie also für ein freies Viertelstündchen, wenn die Kinder zu Bett gegangen sind. Dann setzen Sie sich zu Ihrem Mann und bitten um seine volle Aufmerksamkeit. Er sollte einsehen, daß diese fünfzehn Minuten der Beziehungspflege dienen. Deshalb darf er so lange nicht die Zeitung auf dem Schoß haben oder den Fernseher laufen lassen. Es ist *Ihre* Viertelstunde, wenig, aber kostbar. Erwähnen Sie dieses Buch und erzählen von meinem Vorschlag, daß er Ihnen eine Viertelstunde lang die volle Aufmerksamkeit schenken solle.

Sicher kommen jetzt Einwände auf: „Meinen Sie das ernst? Ich soll den wichtigsten Menschen meines Lebens als Termin einplanen? Wollen Sie etwa sagen, daß er sich tatsächlich nicht um mich kümmert?“ Nein, eben nicht. Er liebt Sie und kümmert sich auch um Sie. Er ahnt nur nichts von Ihrem Mitteilungsbedürfnis. Erklären Sie ihm freundlich und liebevoll, warum es Ihnen auf diese Viertelstunde ankommt und fragen Sie, ob er sich darauf einlassen würde.

Wenn Sie nicht gerade ein ausgesprochenes Ekel an Ihrer Seite haben, wird es ihm machbar erscheinen. Er *will* sich auf dieses Gespräch einlassen. Stellen Sie einen Wecker, damit er merkt, daß Sie ihn nicht über Gebühr beanspruchen wollen. Halten Sie sich genau an die verabredete Zeit. Sollte der Wecker Sie mitten in einer Ausführung unterbrechen, sagen Sie einfach: „Hoppla, die Zeit ist vorbei. Morgen abend mache ich weiter.“ Garantieren kann ich nichts, aber es könnte passieren, daß er auch *nach* dem Klingelzeichen weiterreden will. Es hat ihm Spaß gemacht; jetzt fängt er an, mehr auf Ihr Beziehungsbedürfnis einzugehen. Sie haben ihm in dieser Viertelstunde beim gemeinsamen Lachen, Reden und vielleicht auch mit Tränen die Vielfalt der Beziehung vorgeführt.

Ich möchte diesen Gedanken nicht überstrapazieren. Manche Frauen könnten sich auf den Kopf stellen, ohne ihren selbstsüchtigen, unsensiblen, groben, wütenden, unbelehrbaren Mann motivieren zu können, auf ihre Bedürfnisse einzugehen. In diesem Fall kann ich nur mein Mitleid bekunden, für Sie beten und auf Kapitel 14 verweisen, wo es darum geht, wie solche Situationen bewältigt werden.

Ein Zeitlimit hat Vorteile für beide Partner – Sie haben Gemeinschaft, ihm bleibt Zeit für seine Vorhaben. Die Viertelstunde ist ein Zeichen, daß Sie beide hoffen können.

Da Sie jetzt wissen, daß es Ihrem Mann mehr um Ziele als um Beziehungen geht, erwarten Sie bitte keine sofortige Zustimmung von ihm, wenn eine Hochzeit oder Abschlußfeier genau auf ein wichtiges Meisterschaftsspiel am Samstag fällt. Er muß nämlich erst einmal einen Trauerprozeß abschließen. Er dachte, sein Leben sei voller Blütenträume, reich an Chancen und eitel Sonnenschein, und nun drohen mit diesem gesellschaftlichen Großereignis schwarze Regenwolken. Wenn Sie das erste Mal davon reden, könnte er negativ reagieren. Das ist nicht weiter schlimm. Lassen Sie ihn in Ruhe, und er wird das Richtige tun, wenn es soweit ist. Allmählich kommen Sie zu Ihrem Recht. Für seinen Horizont bedeuten Hochzeiten und kirchliche Veranstaltungen eine Erschütterung, zu deren Verarbeitung er Zeit braucht. Er muß lernen, diesen Rückschlag hinzunehmen. Nur Geduld! Lassen Sie ihn eine Weile trauern, ohne ihm ein schlechtes Gewissen einzureden, und er wird pünktlich mit dem Auto vorfahren und auf Sie warten.

Denken Sie daran, nichts Persönliches in seine Erstreaktion hineinzulesen. In seinen Augen sind Sie immer noch wichtig, wunderbar und lieb und teuer. Nicht Sie sind sein Problem. Ihm ist nur ein Ziel verwehrt worden, ein Schock, für dessen Überwindung er ein paar Minuten braucht.

Vergessen Sie nicht, daß weder Ihr Mann noch die anderen männlichen Wesen in Ihrem Leben mit einem Naturtalent für Beziehungen auf die Welt gekommen sind. Sie können aus Liebe lernen, sich zu verbessern, nicht aber, weil sie sich plötzlich in beziehungsorientierte Wesen verwandelt haben.

Das Zuhause ist die nächste Arena, wo es zu Konflikten zwischen Mann und Frau kommt, die von der Schöpfung her angelegt sind. Untersuchen wir, was hier passiert und wie wir lernen können, mit diesen Unterschieden umzugehen.

Komisch! Da hat jemand das Bad geputzt

Weil meine Selbstachtung nicht davon abhängt, wie es bei uns zu Hause aussieht, raffe ich mich manchmal nicht so schnell zu Reparaturen auf, wie Barb es gern hätte. Erstaunlich, wie die Liste unerledigter Aufgaben anwachsen kann.

Es ist nicht allzu lange her, als Barb in unserem Schlafzimmer den Kopf hob, um sich am Kinn zu kratzen. Da fiel ihr ein Riß in der Decke auf, der nach der teuersten Schornsteinreparatur der gesamten Menschheitsgeschichte entstanden war. Ganz plötzlich stand ein neuer Punkt auf meiner Reparaturliste, an der ich nicht viel abhaken konnte, seit ich dieses Buch schreibe.

Die Dachdecker haben neben dem Schornstein mit Teer, Klebstoff, Zement, Entenfedern, Schaum und Jute hantiert, und das Wasser tropft immer noch durch Dach und Decke unseres Schlafzimmers, wodurch ein kleiner, ganz winziger Fleck entstanden ist, der Barb auffällt, wenn sie sich am Kinn kratzt. Mein Leben in diesem albernen Dachboden besteht praktisch darin, nach Lecks zu suchen. Das Haus wurde 1938 gebaut. Es wimmelt von Rohren, Drähten und stickigem Isolierungsmaterial. Über all das muß ich klettern, dazu über Streben und Stützen, wobei ich eine nichtsnutzige Taschenlampe mitschleppe, deren Batterien genau dann versagen, wenn ich am Schornstein angelangt bin. In der schwarzen Dunkelheit des Dachstuhls ertaste ich mir an den Hindernissen vorbei meinen Weg zurück, weil ich am Telefon verlangt werde – ausgerechnet jetzt will ein gedankenloser Mensch mit mir über seine Selbstmordpläne reden. Barb findet, daß ich übertreibe, aber so und nicht anders ist es nun mal.

Barb hat außerdem keine Schuhe an, wenn sie im Haus herumläuft. Diese Angewohnheit hat mich endlose Mühen gekostet, vor allem, als wir unsere junge Hündin zur Reinlichkeit erzogen haben. Nehmen wir an, ihr ist auf dem dunkelblauen Teppich in meinem Büro ein kleines Mißgeschick unterlaufen. Zunächst einmal war das keine Absicht. Zweitens wäre es nach dem Trocknen niemandem aufgefallen. Dann kam Barb und wollte mir etwas mitteilen. *Plitsch, platsch* – ihre Füße spüren die Pfütze auf, und ich muß den Rest des Tages mit Fleckenreiniger und Essig den Teppich hundefrei machen.

Ein anderes Mal ging sie, wieder ohne Schuhe, in unser Bad. Irgendein dummes Rohr hatte ein Leck, und der Teppichboden war feucht. Nun ja, naß. Na und, bald war Sommer, und alles würde trocknen. Aber nein, ich mußte mich daran versuchen. Also kletterte ich diesmal in den Dachstuhl der *Garage* und suchte nach einem Gebläse, um den Teppichboden zu trocknen. Zum Glück gibt es hier weder Rohre noch ein Drahtgewirr, bloß Gerümpel aus 40 Ehejahren, hinter dem sich das Gebläse verbarg, das ich zum Trocknen brauchte.

Inmitten des Gerümpels stand auch der klappbare Wäscheständer für Windeln, den wir vor langer Zeit in unserer ersten Mietwohnung brauchten. Inzwischen sind unsere Kinder alle über dreißig. Ich weiß nicht, warum wir so daran hängen. Barb und ich wollen kein Kind mehr bekommen. Wir sind zu beschäftigt. Unsere Enkel tragen Wegwerfwindeln; deshalb brauchen die Mütter wohl kaum unseren Windeltrockner. Selbst geschenkt will ihn keiner mehr. Er fällt immer noch in die Kategorie „Gerümpel“ – nicht alt genug, um als antik zu gelten, obwohl es bald soweit sein dürfte. Aus irgendeinem Grund, der mir nicht einleuchtet, will Barb den Windeltrockner bei jedem Umzug mitnehmen.

Dann steht da noch der blaue Einmachkessel, den Barb zum Einmachen von Obst und Gemüse für die müden Krieger längst vergangener Schlachten verwenden wollte. Wir holten uns Obst und Gemüse von der Farm ihrer Angehörigen. Es waren neunzehn Kisten Äpfel, Tomaten, Pfirsiche, Maiskolben und Aprikosen, die wir hinten im Auto verstaut hatten.

Zu Hause angekommen, schleppte ich die Kisten aus dem Auto und baute sie ordentlich in der Garage auf. Dann kamen die alltäglichen Arbeiten, Kinder und Haus mußten versorgt werden, und sechs Monate später wanderten Obst und Gemüse in den Abfall. Das stellte ein gewisses Risiko dar, weil bis dahin die grüne Schimmelschicht auf Pfirsichen und Aprikosen voll entwickelt war und mich nach Kräften zu ersticken versuchte, als ich sie mühevoll in den Abfalleimer entsorgte. Eines Tages schlug ich Barb vor, die Obstkisten direkt aus dem Auto in den Müll zu werfen. Warum so lange lagern? Barb glaubt aber immer noch, sie werde sie eines Tages verarbeiten. Außerdem will sie keine Nahrungsmittel „vergeuden".

Der Streß ergibt sich vor allem daraus, daß ein echter Snyder nie zwei Wege macht, wenn einer genügt. Ich versuche, alle neunzehn Kisten oder fünfzehn Tüten vom Einkauf auf einmal aus dem Auto ins Haus zu bringen. Auch darin liegen Gefahren, weil Barb auf den Stufen zu unserer Küche allerlei abstellt. Eines Tages werde ich darüber stolpern, und Barb ist Witwe. Aus ihrer Sicht ist es verwunderlich, warum ich die Sachen nicht während der Woche mit nach oben nehme, statt nur darüber hinwegzusteigen. Woher soll ich denn wissen, wohin die Sachen auf den Stufen gehören? Vielleicht sollen sie dort lagern. Mir leuchtet nicht ein, warum ich alles mit nach oben nehmen soll, nur weil es mir den Weg verstellt. Außerdem sind meine Hände schon voll mit den sechzehn Kisten, die ich in die Küche trage. Kein praktischer Vorschlag also.

Barb kratzte sich neulich wieder mal am Kinn und stellte fest, daß an der Decke unserer Veranda die Farbe abgeplatzt war. Sie wusch sich das Gesicht und entdeckte, daß der Hahn tropfte, obwohl wir erst vor ein paar Monaten den Klempner hier hatten. Sie ging in die Gästetoilette, die wir selten benutzen, und siehe da, auch hier tropfte der Hahn. Sie begab sich in den Garten, um die Kapuzinerkresse zu inspizieren. Dabei kam sie am Swimmingpool vorbei, wo ihr auffiel, daß der Abflußfilter erneuert werden mußte. Außerdem war der Blattfilter am Poolreiniger verstopft, und schließlich war auch noch ein Rad ab. Während sie sich davon überzeugte, fiel ihr zudem auf, daß der Abfallsack, der vor meiner Werkstatt steht, geleert werden sollte, weil wir Besuch erwarteten. Selbst die Papier- und Bücherstapel neben meinem Schreibtisch mußten unter das Bett geschoben werden, auch wegen des Besuchs.

Es wäre ganz einfach, sich diesen Streß vom Leibe zu halten. Barb bräuchte nur geradeaus zu schauen und jederzeit Schuhe zu tragen. Aber nein, sie betrachtet das Haus als Teil ihrer selbst.

Früher hatten wir einen roten, samtbezogenen Sessel im Haus, der für reichlich Konfliktstoff sorgte. Dabei wurde mir nahegebracht, wie eng Barb mit ihrem Zuhause verwachsen war. Muffit, die Hündin, die wir damals hatten, setzte sich gern auf diesen Sessel, gemütlich an mein Bein gekuschelt. Dabei haarte sie ein bißchen – nichts Besonderes. Der Hund war weit wichtiger als der Sessel. Leider fand Barb, daß ein haariger roter Sessel ihre Persönlichkeit nicht angemessen zum Ausdruck brachte. Ich dachte, ein Sessel sei ein Sessel sei ein Sessel. Es stellte sich heraus, daß der Sessel *Barb* war.

Ihr Zuhause – das sind Sie selbst

Wir Männer haben keine Ahnung, wie sehr das Selbstwertgefühl einer Frau an ihr Zuhause geknüpft ist und wie es ihr Wesen widerspiegelt, selbst dann, wenn sie berufstätig ist. Wir Männer glauben, ein tropfender Wasserhahn sei nichts als ein tropfender Wasserhahn, Abflüsse seien Abflüsse und gesprungene Scheiben seien gesprungene Scheiben. Man muß uns erst erklären, daß die Frau dabei das Gefühl hat, mit ihr *selbst* sei etwas nicht in Ordnung.

Wir halten uns nicht mit Einzelheiten auf und erkennen daher nicht, daß wir es einer Frau schwerer machen, wenn wir erwarten, daß sie hinter uns herräumt. Uns fällt die Unordnung, die wir hinterlassen, gar nicht auf. Wahrscheinlich haben die Mütter hinter uns hergeräumt, als wir noch klein waren, und diese Erwartungshaltung haben wir mit in die Ehe gebracht. Manchmal unterläuft uns die Fehleinschätzung, es sei nun mal die Aufgabe einer Frau und Mutter, alles aufzuräumen, was im Hause herumliegt, und damit basta. Barb aber erklärte mir, eine Frau könne nicht einmal mit ihrer Arbeit im Haus *anfangen,* wenn sie nicht erst alles aufgelesen habe, was der Rest der Familie liegenließ.

Anschaulich demonstriert wurde das, als wir ein Seminar für eine Gruppe von Sporttrainern und ihre Frauen veranstalteten.

Barb fragte die Trainer, wie es ihnen wohl gefallen würde, wenn sie täglich vor dem Training die Schlüpfer, BHs, Strumpfhosen und andere Utensilien ihrer Frauen einsammeln müßten, bevor die Arbeit beginnen könne. Natürlich lachten alle, aber Barb machte deutlich, daß Frauen genau diese Situation meistern müssen, wenn die Familie ihr den ganzen Kram zum Wegpacken überläßt. Vermitteln Sie diese Illustration einmal Ihrem Mann, und ich wette, daß er fortan mehr Einfühlungsvermögen aufbringt. Wenn er schlampig bleibt, soll er Barb anrufen, und sie erklärt es ihm noch einmal von vorn.

Wir Männer haben keine Ahnung, wieviel Arbeit sich Frauen machen, damit das Zuhause dem Besuch präsentiert werden kann. Ich war schon soweit, niemanden mehr einzuladen, weil Barb vorher anscheinend tagelang staubsaugen mußte. Außerdem wischte sie überall Staub und bat mich, meine Ecken aufzuräumen und meine Bücherstapel unter das Bett zu schieben. Sie polierte das beste Geschirr und wischte in ihrem Handarbeitszimmer Staub. Warum das alles? Bloß, weil ein paar Leute zu Besuch kamen?

Was mich anging, brauchten wir nur mal kurz zu unserem guten alten Supermarkt zu sausen und ein paar Kekse zu kaufen, sie auf einen Teller zu legen und guten Tag zu sagen, wenn sich Besuch ansagte. Die ganze Mobilmachung mit Backen, Putzen, Staubsaugen und Wischen, Aufräumen und so weiter fand ich unnötig. Vor allem wollte ich unseren Gästen nichts vormachen. Sie konnten ruhig sehen, wie ich war – unordentlich.

Warum sah Barb es nicht etwas lockerer? Man konnte fast glauben, sie wollte den Eindruck verwischen, daß unser Haus bewohnt war. Wenn sie das vorhätte, müßten wir Seile ziehen wie im Museum, und niemand dürfte etwas anfassen. Unsere Gäste könnten dann im Haus umherwandeln, sich über das Absperrseil beugen und sagen: „Donnerwetter, hier müssen Chuck und Barb frühstücken“, und „Guck mal, wie sauber Chucks Schlafzimmer ist.“ Wenn sie Seile ziehen würde, käme kein einziges Sandkörnchen auf den Teppich.

Jahrelang war ich völlig blind dafür, daß Barb im Badezimmer aufräumte, frische Handtücher auslegte und das Waschbecken scheuerte. Ich wußte nicht, daß sie es machte; ich wußte nur, daß das Waschbecken immer sauber aussah, wenn ich ins Bad kam. Wahrscheinlich hatte ich angenommen, daß ich es morgens auch so verlassen hatte. Barb fragte mich eines Tages, wer meiner Meinung nach wohl hinter mir herräumte. Ich hatte keine Ahnung. Nie verschwendete ich einen Gedanken daran.

Da ich jetzt weiß, daß ein sauberes Badezimmer Barb widerspiegelt, versuche ich, nach Gebrauch das Waschbecken auszuwischen und das Handtuch richtig herum aufzuhängen. Ich wollte ihr eigentlich nie Mehrarbeit aufbürden. Nur war ich mir über ihre Ansprüche nicht im klaren, und ein paar mikroskopisch kleine Flecken auf dem Waschbecken erregen meine Aufmerksamkeit nicht in allzu großem Maße.

Weil die meisten Männer sich nicht um die Details im Leben kümmern oder nicht wissen, wie weit das Selbstwertgefühl einer Frau von ihrem Zuhause abhängt, legen wir zwar den Teppichboden, lassen aber mit der Fußleiste auf uns warten. Wir tapezieren zwar, schneiden aber die überstehenden Ränder unten nicht ab. Wir schaffen einen Wanddurchbruch, lassen sie aber wochen- oder gar jahrelang mit diesem klaffenden Loch hängen. Dazu paßt es, daß ein Mann vier Schrottwagen auf seinem Grundstück stehen haben kann, ohne sich die Zeit zum Reparieren zu nehmen. Wenn ein Fenster im Haus zu Bruch gegangen ist, klebt er das Loch mit Plastikfolie zu und hofft, daß der Wind es nicht wieder aufbläst. Aus all diesem ergibt sich nahtlos, wie ein gewisser Mann, von dem ich gehört habe und der in Seattle wohnt, Bücher schreibt und dessen Familienname mit S anfängt, den Entschluß fassen konnte, alle Schränke in der Küche auf einmal zu restaurieren. Er schraubte alle Türen ab, war danach aber beruflich zu belastet. Die Schränke seiner Frau standen monatelang offen, so daß alle Welt hineinschauen konnte.

Ich bin Dr. James Dobson Dank schuldig. Er hat mir mit seinem Buch „Das solltest du über mich wissen“ (Schulte & Gerth, 1994) geholfen, das Problem bei dieser Methode zu erkennen. Er erweckte in mir eine Ahnung davon, daß eine Wohnung eben mehr als nur eine Wohnung ist, ein Stuhl mehr als ein Stuhl, ein Ausguß mehr als ein Ausguß. Ein halb angestrichener Wohnraum ist nicht nur ein Zimmer, das noch etwas Farbe braucht. Zu meinem Erstaunen lehrte er mich, daß der Stuhl *Barb* widerspiegelt, ebenso das Waschbecken und der unfertige Wohnraum. Unglaublich, aber diese Gedanken erwiesen sich als wahr.

Um Gottes Hilfe bitten

Sollten Sie Besuch erwarten, schlage ich vor, daß Sie sich vor dem Reinemachen mit Ihrem Mann verständigen: „Ich möchte sicher sein, daß wir stolz auf unsere Wohnung sein können, wenn am Samstagabend die ganze Nachbarschaft vorbeischaut. Also kümmere ich mich darum, daß alles auf Hochglanz ist. Mach dir deswegen keine Gedanken. Ich tue so etwas gern. Und wenn du Zeit hast, würdest du mir sehr helfen, wenn du das Dach abstaubst, die Auffahrt schrubbst und die Blätter am Rosenbusch abseifst", oder was Sie sonst erledigt haben wollen. Wenn Sie nichts sagen, sieht er Sie nur hart arbeiten und nimmt an, daß Sie sehr ungern all diese (aus seiner Sicht) unnötigen Dinge tun, nur weil ein paar Leute aufkreuzen werden. Ich jedenfalls begriff allmählich, daß es nicht Barbs Stil war, bei solchen Anlässen einfach nur ein paar Kekse hinzustellen.

Ihr Mann *möchte* Ihnen im Grunde ein guter Partner und Helfer sein, aber Sie können nicht davon ausgehen, daß für ihn dasselbe wichtig ist wie für Sie. Er ist einfach nicht so geschaffen und wird sich auch nicht verändern, wenn ihm nicht ein unparteiischer Dritter hilft, sein Denken neu zu organisieren. Nach Gott sind Sie seine wichtigste Bezugsperson. Deshalb wird er es als sinnvoll anerkennen, wenn er begriffen hat, daß ein ansehnliches Zuhause Ihre Persönlichkeit reflektiert. Allerdings muß es ihm jemand begreiflich machen.

Da Ihr Mann nicht weiß, was Ihnen wichtig ist, mache ich einen Vorschlag, der bei uns zu Hause gut funktioniert. An unserem Kühlschrank sind zwei Listen befestigt. Eine ist mit „Barbs Wünsche", die andere mit „Chucks Wünsche" überschrieben. Eigentlich habe ich nicht viele Wünsche an sie, weil sie meine Bedürfnisse so gut kennt und erfüllt. Hier aber liegt das Prinzip zugrunde, daß es angesichts solcher Wunschzettel nicht mehr nötig ist, Ihren Mann an das zu erinnern, was er noch nicht getan hat. Dafür sorgt die *Liste.* Und wenn ihm endlich auffällt, wie sehr Sie mit dem Erscheinungsbild und dem Sauberhalten der Wohnung eingespannt sind, wird er bestimmt mehr für Sie erledigen.

Das erinnert mich an ein Prinzip, erklärt von Deborah Tannen in ihrem wunderbaren Buch „Du kannst mich einfach nicht verstehen. Warum Männer und Frauen aneinander vorbeireden" (Goldmann, 1994). Sie macht deutlich, daß ein Mann Versagensängste hat. Jedesmal, wenn ihn die Frau bittet, sich endlich um etwas Unerledigtes zu kümmern, faßt er es als Nörgelei auf. Unbewußt schiebt er die Sache ein paar Wochen lang auf, bis es so aussieht, als sei diese Sache *seine* Idee gewesen. Deshalb schiebt er sie jedesmal auf, wenn er daran erinnert wird. Wenn Sie aber eine Liste an den Kühlschrank heften, dann geht die Mahnung nicht von Ihnen aus, und er fühlt sich nicht so bedroht.

Ein weiteres bedenkenswertes Prinzip: Ihrem Mann fällt nicht auf, wie hart Sie arbeiten, wenn Sie es ihm nicht sagen. Aber bitte nicht in dieser Form: „Ich habe es satt, andauernd hinter dir herzuräumen!" Ihm ist von Anfang an nicht aufgefallen, daß Sie so etwas machen. Er schaltet also auf Verteidigungsstellung und igelt sich schweigend ein. Ich würde vorschlagen, es ihm so beizubringen: „Wahrscheinlich habe ich das eine oder andere als selbstverständlich vorausgesetzt. Tut mir leid. Ich finde aber, wenn wir Besuch bekommen, sollte das Bad sauber sein, und wenn du morgens gehst, habe ich immer das Becken geputzt und die Handtücher aufgehängt. Das konntest du nicht wissen, weil du nie gesehen hast, daß ich es gemacht habe. Aber könntest du mir vielleicht helfen, das Bad ordentlich sauberzumachen? Hier liegt das Wischtuch, und so hänge ich immer die Handtücher auf. Könntest du das für mich tun? Ich würde es wirklich zu schätzen wissen." Und dann umarmen Sie ihn innig, sagen ihm, wie Sie sich über seine Hilfe freuen und gehen mit ihm zu Bett. (Nur mal so als Gedächtnisstütze.)

Wenn Sie es auf diese Art anfangen, möchte ich wetten, daß Sie das sauberste Bad der ganzen Stadt bekommen. Sie müssen Ihrem Mann ja nur sagen, daß Sie auf seine Mitarbeit angewiesen sind, um sich wohlzufühlen. Für einen Mann ist, wohlgemerkt, ein Waschbecken nichts als ein Waschbecken. Er hat keine

Ahnung, welche Bedeutung es für Sie hat. Sie müssen ihm also helfen, seine Denkweise anzupassen.

Wie schon gesagt, fällt vor allem deshalb einem Mann nicht auf, was alles an Hausarbeiten fällig ist, weil er nicht auf die Einzelheiten im Leben achtet. Uns steht der Sinn mehr nach Gesamtentwürfen. Untersuchen wir einmal, wie sich diese Sicht des Lebens auf die Ehe auswirkt.

Nach dem Weg fragen? Ein klares Eingeständnis von Schwäche

Wir haben schon besprochen, wie zielorientiert Männer sind, Frauen dagegen beziehungsorientiert, selbst dann, wenn sie berufstätig sind. Zum Thema Ziele läßt sich ein weiterer Grundsatz formulieren: Männer halten den Blick auf das Ziel gerichtet, und Frauen sind meist in der Lage, alle Einzelheiten auf dem Weg zum Ziel zu überschauen.

Im Zielsetzen bin ich Weltmeister. Ich schaffe mir Ziele für heute, morgen, nächste Woche und für die nächsten hundert Jahre, wenn ich dann noch lebe. Barb ist sehr praktisch veranlagt, wie die meisten Frauen. Deshalb sieht sie alle Gründe dafür, warum meine Ziele unerreichbar sind. Wenn ich früher von meinen Zielen sprach, kam sie mit merkwürdigen Aussagen daher: „Können wir uns das leisten?“, „Wo willst du damit parken?“ und „Hast du nicht schon eins?“ Bei solchen Fragen oder Bemerkungen zu Einzelheiten, an die ich nicht gedacht hatte, bekam ich das Gefühl, sie traue mir rein gar nichts zu. Ich fühlte mich niedergemacht und gab schon bald auf. Ich mußte lernen, sie besser in meine Gedankengänge einzubeziehen, ohne gleich in Verteidigungsstellung zu gehen.

Wir haben die Sache geregelt, indem ich Barb gebeten habe, mich einfach träumen zu lassen, ohne allzu stark in die Einzelheiten gehen zu müssen. Ihre Meinung sei dann gefragt, wenn ich soweit sei, einer Firma den Auftrag zu erteilen.

Wir haben auf unserem Grundstück einen Tennisplatz. Gleich nach dem Einzug wollte ich ihn überdachen. Im Winter regnet es in Seattle viel, und ich dachte, wir könnten ihn öfter benutzen, wenn ein Dach darüber wäre. Weil Barb wußte, daß ich gern träume, ohne mir anhören zu müssen, warum aus meinem Traum nichts wird, ließ sie mich einfach reden und darüber nachdenken. Sie wußte, daß wir uns das Dach auf keinen Fall leisten konnten; vor allem aber wollte sie nicht die friedliche Atmosphäre der Waldgegend durch ein Stahlgerüst beeinträchtigt haben.

Eines Tages bekam ich einen großen Auftrag, und plötzlich sah ich die Chance, das Dach errichten zu lassen. Ich war begeistert. Dann sagte Barb: „Ich habe dir noch nicht alles gesagt. Ein Dach über dem Tennisplatz ist das letzte, was ich will. Das sieht doch aus wie eine Lagerhalle und paßt überhaupt nicht zum Wald“, und so ging es weiter.

Ich war verblüfft, daß sie vorher nichts davon gesagt hatte, aber dann fiel mir unsere Abmachung ein. Da ich Barb zugestehe, in häuslichen Angelegenheiten das letzte Wort zu haben, darf sie entscheiden, ob wir den Tennisplatz überdachen oder nicht. Damit kann ich leben. Hier stehe ich im Wort. Doch auch Jahre danach hat sie es sich mit dem Dach noch nicht anders überlegt. Wenn ich an das schöne Training denke, das mir ein Dach erlauben würde! Wahrscheinlich würde es mich vor einem Herzinfarkt bewahren. Dann würde Barb es nicht nötig haben, das Haus wegen Steuerschulden zu verkaufen und am Hungertuch zu nagen. Eigentlich verspüre ich schon jetzt einen kleinen Schwächeanfall, aber vielleicht geht er vorüber.

Es ist so offensichtlich, daß Barb den Details und ich den Zielen verschworen bin, daß es sich schon zeigt, wenn wir mit dem Auto unterwegs sind. Meist hat Barb sich die Route schon vorher im Geiste zurechtgelegt; ich fahre einfach los. Ich bin mir nicht ganz sicher, wie ich zu meinem Ziel gelangen will, aber wenn ich schon einmal dort gewesen bin, erfühle ich den Weg. Ich muß zugeben, daß ich manchmal den Weg zur Arbeit wähle, wenn ich zur Kirche fahren müßte. Mir wird nachgesagt, daß ich Richtung Norden fahre, wenn wir nach Süden wollten. Ich kann mich fast darauf *verlassen,* daß ich falsch abbiege. Wenn Barb nicht mitfährt, ist es tatsächlich so, daß ich im Gefühl habe, links abbiegen zu müssen – und nach *rechts* fahre, was meist die richtige Entscheidung ist.

Wenn ich nach einer Adresse suche, taste ich mich ein paar Straßen in die Gegend vor, die ich aufsuchen will, und allmählich erkenne ich Wahrzeichen, die mich in die richtige Richtung geleiten. Es geht vor allem darum, das Auto ständig in Bewegung zu halten. Anzuhalten und nach dem Weg zu fragen ist ein klares Anzeichen von Schwäche. Erst neulich fuhr ich die Straße entlang und versuchte, rechts abzubiegen. Hätte ich auf den Stadtplan geschaut (was den meisten Männern auch als Eingeständnis von Schwäche gilt), wäre mir aufgefallen, daß das ganze Gebiet rechter Hand ein Park war. Ich machte letzten Endes einen meilenweiten Umweg, weil ich dachte, daß jeden Augenblick eine Straßenkreuzung kommen würde. Es hätte wirklich eine geben müssen. Eigentlich sollte ich einen Brief an die Stadtverwaltung schreiben. Wen kümmern schon die paar Eulen, die beim Bau der Straße heimatlos würden? Ich für mein Teil möchte am Abend meines Lebens nicht umherirren, weil ein paar Umweltschützer glauben, mir einen riesigen Grüngürtel in den Weg bauen zu müssen, um die Abgase zu reduzieren oder so.

Wenn andererseits Barb irgendwohin fährt, weiß sie genau, daß sie fünf Kilometer geradeaus fahren und dann an der Tankstelle rechts abbiegen muß; nach drei Kilometern kommt sie an ein gelbes Schild und biegt links ab. Sie fährt weiter, bis sie den Schriftzug des Hotels sieht. Dann fährt sie links auf die Auffahrt und ist da. Barb verirrt sich nicht gern, wenn ich am Steuer bin und unsere Freunde mitfahren. Sie möchte aber auch nicht den Eindruck erwecken, als wolle sie mir vorschreiben, was ich tun solle. Bei solchen Gelegenheiten verzichtet sie auf Hinweise.

Einmal waren wir auf Hawaii und hatten im Auto Gäste. Ich verfuhr mich fürchterlich, weil Barb sich nicht zu Wort meldete. Sie hätte doch nur anzukündigen brauchen: „Leute, Chuck hat mich gebeten, ihm den Weg zu weisen, wenn wir Auto fahren. Jetzt habe ich den Eindruck, daß wir genau in die entgegengesetzte Richtung fahren. Ich schlage vor, so bald wie möglich zu wenden." Mit Ihrem Mann können Sie ebenso verfahren. Wenn Barb mitfährt, komme ich ganz gut zurecht, aber sie fragt sich, wie ich zur Arbeit komme, wenn sie nicht dabei ist.

Auch in den anderen Bereichen unseres Ehelebens ist Barb für die Details zuständig. Nicht nur, daß sie einen Sinn dafür hat – sie muß sie aus irgendeinem Grunde auch *zurechtrücken.* Lange Zeit wußte ich nicht, daß es ihr ein Bedürfnis ist. Ich erzähle zum Beispiel bei Tisch mit Freunden eine Geschichte, und plötzlich unterbricht sie mich mit einem Detail, das ich vergessen oder mißverstanden hatte. Dann kommen noch ein paar Korrekturen, und unversehens übernimmt sie das Erzählen, während ich innerlich koche. Wen kümmert es, ob ich ein paar Einzelheiten verdreht habe oder nicht? Es läuft sowieso auf das gleiche hinaus.

Einmal fragte mich eine Frau, die für uns arbeitete, nach Sehenswürdigkeiten in kleinen Städten im Osten von Washington, wo Barb und ich schon gewesen waren. Kleinstädte sehen einander ähnlich wie ein Ei dem andern. Jedenfalls war Barb einkaufen und konnte nicht gefragt werden. Deshalb schlug ich vor, daß unsere Bekannte und ihr Mann im Hotel essen sollten, weil alle alten Bergleute der Gegend dort frühstücken gingen. Sie versammelten sich an einem großen Tisch, spielten Karten und erzählten von der guten alten Zeit. Es mache Spaß, ihnen beim Scherzen zuzuhören.

Als meine Angestellte aus dem Urlaub zurückkam, erzählte sie Barb, wie leid es ihr tue, daß sie keine Zeit gehabt hatten, im erwähnten Hotel zu essen. Barb fragte: „Was für ein Hotel?“ Na schön, ich hatte wohl an ein anderes, 175 Meilen entferntes Hotel gedacht.

Wie sollte ich denn auch so unbedeutende Details behalten? Ein Kleinstadthotel, was ist das schon. Bergleute sind eben Bergleute – außer, daß sie sich als Tulpenfarmer erwiesen, wie Barb feststellte. Bergleute, Farmer – immer tragen sie diese speckigen Arbeitsmützen. Wen kümmert es schon, womit sie ihr Geld verdienen? Es war einfach nicht so wichtig, wenigstens nicht für mich. Für Barb allerdings doch. Sie hat dieses seltsame Bedürfnis, auch die Einzelheiten richtig darzustellen.

Ich habe herausgefunden, wie ich mit Barbs Unterbrechungen fertigwerden kann. Ich betrachte uns als Sportreporterteam. Der eine Reporter kommentiert die Spielzüge. Der zweite sorgt für Hintergrundwissen. Der Spielkommentator beschreibt, wie der Schlagmann beim Baseball aus kurzer Distanz einen Aufsetzer schlägt. Der Mann mit dem Hintergrundwissen unterbricht und sagt, wie der Spieler heißt, daß er bisher die meisten Punkte gemacht habe, außerhalb der Spielsaison in Kalifornien wohnt und gern Pizza ißt. Fühlt sich der Spielkommentator etwa bedroht, wenn sein Partner ihn unterbricht? Sagt er: „Hältst du wohl bitte den Mund?“ Absolut nicht. Er weiß den Einwurf zu schätzen. Wenn also Barb und ich Sie zum Essen einladen, betrachten Sie mich doch einfach als Spielkommentator und Barb als Hintergrundberichterstatter.

Hierbei ist zu bedenken, daß Ihr Mann wirklich kein gutes Gedächtnis hat und wirklich *nicht* lügt. Wenn Sie das begriffen haben, können Sie ihn ruhig gewähren lassen, wenn er seine seltsamen Geschichten erzählt. Meist weiß ohnehin niemand am Tisch Bescheid, und außerdem finde ich, daß eine Geschichte manchmal ein bißchen dicker aufgetragen werden muß, um witzig zu wirken. Das nennt man künstlerische Freiheit. Ich muß zugeben, daß ich mich manchmal in eine Sackgasse verrenne und die Pointe vergesse, wenn ich eine Geschichte erzähle. Manchmal frage ich mich sogar, wie ich auf dieses Thema gekommen bin und bin auf Barb *angewiesen,* damit sie mir aus der Patsche hilft. Wenn sie in solch einer Situation das Erzählen übernimmt, bin ich erleichtert, lehne mich zurück und entspanne mich.

Zu den schwierigsten Überlebensprüfungen des Mannes gehört die Situation beim Nachhausekommen, wenn seine Frau sagt: „Fällt dir etwas auf?“ Er steckt spätestens dann in Schwierigkeiten, weil er etwas übersehen hat. Erst probiert er es so: „Ach, du hast ein neues Sofa gekauft. Find' ich hübsch.“ („Nein, wir haben kein neues Sofa.“) „Du hast das Zimmer neu streichen lassen. Tolle Farbe.“ („Nein, ich hab' das Zimmer nicht streichen lassen, ich habe die Vorhänge aus der Reinigung geholt.“) Die Vorhänge waren ihm vorher nie aufgefallen, geschweige denn der Schmutz darauf. Und da soll er es gemerkt haben, daß sie wochenlang in der Reinigung waren?

Wenn die Frau des Hauses das nächste Mal sagt: „Fällt dir etwas auf?“, dann hat sie vielleicht die Schränke gewischt, und jetzt sind die Nelken neben dem Selleriesalz. Vielleicht hat sie ihr Haar anders frisiert. Bei Barbs Frisur finde ich problematisch, daß ihr Friseur das Haar unter dem Mikroskop schneidet. Er macht hier einmal schnipp, dort einmal schnapp, und dafür kassiert er 40 Dollar. Das Haar ist ein Milliardstel Millimeter kürzer, und mir soll so etwas auffallen!

Liebe Ehefrauen, hier kommt ein Lösungsvorschlag: Sie müssen Ihrem Mann Hinweise geben. „Fällt dir etwas an meiner

Frisur auf?" oder „Findest du die Vorhänge nicht auch schöner, wenn sie *sauber* sind?" Er ist dringend auf diese Hinweise angewiesen, um sich den Ärger zu ersparen.

Barb glaubt, daß wir Männer uns manchmal nur an das erinnern, was uns paßt. In grauer Vorzeit reparierte ich Schwarz-Weiß-Fernseher, um mir ein wenig Taschengeld zu verdienen. Ich konnte die Röhre für den Ton von der Hochspannungsröhre unterscheiden und wußte, welche für die Bildzeilen zuständig war. Ich kannte alle Bezeichnungen und Zahlen auswendig. Daß aber das Plastikgeschirr zuoberst in die Geschirrspülmaschine kam oder was bei Beverleys Kleid vorn oder hinten war, konnte ich um keinen Preis behalten.

Barb wollte eines Sonntagmorgens, als Beverly noch klein war, etwas früher zur Kirche. Ich sollte die Kleine anziehen. Das tat ich dann auch, aber Barb mußte sie umziehen, als wir eintrafen. Ich dachte, die Knöpfe gehörten immer nach vorn! Und als sie einmal nicht besonders gut die Rutsche hinunterrutschen konnte, lag das daran, daß ich ihr kein Höschen angezogen hatte. Ein paar Details des Alltags waren mir entgangen.

Einmal ist etwas passiert, das mir erneut bewies, wieviel weniger ich an Details interessiert bin als Barb. Vor ein paar Jahren wurde ich wegen einer Veränderung im Management meinen wichtigsten Werbekunden los. Ich dachte, daß Gott mich vielleicht lieber mehr als Autor tätig sehen wollte, als Barbs Begleiter bei Seminaren, also eher in einer Lehrtätigkeit als beim bloßen Geldverdienen. Folglich boten wir unser Haus zum Verkauf an. Es ist ein großes Gebäude, in dem wir viele Gäste haben können, aber ohne ein stattliches Einkommen läßt es sich nicht finanzieren. Es handelt sich um ein einzigartiges Grundstück, fünf Minuten von der Innenstadt von Seattle entfernt, zu dem mehr als ein Hektar Wald gehört, ein Tennis- und ein Sportplatz, ein Swimmingpool und andere gastliche Einrichtungen. Den Preis hatte ich ziemlich hoch veranschlagt, denn es gibt keine vergleichbaren Häuser. Es wird also auf jeden Fall das wert sein, was der Käufer anzulegen gedenkt.

Ich kümmerte mich um den Tennisplatzbelag, erneuerte die Anstriche und reinigte und reparierte alles am Haus, damit es für den zukünftigen Käufer in gutem Zustand sei. Unter anderem wollte ich die Auffahrt mit dem Hochdruckreiniger bearbeiten. Wir wohnten hier schon seit sechzehn Jahren, und noch nie hatte ich das Moos und den Schmutz aus den Rissen im Zement gekratzt. Das also stand an.

Schon früher hatte es wegen des Hochdruckreinigers ein paarmal Ärger mit Barb gegeben. Wenn er in Betrieb ist, macht er Schlammspritzer und wirbelt die Blätter in die Gegend. Zugegeben, als ich ihn das erste Mal einsetzte, reinigte ich damit nicht halb so viel, wie ich mir vorgenommen hatte. Deshalb traute Barb mir bei solchen Arbeiten nicht über den Weg. In Wirklichkeit hatte ich damit seit damals nicht selten das Moos auf der Veranda beseitigt, was ihr allerdings nicht aufgefallen war. Mit der Auffahrt setzte ich mich leider in die Nesseln.

Es war August. Eine bestimmte Blumensorte – rote, darunter auch weiße – flankierte die Auffahrt. Sie sahen denen ähnlich, die ich ganz billig bei unserem Baumarkt gesehen hatte. Also schenkte ich ihnen nicht die Beachtung, die sie verdient gehabt hätten. Eigentlich fielen sie mir kaum auf. Wahrscheinlich hatte ich im Unterbewußtsein gedacht, daß wir dieses Kraut leicht ersetzen könnten, wenn ich mit meinem Hochdruckreiniger ein paar Exemplare beschädigen sollte.

Ich reinigte also die Auffahrt, und es klappte prima. Man hätte vom Boden essen können, so sauber war er geworden. Dann kam Barb ein wenig früher nach Hause, als ich eingeplant hatte. Zum Aufräumen blieb mir keine Zeit. Sie war schockiert über die „Verwüstung", wie sie es beschrieb. Nach näherer Inspektion erkannte ich mit Mühe, daß ein paar Blumen mit drei Millimeter Staub bedeckt waren (Barb würde sagen, es habe sich um „Schlamm" gehandelt, aber das würde ich ihrer Empfindlichkeit zuschreiben), und sie beteuerte leidenschaftlich, wie sauber die Auffahrt nun sei, aber alles andere sei nun „zerstört". Nicht gerade eine präzise Beschreibung. Die Garage, die Autos und die Schwimmhalle standen noch, also hatte ich *nicht* alles zerstört. Ich werde wohl nie erfahren, warum Frauen so maßlos übertreiben müssen.

Auf jeden Fall fühlte ich mich am Boden zerstört. So hart hatte ich gearbeitet, um unser Haus verkaufswürdig herzurichten, und nun gab es nichts als Ärger mit Barb. Ich hatte fast den Eindruck, unsere Ehe sei am Ende, so stark war der Gefühlsausbruch. Barb arbeitete die beiden nächsten Tage daran, die Blumen zu entstauben. Mir war nicht bewußt gewesen, daß sie einige dieser Blumen seit *drei Jahren* gezüchtet hatte, gegen Ende des Sommers aus dem Beet nahm und während des Winters in der Garage hielt. Eine davon war ein direkter Nachfahre der Kapuzinerkresse, die George Washington großgezogen hatte. Wenigstens erzeugte Barb diesen Eindruck von Wichtigkeit. Mir war wirklich nicht aufgefallen, daß die Blumen in Gefahr waren. Ich verstehe nicht viel von Blumen; eine sieht aus wie die andere, abgesehen von den verschiedenen Farben. Jedenfalls werden sie beim Baumarkt kistenweise verkauft.

Offensichtlich stehen Blumen nicht sonderlich hoch auf meiner Werteskala. Bei Barb aber ist das anders, und deshalb entschuldigte ich mich für meine Gefühllosigkeit den Blumen gegenüber. Sie vergab mir, obwohl es eine Weile dauerte, weil sie so verletzt war. Der Knackpunkt war der Unterschied unserer Werte. Da ich auf Details nicht so viel Wert lege, war mir der blitzsaubere Zementboden wichtig, und Barb schätzte Blumen, die mir kaum auffielen.

Frauen bemerken meist auch Fusseln, Haare oder Ketchupflecken auf unseren Kleidungsstücken. Ich will gerade außer Haus gehen, da hält Barb mich auf: es sei doch erstaunlich, daß ich die Himbeereisflecken auf meiner Hose nicht entdeckt habe, die noch vom letzten Besuch meiner Enkel stammten.

Hier verursacht mir etwas ein gewisses Unbehagen. Es ist nicht leicht zu erklären. Die Evolutionstheorie kam mir nie besonders vernünftig vor. Wenn wir uns ständig entwickeln, wie die Evolutionisten behaupten, dann müßte es Beispiele von Zwischenarten geben, die sich auf dem Wege der Entwicklung zu einer anderen Art befinden. Es müßte einen halbentwickelten Wal, Vogel, Hund oder eine Noch-nicht-Katze gegeben haben, wenn ich an das Zwischending von Affe und Mensch glauben soll. Auf jeden Fall wären als Nachweis dieser Veränderung von einer Art zur anderen klarere Fossilienfunde erforderlich als ein paar Schädelteile aus Afrika.

Das Beweismaterial ist nicht gerade überwältigend, soviel ist sicher – abgesehen von einer Beobachtung. Waren Sie schon einmal im Affenhaus im Zoo? Haben sie bemerkt, wie die Affenmutter Flöhe und Fussel und Reste einer Bananenschale vom Fell ihres Mannes und der Kinder zupft? Das ähnelt sehr jenem Verfahren, das Barb an mir ausübt, bevor wir ausgehen. Sie holt mir etwas aus dem Ohr, bürstet mir Hundehaare vom Mantel, kratzt mir etwas Pizzasauce von der Krawatte oder richtet mir den Scheitel aus. Ich weiß nicht, ob das etwas mit der Evolution zu tun hat, aber Gedanken mache ich mir schon.

Wenn Barb und ich eine Ehekonferenz nur für Frauen veranstalten, kommen sie alle mit ihren Notizblöcken und erscheinen sogar ein bißchen zu früh. Sie wollen keine Pausen. Sie seufzen, wenn es Zeit zum Mittagessen wird. An freier Zeit liegt ihnen nichts. Sie möchten einfach *alles* zum Thema erfahren, das wir anbieten, jedes kleinste Detail.

Wenn wir vor männlichen Zuhörern sprechen, schaffen wir nie das geplante Pensum. Männer sind anders verkabelt. Sie halten es nur eine bestimmte Zeit auf ihren Stühlen aus. Für die Pausen, besonders mittags, haben sie Basketball eingeplant. Nachmittags brauchen sie freie Zeit für Volleyball und Hufeisenwerfen. Sie als Frau können das nicht wissen, aber vom Hinterteil des Mannes bis zum Gehirn führt ein extra Nervenstrang. Nach etwa 28 Minuten meldet eine kleine Alarmanlage im Gehirn, daß er schon ziemlich lange gesessen hat.

Manchmal sieht er sich gezwungen, diesen Alarm zu unterdrücken, weil Pastor oder Seminarredner die 28 Minuten überschreiten. Das funktioniert, indem er sich am linken Ohrläppchen zupft und zehn Sekunden lang die Luft anhält. Das verschafft ihm allerdings keine weiteren vollen 28 Minuten. Jetzt meldet sich die Alarmanlage *alle* fünf Minuten. Sie tun also gut daran, Ihren Mann so bald wie möglich nach dem ersten Alarm aus Seminar oder Predigt herauszuholen. Wenn der Alarm mehr als viermal verschoben wird, explodiert sein Gehirn. So wichtig also ist es für Sie, über seine Anatomie Bescheid zu wissen. Halten Sie sich nicht damit auf, im Sprechzimmer des Arztes auf den Wandtafeln nachzuforschen. Der betreffende Nerv ist hinter einem Knochen verborgen und bisher ziemlich unbekannt geblieben.

Wenn die Ehefrau die Ziele ihres Mannes in Frage stellt oder seine Geschichten mit Einzelheiten zurechtrückt, leistet er deshalb Widerstand, weil er sich wie ein Zweijähriger fühlt, der andauernd zur Ordnung gerufen werden muß. Er fühlt sich außerdem als Versager, weil er nicht einmal eine Geschichte richtig zustande bringen kann. Ich glaube, ein Mann hat vor nichts so viel Angst wie vor dem Versagen. Das gilt für fast jeden Lebensbereich. Deshalb reagiert er so negativ, wenn Sie finden, daß er die Bilder zu hoch aufgehängt, das Geschirr falsch in den Geschirrspüler einsortiert, den Rasen beim Mähen aufgewühlt oder Spritzer gemacht hat, als er die Gartenmöbel anstrich.

Von Ihrem Standpunkt aus müßte er es zu schätzen wissen, wenn ihm gesagt wird, ob er etwas richtig gemacht habe. Schließlich liebt er Sie doch. Wenn Sie sich über etwas auslassen, das er falsch gemacht hat, ist er jedoch am Boden zerstört. Wenn er Fehler macht, wird sein Selbstbewußtsein erschüttert. Was er wirklich braucht, ist Beifall und Bestätigung. Meiner Meinung nach spricht deshalb die Bibel in Titus 2, Vers 4 darüber, daß die Frau ihren Mann als *Freundin* lieben soll (*phileo*). Diese Art Liebe schließt Zärtlichkeit ein, gemeinsame Späße und Lust an einem Flirt. Man will gemeinsam lachen, ihm bewundernd in die Augen schauen und ab und zu mit ihm ins Bett gehen. Weil Sie ihn so sehr schätzen, loben Sie ihn, hören ihm zu und bauen ihn auf. Andererseits werden Männer ermahnt, ihre Frauen mit *hingebungsvoller* Liebe (*agape*) zu behandeln. Das heißt nichts Geringeres, als für sie zu sterben (mehr dazu später).

Nun weiß ich, daß Sie im Innersten nicht danach trachten, Ihren Mann herabzusetzen. Sie meinen nur zu wissen, daß ihm an der Genauigkeit seiner Geschichten liegt, daß er alles gern „richtig" macht, weil er sie so hingebungsvoll liebt. Wenn Sie dabei beachten, wie groß seine Angst vor dem Versagen ist, erklärt sich seine Abwehrhaltung meist von ganz allein. Es bedarf nur eines Winkes von Ihnen, ihn aufzubauen, nur einiger Worte, wie wunderbar er in anderen Bereichen der Ehe ist.

Wir haben besprochen, wie sehr das Selbstwertgefühl einer Frau mit ihrem Zuhause zu tun hat, wie sehr sie auf Detailgenauigkeit angewiesen ist. Schauen wir nun einmal nach, woher der Mann *sein* Selbstwertgefühl bezieht. Es wird Ihnen kaum neu sein; trotzdem hoffe ich, daß Sie danach besser verstehen, wie der Verstand Ihres Mannes funktioniert.

Seine zweite Liebe ... die Arbeit

Ich habe angefangen zu arbeiten, als Sie noch nicht auf der Welt waren. Das war damals auf der Farm meines Großvaters. Als Neunjähriger schon fuhr ich mit dem Weizenlader auf das Feld. Meine Onkel mußten mir ein Kissen auf den Sitz legen, damit ich durch die Windschutzscheibe sehen konnte. Ich mußte mich tief nach unten strecken, um ans Kupplungspedal zu kommen. Wer mich dabei beobachtete, sah mich bei jedem Gangwechsel verschwinden. Außerdem lernte ich, den Traktor zu fahren und auf dem Feld zu arbeiten.

Wenn ich von den Feldern nach Hause kam, melkte ich die Kühe und fütterte Schweine, Pferde und Hühner. Ich sammelte Eier ein, jätete im Garten das Unkraut und pflückte Obst. Damals dachte ich, *alle* Neunjährigen hätten solche Pflichten. Erst später fiel mir auf, was für eine Leistung dahinter stand.

Ab und zu kam ein Fehler vor, mit dem ich meinen Onkeln Kummer machte. Ich denke da an Lackierarbeiten für meine Großmutter; unter anderem strich ich die Sitze in den Außentoiletten. Die Arbeit selbst war mir gut gelungen. Leider fiel mir nicht ein, das Schild mit dem Hinweis „Frisch gestrichen" hinzuhängen. Ich war gerade fertig geworden und stellte die Farbe in die Garage, als Onkel Clarence vom Feld kam, sich auf die Toilette setzte und von der Farbe gezeichnet wurde. Als meine Großmutter das Hinterteil des Onkels mit Farbverdünner behandelte, sah ich hinter einem Stuhl versteckt zu. Bestimmt hatte es auf der Haut gebrannt, und der Geruch des Verdünners erinnerte ihn wohl den ganzen Tag lang an die Dummheit seines Neffen, aber er hatte mich deshalb nicht weniger gern.

Ich besaß ein Luftgewehr, mit dem ich in der Umgebung der

Farm auf Ziele schoß. Eines Tages traf ich Charlie, den preisgekrönten Eber meines Großvaters. Charlie grunzte und starb. Was für ein Schreck! Unmöglich, die Sache zu erklären, wenn mein Opa das tote Schwein finden würde. Als ich an diesem Abend gerade genügend Mut gefaßt hatte, meine Missetat zu bekennen, sah ich ihn die Schweine füttern, darunter Charlie, der fröhlich mit den anderen schmatzte. Charlie hatte den Treffer wahrscheinlich für einen Fliegenbiß gehalten und sich davon nicht wecken lassen. Trotzdem war es mir eine gute Lehre. Von da an waren die Tiere vor mir in Sicherheit.

Nach den Jahren auf der Farm ging ich auf das Washington State College (jetzt eine Universität). Damals, in der guten alten Zeit, mußte jeder Mann zwei Jahre Militärdienst leisten. Ich beschloß, mich freiwillig bei den Reserveoffizieren zu melden, damit ich nicht wie die anderen Wehrpflichtigen im Schlamm kriechen mußte. Meine erste Wahl war die Luftwaffe – leider zog sich die Bewerberschlange einmal um die College-Sporthalle. Da sich meiner Erinnerung nach nur drei für die Armee bewarben, entschied ich mich für die Armee. Sie haben sicher begriffen, daß ich mir mindestens ein Jahr ersparte, als ich mich nicht bei der Luftwaffenschlange anstellte. Ich war ein vielbeschäftigter Mann, der seine Jugend nicht mit Schlangestehen vergeuden wollte.

Nach meinem Abschluß ging ich also zur Armee und ließ durchblicken, daß ich meine Arbeit am besten tun könne, wenn ich in der Nähe meiner Heimatstadt Tacoma in Washington stationiert würde. Natürlich fand die Armeeführung, der beste Einsatzort für mich sei die Ostküste, etwa so weit von zu Hause fort, wie ich ohne Schiff überhaupt reisen konnte. Dort wurde ich dem Zentrum für psychologische Kriegsführung zugeteilt, und zwar dem Radio-, Fernseh- und Flugblattbatallion.

Wegen meiner „gut durchdachten“ Entscheidung, Reserveoffizier zu werden, ergab es sich, daß ich häufiger mit dem Oberst Tennis spielte, als mit den Mannschaften Liegestütze zu üben. Und da ich in der Signaleinheit diente, wußte ich, wo man den Stromgenerator anzapfen konnte. Bei Manövern konnte ich also meinen Elektrorasierer mitnehmen, statt mich mit kaltem Wasser im Helm und einem stumpfen Bajonett zu quälen. Außerdem war mir eine Offizierswohnung zugeteilt worden, etwas viel

Besseres als das, was die gewöhnlichen Soldaten bekamen. Im Offiziersclub, wo ich aß, gab es wunderbare Mahlzeiten und Umgangsformen. Dort, meine ich, entwickelte sich meine Lebensphilosophie: Es ist viel besser, reich und gesund zu sein als arm und krank.

Nachdem ich den Dienst für mein Land in der Armee getan hatte, fuhren wir heim nach Washington und wohnten vorerst bei Barbs Familie in Wenatchee. Ich wurde Äpfelpacker im Lagerhaus ihres Onkels. Ab und zu fuhren wir nach Tacoma zu meinen Eltern. Einmal, als wir dort waren, rief mich ein gewisser Kit Spier von KING-TV an und wollte, daß ich mich für eine Stelle als Abteilungsleiter bewarb. KING-TV war damals der größte Sender in Seattle. Ich war begeistert, in die engere Wahl gekommen zu sein. Es hieß, daß es einen weiteren Bewerber gab, aber diese Chance ließ ich mir nicht nehmen. Ich malte Kulissen, soufflierte den Schauspielern, baute Stützen auf, bastelte an Fernsteuerungen und war alles in allem begeistert, in der aufregenden Fernsehwelt zu Hause zu sein. Meine Begeisterung war so groß, daß ich Extradienste anbot. Und wenn es um Überstunden ging, habe ich mich nie beschwert.

Als nächstes bekam ich einen Posten als Produzent und Regisseur. Die Herausforderung war groß. Bei diesem Job sind ganz bestimmte Talente gefordert. Man mußte mit dem Streß einer Live-Sendung umgehen können und sofort in Ordnung bringen, was während der Sendung schiefging. Man mußte die Schauspieler auf ihr Stichwort vorbereiten, dabei die richtige Musik laufen lassen, auf die passende Kulisse achten und für die richtigen Werbetextvorlagen sorgen. Das Ganze mußte pünktlich auf die Sekunde über den Sender. Es war toll. Ich fühlte mich in meinem Element.

Ganz besonders gern führte ich Regie bei den Nachrichten. Da waren wir immer am Rand einer Katastrophe. Dreißig Sekunden vor Sendebeginn reichte mir vielleicht jemand ein Skript, das ich noch nie gesehen hatte, der Kameramann legte einen Nachrichtenfilm ein, der noch nicht geschnitten worden war, und bisher nicht überprüfte Nachrichtenbilder standen auf einmal auf der Staffelei im Studio. Dann kam präzise um halb sieben unsere Erkennungsmelodie, und wir gingen auf Sendung.

Beim Schreiben stellt sich genau die alte Begeisterung wieder ein, aber es gab nicht nur das Gute. Ich sah damals kaum noch meine Kinder. Da die Nachrichtensendungen immer abends liefen, ging ich gegen drei Uhr nachmittags zur Arbeit, noch bevor die Kinder aus der Schule kamen. Erst nach ein Uhr nachts kam ich wieder nach Hause, und sie lagen schon lange im Bett. Am nächsten Morgen, wenn sie zur Schule gingen, schlief ich noch. Als ich deshalb die Möglichkeit sah, auch tagsüber Sendungen zu leiten, übernahm ich das, auch wenn es nicht so aufregend und befriedigend war wie die Nachrichtensendung.

Nach ein paar Jahren Regietätigkeit beschäftigte ich mich mit der Dokumentarfilmerei. Dann bot sich die Chance, ins mittlere Management aufzusteigen. Zu meinem Job als Betriebsleiter gehörte die Kontrolle aller Aktivitäten, die über das Live-Studio hinausgingen. Unter anderem beaufsichtigte ich die einzelnen Sendeprogramme, das Filmarchiv, die Werbung, die Ansager, aufgezeichnete Sendungen und den Versand. Ich arbeitete hart, und der Umgang mit den Kollegen machte Spaß.

Nach drei oder vier Jahren jedoch fiel mir auf, daß die Arbeit nie fertig wurde. Was ich abends in den Korb für Ausgänge legte, fand ich am nächsten Morgen in den Eingängen wieder vor. Die Programme machten nie das, was vereinbart war. Die Filme lagen nie pünktlich auf dem Tisch. Ich war leider nicht mehr beim Live-Fernsehen, meiner ersten Liebe. Vermutlich stand irgendwann eine Beförderung ins Spitzenmanagement an, aber mir gefiel nicht, was ich da an Zeit hätte opfern müssen. Mein Chef kam frühmorgens und blieb bis spät in den Abend. Sein Chef wiederum machte es genauso, und da mir mehr daran lag, eine gute Beziehung zu meiner Familie zu haben als viel Geld zu verdienen, verspürte ich, daß Gott mich zu etwas anderem berief.

Nach der Kündigung beim Fernsehsender begann die Arbeitssuche. Ich ging mit dem Leiter einer Werbeagentur essen, für den ich als Regisseur Werbespots produziert hatte. Auf dem College hatte ich einen Kurs über Werbung belegt und dachte deshalb, mit meinem Hintergrundwissen hinreichend für eine Tätigkeit in diesem Bereich ausgerüstet zu sein. Ich fragte, ob er jemanden in der Stadt kenne, der Hilfe brauche. Er sagte, daß er von niemandem wisse, aber *er* brauche etwas Unterstützung. Also arbeitete ich für ihn.

In erster Linie sollte ich Werbespots für einen Supermarkt schreiben und produzieren. Ich hatte bei KING-TV viele Spots gedreht, aber nie selbst einen geschrieben. Wie aber hätte so eine kleine Sache mich in Verlegenheit bringen können? Ich schrieb munter drauflos. Leider gefiel nichts davon meinem Chef. Er kritisierte mich in aller Freundlichkeit, aber meine Entwürfe trafen seiner Meinung nach einfach nicht den Kern der Sache.

Es ging nicht nur um die Entwürfe. Der Ketchup glänzte nicht hell genug; der Salat war ein bißchen welk; das Schild saß nicht gerade; die Musik war zu laut; das Fleisch war zu rot und so weiter. Wahrscheinlich haben wir alle einmal im Leben mit jemandem zu tun gehabt, der nie zufriedengestellt werden konnte. Sie können sicher nachempfinden, wie schwer es mir fiel, hier durchzuhalten. Manchmal weinte ich vor Verzweiflung und Mutlosigkeit, wenn ich nach Hause ging. Mir war zum Aufgeben zumute. Doch Gott schien mir zuzuflüstern: „Bleib hier. Ich habe mit dir etwas vor." Also blieb ich und versuchte zu überleben.

Wenn ich zurückdenke, war es in vieler Hinsicht eine wertvolle Lernerfahrung. Indem ich mich nach Gott richtete, traf ich die seltsame Entscheidung, eine vielversprechende Zukunft beim Sender aufzugeben und *nicht* der aufreibenden Atmosphäre in der Werbeagentur zu entfliehen. Bestimmt haben Sie auch mit schwierigen Entscheidungen in Beruf, Familienleben und Beziehungen zu tun. Ich habe erlebt, daß ich umso entspannter mit den Umständen leben konnte, die sich aus meiner Entscheidung ergaben, je mehr ich mir die Zeit nahm, aus der Bibel Gottes Charakter kennenzulernen und mich zu vergewissern, daß er einen vollkommenen Plan für mein Leben hatte. Dabei war es nicht wichtig, ob dieser Plan mir oder jemand anders vernünftig vorkam.

Ich hielt also durch, auch wenn ich in der Agentur nicht die Bestätigung bekam, die ich brauchte. Eines Sonntagmorgens dann rief mich die Frau des Chefs an und bat mich, zu ihr nach Hause zu kommen. Als ich ankam, teilte sie mir mit, ihr Mann sei gestorben. Wenig später kaufte ich seiner Witwe die Agentur ab und war nun selbst im Geschäft.

Ich arbeitete hart für die Aufträge des Supermarktes. Den Verantwortlichen dort gefiel anscheinend, was ich machte. Das Auftragsvolumen wuchs. Für die Werbung wurde mehr Geld eingesetzt, was höhere Umsätze brachte und noch etwas mehr Geld für die Werbung. Alles, was das Unternehmen anfing, wurde zur Goldgrube. Es war in der Einzelhandelsbranche zu nationaler Bedeutung herangewachsen und hatte den Löwenanteil an fast allen Geschäften, mit denen es sich befaßte.

Dann gab es einen Wechsel im Management. Der neue, junge Manager aber wollte viele neue Ideen verwirklichen. Während der Übergangszeit, in der der alte Manager noch die Richtlinien bestimmte, verkündete der neue Mann bei einer Vollversammlung, daß er vorhatte, anderen Agenturen Aufträge zu erteilen, um sich zu überzeugen, ob sie vielleicht bessere Vorschläge als ich hatten. Eine richtige Ohrfeige! Ich wußte ja, daß Gott sich etwas dabei dachte und gab dem Werbemanager eine Liste von Agenturen, die ich ihm ehrlichen Herzens als Gesprächspartner empfehlen konnte. Ganz offensichtlich wurde ich allmählich aus dem Geschäft gedrängt, und ich wollte so gut wie möglich dazu beitragen, daß es einen glatten Übergang gab. Schon etwa ein Jahr bevor der neue Manager den Auftrag wirklich kappte, sah ich das Ende der Geschäftsbeziehung kommen, aber ich dachte, ich könne ihn vielleicht überzeugen und strengte mich entsprechend an. Das allerdings gelang mir nicht, und manchmal kam ich vor lauter Verzweiflung mit Tränen in den Augen nach Hause.

Schon seit Jahren hatte ich Gott gefragt: „Herr, willst du wirklich, daß ich mein ganzes Leben lang nichts anderes tue als Geld verdienen? Meinst du nicht, daß ich Dinge von bleibenderem Wert schaffen sollte – Bücher schreiben, Seminare halten und mit den Enkeln spielen? Warum soll ich ausharren und dabei unglücklich werden?“

Dann kam eine Stimme, die nur ich hören konnte: „Weil es sich um deines Dienstes willen lohnt.“

Aha.

Ich machte mich wieder an die Arbeit und machte aus einer ganz unmöglichen Situation das Beste.

Als der neue Manager es wieder einmal schaffte, die Situation noch weiter zu verschärfen, dachte ich ernsthaft daran zu kündigen, wollte aber einen neuen Versuch wagen. Wieder ein paar Monate später betete ich: „Herr, könntest du nicht auf Barb einwirken, daß sie offen für den Gedanken ist, diesen Auftrag zu kündigen und etwas anderes zu tun?" Wenn ich vorher mit ihr über meine unglückliche Arbeitssituation redete, gab sie mir immer Bibelstellen mit: „Sieh mal, Jesaja 4,7 macht ganz klar, was du tun sollst. Auch Römer 2 handelt davon, und besonders wichtig ist das vierte Kapitel im ersten Johannesbrief." Ich sah nicht ein, daß meine Probleme so einfach zu lösen seien und ging aus unserem Gespräch umso verwirrter hervor. Ich fragte mich, ob Gott sich wirklich darum kümmerte, was in meinem Leben geschah. Was ich eigentlich brauchte, war jemand, der mir sagte, meine Gefühle seien ganz in Ordnung.

Meiner Erinnerung nach betete ich eines Tages um elf Uhr vormittags. Mittags rief Barb an und fragte, ob es mir gutgehe. Sie rief selten im Büro an. Jetzt aber habe sie verspürt, daß ich unter besonderem Druck stehe. Sie wolle einfach wissen, ob es etwas gebe, wofür sie beten könne. Ich antwortete, daß ich tatsächlich unter Druck stehe und gern abends mit ihr essen gehen wolle, um darüber zu reden.

Beim Essen verhielt sie sich einfach wunderbar. Sie bot mir keinen einzigen Bibelvers oder sonstige Patentlösungen an. Sie hörte nur zu und redete in einer seltsamen, ungewohnten Sprache, die nicht einmal sie verstand. Sie sagte Dinge wie: „Und wie geht es dir sonst? ... Erzähl doch weiter ... Was sollen wir deiner Meinung nach machen? ... Das ist ja interessant. Und was hat Gott dir aufgetragen?"

Verblüffend! Ein wahrer Rettungsring für einen Ertrinkenden! Ich hätte gern gekündigt, aber wir hatten beide keinen Frieden darüber. Wir wollten, daß der Herr die Entscheidung traf, nicht wir. Am nächsten Tag stellte ich mich wieder der Verwaltung des Supermarktes. Der Werbemanager überreichte mir ein Schreiben, aus dem hervorging, daß der geschäftsführende Manager eine neue Agentur beauftragen wolle.

Für mich ergibt sich daraus ein Lebensprinzip. Hätte ich die Verwaltung aufgesucht und in Übereinstimmung mit meinem

Gefühl gekündigt, wäre das *mein* Zeitpunkt gewesen, ob Gott es gutgeheißen hätte oder nicht. Aber wenn mir der *Verantwortliche* kündigt, muß ich annehmen, daß Gott mit der Lage vertraut ist und die Veränderung gutheißt.

Während all meiner Höhen und Tiefen im Arbeitsleben hat Barb mich unterstützt. Überall, wo wir wohnten, schuf sie mit unserem Zuhause einen sicheren Hafen. Nie beklagte sie sich, wenn das Geld knapp war. Man konnte nur staunen, wie sie aus allem etwas machte. Da denke ich vor allem an die Wehrdienstzeit. Wir konnten uns keine Möbel leisten, brauchten aber eine Couch für Besucher. Ich ging in den Gebrauchtwarenladen der Armee und kaufte ein altes Feldbett und ein paar Matratzen. Barb überzog die Matratzen mit bunten Laken, die im Ton zu unseren Vorhängen paßten (auch aus Laken gemacht), und siehe da, wir hatten eine Couch. Zwei weitere Feldbetten ergaben unser Ehebett. Für einen Dollar fünfzig kauften wir alte Whiskyfässer für Tischplatten und Nachttischchen. Eigentlich habe ich lange nicht mehr daran gedacht. Ich bin richtig gerührt beim Gedanken, daß sie sich nicht ein einziges Mal beklagt hat. Sie hatte immer ein sanftes Wesen.

Damals lebten wir aus Briefumschlägen. Wenn der Lohn ausgezahlt wurde, teilten wir uns das Geld für Essen, Kleidung, Unterhaltung, Autoausgaben und anderes auf und steckten es in Umschläge. Wenn der Umschlag für das Essen leer war, gingen wir nicht mehr einkaufen. Wir aßen Tütensuppen, bis wieder neuer Lohn kam. Ich muß bei der Erinnerung an damals staunen, daß Barb immer völlig zufrieden mit dem war, was wir hatten.

Nach der Armeezeit zogen wir nach Seattle um und lebten so lange in Mietwohnungen, bis wir uns endlich ein Haus kaufen konnten. Jede Wohnung war bezaubernd und anmutig eingerichtet, obwohl Barb sich mit den Ausgaben dafür nach unseren begrenzten Mitteln richtete.

Meine beruflichen Aussichten beim Fernsehsender waren gut. Bestimmt wiegte Barb sich in der Sicherheit, daß ich bis an mein Lebensende beim Fernsehen arbeiten würde. Dann zog ich ein paar Straßen weiter in mein Büro um, und da die Kinder schon auf der Oberschule waren, arbeiteten Barb und ich ein paar Jahre lang gemeinsam. Sie erledigte Rechnungen und Buchhaltung und war für das Büro zuständig. Als unsere Tochter Beverley vom College nach Hause kam, übernahm sie Barbs Arbeit. Barb machte wieder den Haushalt.

Was meine Arbeit angeht, ist Barb immer meine wichtigste Stütze gewesen. Dafür spreche ich ihr meinen uneingeschränkten Dank aus. Heute allerdings erkenne ich, daß ich vielen ihrer Ansprüche an die Beziehung nicht gerecht wurde. Ich war immer an der Arbeit, vor allem, als wir unser Büro zu uns nach Hause verlegt hatten. Es war (und ist immer noch) so einfach, eine Treppe nach unten zu gehen und „nur ein paar Sachen" zu erledigen. Wenn ich dann wieder nach oben kam, war sie samt den Kindern schon zu Bett gegangen. Oft genug, wenn ich meine Arbeit oder den Dienst an die erste Stelle setzte, habe ich sie wirklich im Stich gelassen. Dafür habe ich sie um Verzeihung gebeten, und sie hat mir vergeben.

Die richtige Reihenfolge

Weil wir Männer den größten Teil unserer Selbstachtung aus der Arbeit beziehen, passiert es uns leicht, daß wir die Lebensbereiche falsch bewerten. Folgende Hauptaufgaben hat meiner Meinung nach ein Ehemann aus der Sicht der Bibel und Gottes:

- seine Beziehung zu Jesus Christus
- seine Frau
- seine Kinder und Enkel
- sein Lebensunterhalt
- sein Dienst im Reich Gottes

Eine falsche Reihenfolge gehört zu den häufigsten Verstößen gegen biblische Prinzipien. Besonders Pastoren und hauptamtliche kirchliche Mitarbeiter verstoßen dagegen. Ich habe seelsorgerliche Gespräche mit vielen Kindern von Pastoren geführt, die deswegen vollkommen verbittert gegen Gott sind, weil ihre Väter jeden wachen Moment ihres Lebens in der Kirche und im Dienst verbrachten und sich nie Zeit für sie nahmen. Einmal waren Barb und ich auf der Konferenz einer nationalen christlichen Vereinigung. Ich ging mit dem Vorsitzenden essen und besprach mit ihm den Tagesablauf. Wenn ich mit Männern rede, lenke ich das Gespräch immer gern auf das Thema Ehe. Also fragte ich ihn: „Wie läuft's in der Ehe?" Er erwiderte dem Sinn nach: „Großartig." Dann widmeten wir uns wieder dem Essen und der Konferenzplanung.

Inzwischen verbrachte Barb die Mahlzeit mit seiner Frau, die unter Tränen erzählte, daß ihr Mann sich weder Zeit für sie noch für das Familienleben nahm. Für ihn drehte sich das ganze Leben um seinen Dienst.

Bei einer anderen landesweiten Pastorenkonferenz wurde ich beim Essen neben einem Mann plaziert, der von ausgedehnten Reisen im Interesse seines Dienstes erzählte. Während er redete, wurde er vom Tisch ans Telefon gerufen. Er kam zurück und berichtete, daß er gerade mit seinem Sohn, einem Teenager, gebetet habe, der zu Hause in einer Krise stecke. Mir war zum Erbrechen zumute. Was hatte er bei einem ausgedehnten Reisedienst zu suchen, wenn sein Sohn in Schwierigkeiten steckte? Sollte er doch lieber Päckchen ausliefern oder sonstwas, bis die Kinder aus dem Haus sind! Danach konnte er auf diese blöden Dienstreisen gehen!

Ich habe von einem Militärseelsorger gehört, der gerade von einem jahrelangen Einsatz an einem Ort zurückgekehrt war, an den er seine Familie nicht hatte mitnehmen können. Sein Dienst lief so gut, daß er gebeten wurde, noch ein Dienstjahr in dieser Gegend zu verbringen. Die Familie bat ihn eindringlich, nach Hause zu kommen. Statt dessen entschloß er sich, das Jahr anzuhängen. So etwas macht mir das Herz schwer.

Der wichtigste Lebensbereich eines Mannes ist seine Beziehung zu Jesus Christus. Er kann sich natürlich auch ganz allein darum kümmern, aber wenn er sich als verantwortliches Mitglied einer Gruppe anschließt, zum Beispiel einem kleinen Hausbibelkreis, kann er nur gewinnen. Diese Verantwortlichkeit vor anderen ist ausgesprochen wichtig, wenn man geistlich wachsen will. Von Natur aus gehen Männer nicht auf andere zu. Wir können mit allem „allein fertig werden". Es fällt uns schwer, unsere tiefsten Gefühle mitzuteilen. Meist liegt uns auch nicht viel an tiefen Gedanken über Lehrfragen und an Diskussionen. Wir brauchen etwas Praktisches, um über den Tag zu kommen. Die meisten von uns fühlen sich auch nicht auf Gruppen angewiesen. Wenn wir irgendwie in eine Männerfreizeit geraten, nehmen wir mit großer Wahrscheinlichkeit nur ungern an den Gesprächsrunden teil. Das geht uns einfach gegen den Strich.

Vermutlich ist Ihnen inzwischen der Gedanke gekommen, daß eine Frau genau das Gegenteil von dem darstellt, was ich bisher beschrieben habe. Für die meisten Frauen ist es ganz natürlich, auf andere zuzugehen und eine Verbindung zu ihnen herzustellen. Es ist ihnen ein *Bedürfnis,* kein bloßer Wunsch, über ihre Gefühle zu reden. Sie beschäftigen sich gern mit tiefen Wahrheiten. Wahrscheinlich gehen Sie gern auf Freizeiten und Frauentreffen.

Ich kann mich nicht erinnern, während meiner mehr als sechzig Lebensjahre jemals einen wirklich effektiven Gesprächskreis mit Männern erlebt zu haben. Gut, es gab da mehrere Kirchen, die einen Männerkreis am Samstagmorgen anboten, und so manchen Freund habe ich mit meiner Feststellung sicher beleidigt, aber der Samstagmorgen ist so ziemlich die schlechteste Zeit für ein solches Treffen. Es ist der einzige Tag, den wir Männer zum Ausschlafen haben, an dem wir uns Zeit für den Tagesanfang nehmen, im Garten oder in der Garage herumtrödeln oder die Aufgaben in Angriff nehmen können, die unsere Frauen für uns auflisten. Meiner Meinung nach ist es ganz und gar nicht sinnvoll, am Samstagmorgen ein Männertreffen zu veranstalten.

Inzwischen aber bürgern sich eine Reihe von kirchlich gebundenen Männergruppen ein, hier in Amerika vor allem die schnell wachsenden „Promise Keepers" („Männer, die ihre Versprechen halten"). Man stelle sich 55.000 Männer vor, die gemeinsam anderthalb Tage lang in einem Fußballstadion ausharren, weil es ihnen um eine bessere Beziehung zu Jesus und ihren Familien geht. Ein Wunder wie einst am Roten Meer! Durch diesen Kontakt mit einer dritten Kraft – sei es ein einzelner oder eine Organisation – wird der Mann zum Jünger Jesu, und Sie als seine Frau profitieren davon.

Das Zweitwichtigste für einen Mann ist seine Frau, wenn man Epheser 5 ernst nimmt. Er soll bereit sein, für sie zu „sterben", so wie Christus für die Gemeinde starb. Das bedeutet, sein Leben aufzugeben, sich selbst zu sterben. Er wird ihr Diener, wie Christus der Diener der Gemeinde geworden ist. Er hat ja sogar die Füße seiner Jünger gewaschen.

Für einen Mann ist das ungeheuer schwer. Er kann sich nicht vorstellen, daß er im Sinne dieser Aufopferung seines Lebens auf die Sportschau verzichten muß, weil seine Frau mit ihm auf eine Hochzeitsfeier gehen möchte. Er versteht nicht, daß die Verabredung mit seiner Frau Vorrang vor beruflichen Projekten hat, damit sie ihm ihr Herz ausschütten oder einen Konflikt diskutieren kann, in dem sie gerade steckt.

Wenn er sich dazu bereit findet, sein Leben für Sie aufzugeben, ist es ihm ein dringendes Bedürfnis, sich von Ihnen wörtlich bestätigen zu lassen, wie sehr Sie sein Opfer zu schätzen wissen. Machen Sie ihm auf dem Weg zur Hochzeit, zur Geburtstagsfeier oder zum Kirchenfest klar, daß Sie wissen, wie sehr er damit über seinen Schatten gesprungen ist. Sagen Sie ihm das auch dann, wenn Sie nicht verstehen, daß eine Weltmeisterschaft oder ein Endspiel im Fernsehen auch nur annähernd so wichtig sein sollen wie Ihre Beziehung.

Machen Sie für die kommende Woche folgende Hausaufgabe: Schreiben Sie eine Liste mit allem, was Ihr Mann gut und richtig macht. Wenn auf dem Blatt nicht mehr steht, als daß er regelmäßig atmet, ist das zunächst in Ordnung. Nehmen Sie im Verlauf der nächsten Woche ein paar andere Punkte wahr, und schreiben sie auf. Diese Liste ist nicht für ihn, sondern für Sie gedacht. Schauen Sie sich diese Liste dann noch einmal an und nehmen sich vor, ihm für alles, was er richtig macht, ein Lob auszusprechen. Er wird es *nie* müde werden zu hören, wie zufrieden Sie mit diesen Dingen sind. Es ist einen Versuch wert. Später können Sie mir mitteilen, wie es funktioniert hat.

Nach meinem Verständnis der Bibel sind Kinder und Enkel die drittwichtigste Aufgabe des Mannes. Es fällt ihm im Hinblick auf die Kinder sehr schwer, mit den Meinungsverschiedenheiten in Erziehungsfragen umzugehen, die sich zwischen ihm und seiner Frau einstellen. Sie findet seinen Stil entweder zu nachgiebig oder zu hart. Hier geht es um einen Ehebereich, in dem es vor Mißverständnissen nur so wimmelt. Wenn Mann und Frau in Erziehungsfragen nicht auf einen Nenner kommen, wird er sich schon nach dem fünften oder sechsten Streit stillschweigend in seine Arbeit zurückziehen und ihr den Umgang mit den Kindern vollkommen überlassen.

Aufgrund der Erkenntnisse, die James Dobson und andere mir vermittelt haben, könnte ich vier Bücher über dieses Thema schreiben. Hier möchte ich mich auf die Feststellung beschränken, daß es für ein Paar ausgesprochen wichtig ist, ihren Streit über Erziehungsfragen oder Taschengeld nie vor den Kindern auszutragen. Wenn es zu Meinungsverschiedenheiten kommt, sollten Sie eine Pause ansetzen, sich in ein anderes Zimmer verziehen und den Streitpunkt lösen. Halten Sie die Spieler (hier die Kinder) von der Diskussion fern, solange sie nach einer gemeinsamen Strategie suchen. Kündigen Sie danach an, daß die beiden Schiedsrichter zu einer Entscheidung gelangt sind und welche Strafe oder Regelung beschlossen wurde. Bei diesem einen Mal könnten Sie recht haben, das nächste Mal gewähren Sie es Ihrem Mann. Wenn die Kinder spüren, daß Sie sich nicht ganz einig sind, spielen sie ihre Eltern gegeneinander aus, und alle verlieren dabei.

Die viertwichtigste Aufgabe ist der Lebensunterhalt für die Familie. Wenn der Mann sich vor dieser Aufgabe drückt, ist er nach der Bibel schlimmer als ein Heide. Die Arbeit für den Lebensunterhalt hat Vorrang vor Aufgaben in der Kirche, die man z. B. als Ältester hat; sie ist wichtiger als ehrenamtliche Tätigkeiten.

Weil die Arbeit für den Lebensunterhalt sehr interessant sein kann, kommt sie für manche Männer gleich an zweiter Stelle, ja sogar an erster. Manche Männer entscheiden sich ganz bewußt dafür, aber manchmal wird man durch lange Überstunden geradezu gefangengenommen und hat keine andere Wahl. Vielleicht hat er gerade eine neue Firma gegründet oder arbeitet für ein Unternehmen mit zu kleiner Belegschaft. Vielleicht wird er zu Nachtschichten gezwungen, um die Stelle nicht zu verlieren.

Wir durchlebten dieses Spannungsfeld, als ich bei den Abendnachrichten im Fernsehsender Regie führte. Zu der Zeit war ich dazu verurteilt, abends zu arbeiten, und die Familie stellte sich darauf ein und hoffte, daß sich eines Tages die Lage ändern würde. Zumindest wußten die Kinder, daß sie mir trotz allem wichtiger waren als die Arbeit.

Als eine Bekannte diesen letzten Satz las, fragte sie: „Woher wußten sie das?“ Darauf gab es eine Antwort, die für mich auf der Hand lag: Barb erklärte es ihnen so. Und dann traf mich die Erkenntnis: *Ich* hätte ihnen meine Situation erklären und ihnen versichern müssen, daß ich lieber bei ihnen als an meiner Arbeitsstelle wäre.

Weil wir Männer nicht so sensibel wie die meisten Frauen sind, vergessen wir oft mitzuteilen, daß uns unsere Frau wichtiger als die Arbeit ist. Darum wurden wir von Gott mit unserer Frau beschenkt: um uns in allen Lebensbereichen zu vervollständigen. Dazu gehört die Hilfe, uns sensibler und im Umgang mit Beziehungen verständiger zu machen.

Als ich meine eigene Firma hatte, gab ich meinen Angestellten den Lohn, und das war's. Ich dachte, das sei genug. Aus meiner Sicht hätte ich ihnen nichts bezahlen müssen, wenn sie ihre Arbeit nicht gut gemacht hätten. Aber Barb mischte sich ein und sagte, sie seien genauso auf Bestätigung angewiesen wie auf das Geld.

Ich weiß noch, wie ich mich als Unternehmer fühlte, wenn ein Angestellter sich krank meldete. *Was heißt hier krank? Kann er nicht einfach eine Pille schlucken? Ich bezahle ihn für seine Arbeit hier am Schreibtisch. Soll er doch kommen und sich ein Taschentuch vor die Nase binden oder sich in der Frühstückspause übergeben! Ich bezahle ihn doch nicht, damit er krankfeiert. Ich bezahle ihn für die Arbeit!* Hoffentlich habe ich meinen Angestellten nichts Derartiges gesagt, aber „die Gedanken sind frei“.

Diese meine Einstellung ist wahrscheinlich dem einseitigen Bestreben zuzuschreiben, Arbeiten zu erledigen. Ich bin das, was ich schaffe. Ich weiß, daß mancher sagen mag: „Du solltest dir dein Selbstwertgefühl von Jesus Christus holen, nicht aus deiner Arbeit.“ Ja, Jesus Christus sollte meinen Gefühlen Grundlage genug sein, und er ist es auch, aber es gibt auch Bereiche in mir, die danach streben, etwas Sinnvolles zu schaffen, damit ich mich nicht wie eine Null fühle. Dieser Teil meines Wesens ist ebenfalls gottgegeben, und deshalb darf ich diese Gefühle auch haben.

Den meisten Frauen fällt es leichter, Beziehungen den Vorrang vor Projekten und Arbeiten zu geben. Aber wir Männer sind anders. Auch die Männer in der Bibel waren Krieger, Eroberer, Wettstreiter und Erbauer. Deshalb waren sie noch keine Versager oder geistlich schwach. So hat Gott uns eben geschaffen. Die meisten Männer werden unruhig und fühlen sich nicht wohl, wenn lange Zeit keine Herausforderung winkt.

Ich mußte Barb einen Artikel über Jimmy Johnson erklären, den sie neulich las. Er war früher Cheftrainer einer Footballmannschaft. Dabei war er ungemein erfolgreich, der einzige, der in einer Mannschaft der höchsten Liga gleichzeitig spielte und sie trainierte. Er führte sie sogar zum Meistertitel. Außerdem hatte er gerade die Super-Bowl-Meisterschaft gewonnen. Mit seinem Zehnjahresvertrag sah alles glänzend aus. Im Interview aber sagte er: „Manchmal werde ich zappelig. Manchmal ist mir langweilig. Ich brauche eine Herausforderung." Damit gibt er die Einstellung der meisten Männer wieder. Wir können alles Erreichbare geschafft haben und sind trotzdem unzufrieden, wenn uns die Herausforderung fehlt.

Vor kurzem habe ich Barb unabsichtlich wirklich verletzt. Ich erklärte ihr, daß ich irgendwie kein Ziel in meinem Leben sah. Sie weinte. War sie nicht Ziel und Sinn genug? Waren alle meine Dienste nicht genug? War ich damit etwa nicht zufrieden?

Augenblick mal! Das hatte ich gar nicht behauptet. Mit diesen Gedanken hatte ich absolut nichts Abwertendes über Barb sagen wollen, aber selbst wenn ich die ganze Welt mit meinen Büchern und Seminaren erreichen würde, hätte ich immer noch das Gefühl, kein Ziel zu haben, und zwar aus einem Grund: Ich verdiene nicht genug für meinen Lebensunterhalt. (Wir leben von unseren Ersparnissen, während wir unser Haus zu verkaufen versuchen.) Ich bin wohl ein ziemlich typischer Mann, und wenn sich das Gefühl der Sinnlosigkeit einstellt, weil ich kein Gehalt bekomme, so geht es vielen anderen Männern ebenso, die kein Geld verdienen.

Wie ich meine Bibel verstehe, kommt der Dienst eines Mannes an fünfter Stelle. Ich lege 1. Timotheus 3,4-5 so aus, daß ein Mann nicht einmal daran denken sollte, den Kirchhof zu fegen, solange mit seiner Familie nicht alles in Ordnung ist. Es geht nicht um Perfektion, sondern darum, daß er den Bedürfnissen der Familie gerecht wird und sie diese Fürsorge bestätigt. *Erst dann* kann er sich als Sonntagsschullehrer, Ältester oder Pastor betätigen, mit jungen Leuten arbeiten, kirchlichen Organisationen beitreten oder der Kirche als Vorsitzender dienen.

Es macht ja einen viel geistlicheren Eindruck, wenn man predigt, für die Kirche arbeitet oder seelsorgerliche Gespräche mit Suizidgefährdeten oder Scheidungswilligen führt, als wenn man mit seinem Sohn angeln oder mit seiner Tochter essen geht. Für einen Laien sollte der Dienst nach allem anderen kommen. Wer zum geistlichen Dienst berufen ist, braucht nicht zwischen der Wichtigkeit seiner Arbeit und seines Dienstes zu unterscheiden.

Haben Sie bitte Verständnis für seine Arbeit

Mir ist klar, daß die Arbeit Ihres Mannes hin und wieder für Ihre Beziehung so bedrohlich sein kann wie eine andere Frau. Denken Sie aber daran, daß seine geistige Gesundheit von dem ungestörten Verhältnis zu seiner Arbeit abhängt. Ich weiß, daß er manchmal so gern arbeitet, daß er sich die Akten mit nach Hause nimmt oder samstags ins Büro geht. Er hat keine Ahnung, daß er Sie und die Kinder ganz hinten anstehen läßt – nach seiner ersten Liebe, der Arbeit.

Vergessen Sie nicht: wenn es mit der Arbeit Ihres Mannes nicht gut läuft, geht es ihm nicht gut. Wenn er gar arbeitslos wird, fühlt er sich wie eine Doppelnull. Dann würde er am liebsten davonlaufen. Jetzt kann Ihre sanfte, liebevolle Geduld bewirken, daß er sich wieder dem Leben zuwendet. Mit Ihrer Bestätigung kann er sein Haupt wieder erheben und sich auf die Suche nach einer neuen Stelle machen. Sie sind dann tatsächlich die einzige, die ihm im Umgang mit dieser extremen Lebenskrise Annahme und, was dringend nötig ist, bedingungslose Liebe geben kann.

Ich weiß, wie schwer so etwas fällt, wenn Ihre eigene Sicherheit auf dem Spiel steht und Sie selbst so beschäftigt und voller Gedanken sind, daß sie kaum zu Atem kommen. Trotzdem halten Sie den Schlüssel zur Zukunft in der Hand. Alle anderen haben ihn abgewiesen. Er will jetzt nichts mit seinen Freunden zu tun haben, weil er Angst vor der Frage hat: „Wie steht's mit der

Jobsuche?“ Es steht eben schlecht, was er ungern zugibt. Sie sind die einzige Zuflucht im Sturm. Tatsächlich glaube ich, daß Gott Ihnen Gnade und Kraft gibt, damit fertig zu werden, wenn Sie Ihn darum bitten.

Inzwischen habe ich so manches über die gottgeschaffenen Unterschiede zwischen Männern und Frauen hinsichtlich Ehe, Sexualität, des häuslichen Umfelds mit manchen Details und der Arbeit mitgeteilt. Nun stellt sich die Frage, welche Rolle die Persönlichkeit in der ehelichen Beziehung spielt.

Von Verkehrszeichen, die mich anschreien

Die Persönlichkeit ist kein Geschlechtsmerkmal. Sie äußert sich in der Weise, wie wir Lebenssituationen bewältigen, nämlich so, wie Gott uns geschaffen hat. Die meisten Bücher, die ich zu diesem Thema gelesen habe, beschreiben vier grundsätzliche Persönlichkeitstypen mit den unterschiedlichsten Bezeichnungen. Unter anderem wird der mir eigene Stil mit den Begriffen *„Antreiber“* oder *„Choleriker“* beschrieben, so zum Beispiel in Florence Littaneis Buch „Einfach typisch! Die vier Temperamente unter der Lupe“ (Schulte & Gerth, 1994). Außerdem gibt es noch die Lernstile, wie sie von Cynthia Tobias in ihrem Buch „Lernen ist kein Kinderspiel“ (Schulte & Gerth, 1996) beschrieben werden.

Sie betont, daß wir alle verschieden lernen, und das sei gut so. Kein Stil sei die „richtige“ Art, mit dem Stoff umzugehen. Es gebe jedoch einen Lernstil – nämlich den konkret-unsystematischen –, der alle anderen in den Wahnsinn treibt. Sie nennt ihn „Griff nach dem Zufall“, und die Beschreibung paßt auf mich! Hier einige Merkmale, mit denen sie meinen Stil kennzeichnet:

- ▷ Er ist ein Forschertyp, intuitiv, neugierig, realistisch, kreativ, innovativ, vielseitig und abenteuerlustig;
- ▷ zieht viele Meinungen und Lösungen in Betracht;
- ▷ bringt Beiträge mit ungewöhnlichen und verschiedenartigen Ideen;
- ▷ lebt in der Zukunft;
- ▷ haßt Einschränkungen und Begrenzungen, Formulare, Routine, Wiederholungen von bereits Geleistetem, detailliertes Berichten, Nachweis von Lösungswegen, das Beschränken auf

eine Antwortmöglichkeit oder den Verzicht auf seine Meinungsäußerung;

- verliert schnell die Geduld mit langsamen Menschen;
- leistet sich Schlußfolgerungen ohne hinreichende Information;
- setzt sich ungern mit Problemen auseinander, wenn sie auftauchen;
- läßt Dinge halb fertig liegen;
- lernt am besten durch praktische, handfeste Erfahrungen, durch Inspiration, durch Problemlösung, Experimente, Aktivitäten mit offenem Ende, Spiele und Simulationen, autodidaktisches Studium und beim Basteln an Gegenständen;
- äußert Bemerkungen wie „Warum?“, „Ich hab' eine tolle Idee“, „Na eben, genau das meine ich doch.“
- Und nun kommt der Hammer: Er verabscheut Autoritäten und läßt sich nicht gern sagen, was er tun soll.

Wie sehr das auf mich zutrifft, läßt sich gut mit einer Begebenheit illustrieren. Barb und ich waren Richtung Osten unterwegs zum Eheseminar in einer Stadt im Staat Washington. Seit Jahren steht an dieser Straße ein Schild: „Abblendlicht einschalten. Teststrecke.“ Ich sagte zu Barb: „Ich kann dieses Schild nicht leiden!“ Sie fragte, warum. „Weil es mich praktisch *anschreit*“, antwortete ich. Sie fand, das Zeichen stelle sehr höflich fest: „Bitte, bitte, nette Leute, würden Sie vielleicht Ihr Abblendlicht einschalten, wenn es Ihnen nichts ausmacht?“ Ich aber hörte einen lauten Anraunzer: *„Mach das Abblendlicht an (Schwachkopf)! Dies ist eine Teststrecke (Blödian)!“*

Die Wörter in Klammern gehören zwar nicht zur Aufschrift, aber jedesmal, wenn ich es lese, kommt mir dieses Gefühl hoch. Das Licht habe ich noch *nie* angeschaltet. Warum auch? Ich weiß nicht, wer hier einen Test durchführt. Ich weiß nicht, warum es so lange dauert, bis er ausgewertet ist. Niemand hat mich je gebeten, bei diesem Test mitzumachen. Ich weiß sowieso nicht, was da getestet wird. Warum also sollte ich das Licht anschalten? Das würde höchstens ein Roboter tun. Außerdem *hasse* ich es, wenn man mir Befehle gibt.

Als wir auf dem Freizeitgelände ankamen, erwähnte ich beim Seminar diese kleine Begebenheit, während ich mich über Persönlichkeitsstile ausließ. Da stand ein Mann auf und sagte: „Wir haben das Schild aufgestellt, weil es auf dieser Strecke viele Frontalzusammenstöße gibt."

Aha! Jetzt hat das Schild einen Sinn, aber für meine Art von Persönlichkeit, bei meinem Lernstil, müßte die Aufschrift so lauten: „BITTE schalten Sie das Abblendlicht an, um Frontalzusammenstöße zu vermeiden." Ich würde das Licht sofort einschalten. Die Sache käme mir sinnvoll vor. Es wäre ein wertvoller Hinweis, auf den ich freudig eingehen würde.

Ich kann es nicht leiden, wenn ich die Telefonauskunft anrufe und nach der automatischen Nummernansage zu hören bekomme: „Bitte notieren Sie sich die Nummer (Sie Langsamdenker)." Meine Güte, ich hätte doch nicht angerufen, wenn ich nicht vorgehabt hätte, mir die Nummer aufzuschreiben, damit ich sie nicht vergesse! Man muß mir so was nicht extra sagen. Ich bin nämlich nicht dumm. Wir leben in einem freien Land! *Erzählen Sie mir bloß nicht, was ich mit einer Telefonnummer machen soll.*

Entschuldigung, ich habe mich ein bißchen gehenlassen, aber solche Sachen bringen mich ganz schön auf die Palme.

Auch ärgert es mich, wenn ich Rechnungen bekomme, in die der geschuldete Betrag per Computer eingedruckt ist. Was aber soll das kleine Kästchen darunter mit dem Hinweis: „Bezahlten Betrag angeben"? Zunächst mal muß man bei Stromrechnungen, Versicherungsbeiträgen, Gasrechnungen, Wasserrechnungen und Tilgungsraten entweder den ganzen Betrag zahlen, oder man bekommt die Daumenschrauben angelegt. Höchstens Rechnungen von Versandhäusern oder Kreditkartengesellschaften könnte man mit Teilzahlungen begleichen. Aber die *wollen* ja, daß man in Raten zahlt. Da ich also die meisten Rechnungen voll begleiche, ist es *unsinnig,* mich nach dem gezahlten Betrag zu fragen. Er steht ja groß und fett da, vom Computer selbst gedruckt. Also kreise ich den Betrag ein und zeichne einen Pfeil Richtung Kästchen. Eigentlich sollte ich mir nicht mal dafür die Zeit nehmen, so dumm ist das Ansinnen. Vielleicht lasse ich es demnächst bleiben und warte ab, ob mein Haus gepfändet wird.

Das Buch *Please Understand Me* („Bitte, versteht mich"; leider nicht in Deutschland erschienen) gibt einen wunderbaren

Ausblick auf eine Reihe von Persönlichkeiten. Es gehört zu den Büchern, die man immer wieder durchliest, weil man ständig neue Entdeckungen macht. Mein Sohn Tim, meine erstgeborene Enkelin Kjersten, mein Hund Molly und ich haben eine Persönlichkeit, die mit dem Begriff „apollonisches Temperament" beschrieben wird. Die Autoren, David Keirsey und Marilyn Bates, sagen von diesem Charakter, daß es das Ziel der Apollonier sei, ein Ziel zu haben. Ihr Sinn im Leben sei es, einen Sinn im Leben zu haben. Wie auch immer Beziehungen und Zeiteinteilung geregelt werden – Hauptsache, es steckt ein Sinn dahinter, eine Bedeutung. Sie neigen zu leidenschaftlicher Suche nach kreativen Leistungen; auf intellektuellem Gebiet sind sie wie Schmetterlinge, die von Idee zu Idee flattern. Sie sind zukunftsorientiert und konzentrieren sich auf das, was eintreten *könnte.* Die Autoren meinen: „In der griechischen Mythologie schuf Apollo eine direkte Verbindung zwischen Gott und den Menschen. Die Apollonier sind häufig selbsternannte Vermittler der Wahrheit; sie treten als Sprecher der Götter auf."

Ich muß lachen, wenn ich diese Beschreibung lese, denn *exakt* so beschreibt auch Barb mich. Schon von Anfang an gab sie gern diesen Kommentar: „Wenn die Könige reden, haben sie das letzte Wort." Nicht, daß ich die Königswürde beanspruche – rein zufällig habe ich aber in den meisten Situationen recht. Das ist nicht meine Schuld. So hat Gott mich eben geschaffen – ich bin sein Werk, seine Planung, sein Wunsch, seine Leidenschaft. (Noch nicht überzeugt?) Er möchte, daß ich als sein Vertreter für die Sterblichen hier auf Erden auftrete. Es ist eine hohe Berufung, und ich bin glücklich darüber.

Obwohl bisher kein Arzt bei mir die Diagnose ADHD gestellt hat, erkenne ich viele Merkmale an mir selbst. Sozialwissenschaftler haben noch nicht feststellen können, ob ADHD sich auch nach der Kindheit noch bemerkbar macht. Gute Nachrichten: Die Wissenschaftler brauchen keinen einzigen Dollar mehr in ihre Forschung zu stecken. Wenn sie mich oder Barb befragen, erhalten sie alle nötigen Beweise, daß auch Erwachsene ADHD haben können. Ich bin aber nur ein Laie, also ist meine Meinung höchst inoffiziell.

Es gibt bei Kindern eine Verhaltensstörung, die man Hyperaktivität oder *Attention Deficit Hyperactivity Disorder,* etwa: „Konzentrationsschwäche aufgrund von Überaktivität" nennt.

Ich kann mich voll und ganz mit der Beschreibung eines Kindes identifizieren, das einen neuen Bleistift bekommen hat:

Es wirft ihn auf den Schreibtisch und hoch in die Luft;
hält ihn hoch und läßt ihn fallen;
steckt ihn in die Bohrungen am Stuhl;
fädelt ihn in seine Gürtelschlaufen;
zieht sich damit Fäden aus den Socken;
rollt ihn unter der Schreibtischplatte hin und her;
sticht seinen Nachbarn damit;
spitzt ihn immer wieder an ...
und verliert ihn.

Nicht nur, daß ich mich damit identifizieren kann; ich habe mir noch ein paar Symptome selbst ausgedacht:

Er balanciert ihn auf der Nasenspitze;
versucht ihn auf dem ausgestreckten Finger zu balancieren,
die Spitze nach unten;
klemmt ihn hinter das Ohr;
klemmt ihn hinter das Ohr des *Nachbarn;*
steckt ihn ein wenig *in* sein Ohr;
hält ihn mit der Oberlippe unter seiner Nase fest;
steckt ihn sich ins Haar;
balanciert damit auf seinem Schreibtisch;
stellt ihn auf einen anderen Bleistift;
schießt damit wie mit einem Katapult Papierkügelchen
durch die Gegend.

Meiner Meinung nach stimmt die klinische Beschreibung von ADHD genau mit dem konkret-unsystematischen „Zufallslernstil" überein, den Cynthia Tobias beschrieben hat. Ich finde es tragisch, daß manche Menschen ihre Kinder tatsächlich unter Drogen setzen, um sie mit der „Normalität" in Einklang zu bringen und die „Störung" verschwinden zu lassen. Dazu möchte ich allerdings sagen, daß es Kinder in meinem persönlichen Bekanntenkreis gibt, die ohne pharmazeutische Hilfe gar nicht überleben könnten. Ich will nur darauf hinweisen, daß bei vielen Kindern eine falsche Diagnose gestellt wird, nur weil ihre Entwicklung nicht zu der von anderen Kindern paßt.

Noch ein Merkmal der überaktiven Persönlichkeit, das zu mir als „Zufallslerner" paßt: *Er versucht bei Gesprächen, Vorträgen, Vorlesungen, Lehrveranstaltungen und beim Fahren auf Probleme aufmerksam zu machen und überhaupt Aufmerksamkeit zu erregen.* Für mich muß ein Gespräch in irgendeiner Weise sinnvoll sein. Damit ich für längere Zeit aufmerksam bleiben kann, muß es um jemanden gehen, der kurz vor einer Scheidung oder dem Selbstmord steht, beruflich versagt hat, Erziehungsprobleme, Depressionen oder Geldnöte hat. Ich habe unglaubliche Schwierigkeiten, mich an Gesprächen über sinnlose Themen zu beteiligen, zum Beispiel Sportergebnisse, Wetter oder Urlaubspläne.

Vorlesungen langweilen mich zu Tode. Ich schockiere Sie nur ungern, aber auch so manche *Predigt* langweilt mich zu Tode. Wer will schon angepredigt werden oder eine Vorlesung über sich ergehen lassen, ohne mitreden zu können oder das Für und Wider eines Themas mitzudiskutieren?

Was das Lesen und die Schwierigkeiten angeht, das Interesse daran wachzuhalten, so habe ich wahrscheinlich 2.000 Bücher, die mich von den Regalen im Arbeitszimmer herab anstarren, während ich diese Worte zu Papier bringe. Noch ein paar hundert sind in den anderen Zimmern des Hauses einsortiert. Etwa fünfzig liegen neben und unter meinem Bett. Gut, das hat auch seine Nachteile. Unsere Versicherung deckt nicht das Unfallrisiko beim Bettenmachen. Wenn wir über eins von diesen fünfzig Büchern am Bett stolpern, müssen wir die Krankenhausrechnung allein tragen.

Ich lese, wenn ich zu Bett gehe, sehe aber nicht ein, warum ich bei ein und demselben Buch bleiben soll. Manchmal wechsle ich dabei zwei- oder dreimal den Lesestoff. Oft fange ich mit einem Comic an. Ich brauche ja auch etwas zum Lachen. Dann gehe ich zu einem Buch über, aus dem ich etwas lernen kann. Hier unterstreiche ich die Hauptgedanken. Das hält mein Interesse und mich wach. Wenn ich einschlafen will, wechsle ich zu einem politischen oder historischen Buch, und schon nach der dritten Seite schnarche ich.

Natürlich habe ich eine ganze Reihe Bücher zu Ende gelesen, aber ein paar hundert Bücher angefangen, die wahrscheinlich nie beendet werden. Nein, Ausdauer im Lesen besitze ich nicht, wenn man damit meint, daß man ein Buch nach dem andern durchlesen sollte.

Außerdem habe ich meine Schwierigkeiten mit Gebrauchsanweisungen. Ich lese sie dermaßen ungern, daß ich sie nur zur Hand nehme, wenn ich steckenbleibe. Einmal baute ich neben unserer Hütte einen Blechschuppen zusammen. Was ist das schon? Man hat vier Wände, ein Dach, ein paar Türen – nichts Großartiges. Warum in aller Welt soll man sich da mit Aufbauanleitungen aufhalten? Also fing ich an zu bauen.

Als ich einen Schritt zurücktrat, um mein Werk zu bewundern, stolperte ich über eine Tüte mit weißen Dingern. Also blätterte ich in der Anleitung unter „weiße Dinger" nach und stellte fest, daß es sich um die 500 Dichtungsringe handelte, die ich den Schrauben am Dach hätte unterlegen müssen, damit es bei Regen nicht leckt. Als wahrhaft kreativer Persönlichkeitstyp nahm ich einfach eine Kartusche mit Dichtungsmasse zur Hand und versorgte damit jede Schraube. Bisher ist noch kein Regentropfen durchgedrungen. Es sieht nicht so professionell aus, als wenn Barb sich darangemacht hätte, aber wir lassen es sowieso niemanden besichtigen. Wen soll es da stören? Jedenfalls habe ich meinen Lebensabend nicht damit verschwendet, Gebrauchsanweisungen zu lesen.

Eine weitere Eigenart der Überaktiven, die zu mir paßt, ist die *Schwierigkeit, ein Vorhaben zu Ende zu führen, ein Mangel an Durchhaltevermögen.* Noch habe ich die Bibelstelle nicht gefunden, in der steht, daß man alles fertigstellen muß, was man angefangen hat. Es gibt so manchen *Menschen,* der das behauptet, aber wo steht es in der Bibel? Ich habe noch keinen kennengelernt, der mir begründen kann, warum ich mich zehn bis fünfzehn Minuten hintereinander mit einer Aufgabe beschäftigen muß, Barbs Aufträge ausgenommen. Bei allem anderen aber spielt es keine Rolle. Spaß macht das *Anfangen,* nicht das Fertigstellen.

Drittens fühlen sich die Überaktiven schnell *überfordert von den alltäglichen Aufgaben.* Erst diese Woche wußte ich nicht mehr, wo mir der Kopf stand. Ich halse mir zu viele Arbeiten auf. Für mich liegt allerdings auch ein Reiz darin, vieles gleichzeitig zu tun. Ich komme mir vor wie der Artist im Zirkus, der hundert Teller auf seinen Stöcken balanciert. Er geht von einem zum andern und gibt jedem neuen Schwung, wenn er so sehr wackelt, daß er fast schon fällt. Das gefällt mir, weil es meiner Kreativität Nahrung gibt. Aber wenn zehn gleichzeitig ins Wakkeln geraten, bin ich überfordert. Ich weiß nicht, ob es in erster Linie an biochemischen Mangelerscheinungen liegt oder nicht vielmehr daran, daß ich zu wenig Rückgrat habe, um nein zu sagen.

Ich fühle mich auch überfordert von komplizierten Aufgaben, die analysiert und untersucht werden müssen. Zum Beispiel besitze ich Software, die mir helfen würde, Geld und Investitionen übersichtlich zu verwalten. Ein Programm habe ich eigentlich schon seit acht Jahren. Scheinbar bleibt mir nie die Zeit, die Anleitung richtig durchzulesen. Das Handbuch ist zehn Zentimeter dick und fängt so an:

> Lieber Kunde,
> vielen Dank dafür, daß Sie sich für unser Produkt entschieden haben. Wenn Sie den nicht besetzten Interruptkanal belegen wollen, aktivieren Sie das Adaptersegment, wobei darauf zu achten ist, daß die Kontrollerkarte fest an die Peripherieschnittstelle angeschlossen werden muß. Natürlich müssen Sie zuvor bereits die Flachbandkabel an der 40-poligen Pfostenleiste befestigt, die COM-Ports 03F8h und 0278h aktiviert haben und ... und so weiter.

Jedesmal klappe ich das Buch zu und fasse den Entschluß, mit der Installation der Software später anzufangen.

Ein weiterer Charakterzug der Überaktiven: *Sie können an ihrem Arbeitsplatz und in der Wohnung schlecht Ordnung halten.* Im ganzen Leben bin ich noch niemandem begegnet, der mir (außer mit den Bedürfnissen der Partnerin) begründen kann, warum man einen aufgeräumten Arbeitsplatz oder Wohnraum braucht. Bei mir zu Hause stapeln sich die Sachen überall – das heißt, wenn nicht gerade Besuch kommt. Dann stopfe ich die Sachen unter das Bett, in den Schrank oder mein verschließbares Bürofach, damit man den Eindruck bekommt, ich sei ein Ordnungsfanatiker. Ich tue das ausschließlich für Barb. Sie ist die einzige, der die Unordnung etwas ausmacht. Ich finde es erstaunlich, daß viele vernünftige Menschen in unserer Welt glauben, Unordnung sei etwas so Schlechtes und Abscheuliches, daß nur noch Medikamente helfen können, die betreffende Person „in Form zu bringen".

Zusammenhanglose Arbeitsweise ist ein weiteres Merkmal dieses Persönlichkeitsbildes. Ich weiß nicht, was damit gemeint ist, könnte mir aber vorstellen, daß man einmal Lust hat, zehn Stunden am Stück zu arbeiten, ein anderes Mal lieber ein Mittagsschläfchen halten möchte. Auch stelle ich mir vor, daß manche Leute von acht Uhr abends bis drei Uhr morgens am besten arbeiten können, während Menschen wie mir ab sechs Uhr abends das Gehirn schmilzt. Und doch können wir schon morgens um halb sieben hellwach und kreativ sein, wenn wir persönlich überzeugt sind, es sei wichtig aufzustehen. Dieses „Defizit" betrifft jeden, der sich nicht an die Maßstäbe anderer anpaßt. Mit Charakterschwäche hat das nichts zu tun.

Er schenkt Details keine Beachtung, behauptet die Symptomliste weiterhin. Schlagen Sie in Ihrer Bibelkonkordanz nach, ob es einen Bibelvers gibt, der es Sünde nennt, wenn man sich nicht um Einzelheiten kümmert. Vielleicht finden Sie solch einen Vers. Ich bestimmt nicht! Für mich klingt das nach einer Erbsenzählerregel.

Ich habe stets den großen Überblick, ja Visionen vor Augen. Auf dem Weg zur Arbeit kommen mir 19 Ideen, von denen sich 18 sofort erfolgreich verwirklichen ließen. Leider habe ich niemanden für die Kleinarbeit. Ich habe keine Begabung dafür, auf die Ämter zu gehen und in verstaubten Verordnungen zu blättern, Genehmigungen einzuholen, Mietverträge abzuschließen, Verkaufspreise auszuhandeln oder auch nur einen Parkplatz zu finden. Ich will nichts als andere mit meinen Ideen zu begeistern und ihnen die Kleinarbeit zu überlassen. Dann habe ich Zeit für die nächsten weltbewegenden 19 Ideen.

Ich kann nicht einmal den Weg zu meinem Schwager finden,

wenn Barb nicht mitfährt, obwohl ich mindestens zweihundertmal dort gewesen bin. Barb und ich fahren immer gemeinsam hin. Ich brauche nicht auf die Wegbeschilderung oder Wahrzeichen zu achten. Ich höre einfach auf Barbs Anweisung, bis sie „Halt“ sagt und wir aussteigen können.

Überaktive Menschen entscheiden sich impulsiv und rechnen nicht mit Konsequenzen. Schuldig im Sinne der Anklage – aber bin nicht ich es, der unter den impulsiven Entscheidungen leidet? Also geht es niemanden etwas an, höchstens Barb. Ich habe ihr versprochen, nie einsame Entscheidungen zu treffen, wenn sie selbst, das Vermögen der Familie oder andere wichtige Dinge auf dem Spiel stehen. Das schützt sie vor meiner Impulsivität.

Ein weiteres Merkmal: *mangelnde Fähigkeit, eine Belohnung aufzuschieben; muß sich stimulieren.* Warum bringe ich wohl 20 Pfund Übergewicht auf die Waage?

Ruhelosigkeit und Zappeligkeit wird uns nachgesagt. Besonders bei Vorlesungen und Predigten.

Macht Aussagen, ohne die Folgen zu bedenken, behaupten die Experten. Lesen Sie die letzten Seiten noch einmal. Wenn ich die Wirkung meiner Aussagen sorgfältig bedacht hätte, wäre ich wahrscheinlich nicht so offen und ehrlich gewesen. Ich hoffe aber, daß meine Direktheit Ihnen nützt, auch andere zu verstehen und einige unserer kostbaren Kinder vor den ordentlichen Menschen zu schützen, die sie „normalisieren“ wollen.

Ungeduldig sind wir, heißt es. Meine Ungeduld hat mich immer gestört; das brauche ich wohl nicht zu betonen. Andererseits bringe ich manchmal auch Geduld auf, zum Beispiel für Verkäufer. Bei Verkaufsmessen bin ich ein leichtes Opfer zungenfertiger Vertreter an Ständen für Gemüsereiben, mundgeblasenes Glas und Messer, die niemals stumpf werden.

Kurz nach unserer Hochzeit ging ich mit Barb auf so eine Messe. Wir schauten einem Mann zu, der einen Mixer vorführte. Verblüffend! Er ließ ihn Eiswürfel, Steine, ganze Kartoffeln und einen Schraubenzieher schlucken. Er warf einen Hammer hinein: *schwupp,* war er zerkleinert. Es gab nichts, womit der Mixer nicht fertig wurde. Unter anderem wurde er mit Leckereien gespeist, aus denen sich köstliche und gesunde Getränke machen ließen. Wir ließen uns überzeugen, daß uns die gesamte Nachbarschaft auslachen würde, wenn wir keinen Mixer hätten, und kauften einen.

Im Rückblick denke ich, daß der Mann ehrlich war, weil er eigentlich mit keinem Wort behauptete, *unser* Mixer könne das gleiche leisten wie *seiner.* Er hatte nur demonstriert, was ein Mixer anrichten kann, wenn man unter dem Tisch einen 10-PS-Motor daran anschließt. Rein *zufällig* war auf dem Tisch ein Stapel ähnlicher Mixer aufgebaut, nur für den Fall, daß jemand einen wollte, der seinem *ähnlich* sah. Auf jeden Fall war er des Betrugs völlig unschuldig.

Auf dem Nachhauseweg träumte ich davon, so stark wie Charles Atlas zu werden (der Arnold Schwarzenegger meiner Jugend), wenn ich mir die nahrhaften Getränke mixen würde, die das Gerät erzeugen konnte. Schon wollte ich an einem Sportgeschäft halten und mir die angemessene Garderobe für meine bald ausgeprägten Muskeln besorgen, aber Barb fand, daß wir erst nach Hause fahren sollten.

Ich packte den Mixer aus und füllte ihn aufgeregt mit Wasser, dem Schraubenzieher, etwas Eis, meiner Armbanduhr und den Artischockenherzen, die mir Kraft verleihen sollten. Dann drückte ich auf den Knopf. Unser Mixer stöhnte leise und ließ eine Sicherung herausspringen. Ich holte deshalb Schraubenzieher und Uhr hervor und versuchte es noch einmal. Wieder hielt die Sicherung es nicht aus. Also nahm ich alles außer dem Wasser heraus. Jetzt lief er an. Aber nach ein paar Sekunden fing der Motor an zu qualmen. Das Wasser bot zuviel Widerstand. Wir haben in Washington hartes Wasser. Man hätte also nicht überrascht sein dürfen. Immer noch steht dieser Mixer irgendwo bei uns herum. Nachdem ich so viel Geld dafür ausgegeben hatte, konnte ich ihn nicht so einfach wegwerfen.

Das nächste Merkmal der überaktiven Zufallslerner: *Sie lassen sich leicht entmutigen.* Auch das trifft auf mich zu. Ich bin sehr entmutigt, wenn mir die Büroklammern ausgehen, wenn jemand mein Werkzeug nicht aufgehängt hat, wohin es gehört, die Schere liegenläßt, in der Schlange *vor* mir steht, in *meinem* Lieblingsrestaurant vor mir bedient wird, während ich verhungere, oder wenn jemand auf *meiner* Autobahn Straßenreparaturen durchführt, ohne mich gefragt zu haben. So etwas frustriert mich ungemein, und manchmal (aufgepaßt!) macht es mich *wütend,* wenn Sie sich das überhaupt vorstellen können.

Ich habe wirklich nicht vor, mir alle Ärzte vorzuknöpfen, die dieser „Persönlichkeitsstörung" mit Medikamenten zu Leibe rücken. Ich möchte Ihnen nur verdeutlichen, daß mein „Zufallslernstil" fast vollständig mit den Merkmalen der überaktiven Persönlichkeit übereinstimmt. Wir sollten bedenken, daß ein scheinbar gestörtes Verhalten in Wirklichkeit auf einen besonderen Lernstil verweisen könnte.

Mein Zufallslernstil ist keine Sünde und tut niemandem weh als Barb allein. Ich habe sie immer um Verzeihung gebeten, wenn ich ihr geschadet habe, und sie hat mir stets vergeben. In allen anderen Lebensbereichen hat sich meine Persönlichkeit als harmlos erwiesen. Ich habe eine Briefmarkensammlung mit allen Blöcken und Einzelmarken, die ich seit Schulzeiten gesammelt habe. Ein seltsames Hobby für einen sprunghaften Typen wie mich, der sich nicht um Einzelheiten kümmert und keine Ordnung kennt, aber ich kann sie jedem zeigen, der mich aufsucht. Auch habe ich genügend Alben, um die Marken hineinzustecken. Bisher liegen sie allerdings in verschiedenen Schuhkartons. Eines Tages werde ich die Zeit finden, sie ins Album zu stecken. Seit meiner Schulzeit war ich einfach zu beschäftigt und bin noch nicht dazu gekommen. Trotzdem, machen Sie sich keine Gedanken. Es wird schon noch werden. Demnächst.

Außerdem sammle ich Münzen, auch ein seltsames Hobby für eine so impulsive Person wie mich. Sie werden in Dosen aufbewahrt. Ich brauche niemanden, der mich antreibt. Eines Tages kommt alles ins Münzalbum.

Mit meiner zielbewußten Art habe ich Barb durchaus schon genervt. Vor Jahren pflegte ich ihr eine Liste mit Zielen zu überreichen, die geschafft werden sollten. Sie erledigte dann ein oder zwei Aufgaben und wollte sich an ihrem Erfolg freuen. Aber so, wie ich gebaut bin, zeigte ich auf den nächsten Punkt und fragte sie: „Und wann hast du vor, *diese* Sache anzugehen?" Deshalb glaubte sie, ich wisse nicht zu schätzen, was sie schon getan hatte. Mein Hauptziel im Leben aber besteht darin, Ziele zu haben. Was bietet sich also an, wenn man etwas erreicht hat? Sich neue Ziele zu setzen natürlich! Aber Barb möchte *ausruhen,* falls man sich das vorstellen kann. Sie freut sich offensichtlich mehr an der Erledigung selbst als ich.

Wenn ich Barb ein neues Ziel ankündigen will, leite ich das mit den Worten ein: „Ich habe mir etwas überlegt." Das macht ihr Angst, weil ich mit eben diesen Worten über unsere Hochzeit geredet hatte. „Ich habe mir überlegt, daß wir nach meinen zwei Jahren in der Armee heiraten könnten." Ein paar Tage später: „Ich habe mir überlegt, daß wir im Spätsommer heiraten könnten." Nach noch ein paar Tagen: „Ich habe mir überlegt, daß wir am Sommer*anfang* heiraten könnten, wenn wir die Schule hinter uns haben." Noch ein paar Tage später: „Ich habe mir überlegt, daß wir nach dem ersten Halbjahr dieses Schuljahrs heiraten könnten."

„Genug nachgedacht!" sagte ihre Mutter. Also heirateten wir nach dem ersten Schulhalbjahr.

Ich schätze, es gibt ein winziges, vorübergehend auftauchendes Problem, das sich uns impulsiven, zielorientierten Menschen hin und wieder in den Weg stellt. Viele unserer tollen Ideen kosten Geld, und wir stehen unter dem Druck, die Idee *augenblicklich* zu verwirklichen. Barb findet, man solle das ruhig tun, wenn man es sich leisten könne ... aber oft genug geht es nicht.

Neun Jahre lang hatte Barb mit dem Kauf eines neuen Teppichbodens für unser erstes Haus gewartet, und ich wußte nichts davon. Damals hatte ich meine eigene Produktionsfirma für Radio- und Fernsehwerbung gegründet. Sie kümmerte sich um die Buchhaltung für die Firma und hatte den Überblick, wann wir uns den Teppichboden leisten konnten. Immer wenn es soweit war, sagte ich ihr, daß uns ein bestimmtes Stück für die Geschäftsausstattung fehle. Da ich die Geräte für den Familienunterhalt nutzte, begründete ich den Kauf auf Barbs Nachfrage so: „Es ist doch auch für *dich*." Aus irgendeinem Grund aber hatte sie nicht das *Gefühl,* daß es für sie sei. War ihr denn nicht klar, daß es nichts zu essen gäbe, wenn ich die Einnahmen für meine Werbung nicht bekäme? Und konnte ich etwa Werbung produzieren, wenn ich nicht die richtige Ausrüstung dafür hatte? Ich hatte eigentlich kein Verständnis dafür, wenn sie nicht einsah, daß die Geräte auch für sie seien.

Barb sagt, daß ich mein jeweiliges Ziel so darstelle, als sei es die wichtigste Sache der Welt. Tatsächlich ist das auch so – jedenfalls in diesem Augenblick. Barb denkt darüber nach, entschließt sich, meine Idee mitzutragen und fängt an, sich auf meine Gedankengänge einzustellen. Sie sagt, ich hätte sie so sehr auf das Vorhaben eingestimmt, daß sie felsenfest davon überzeugt sei. Wenn sie mich bitten würde, einen Vertrag dafür mit Blut zu unterschreiben, dann würde ich sogar das tun, meint sie. Also macht sie mit, aber nach ein paar Wochen ändere ich meine Pläne. Das macht sie ganz verrückt.

Außerdem trachte ich immer danach, meine Pläne auf dem Weg des geringsten Widerstands zu erledigen. Das ärgert sie auch. Manchmal esse ich zum Frühstück ein Brötchen mit Erdnußbutter und Honig. Dann muß Barb meist bemängeln, daß ich den Honigspender beim Wegstellen nicht abgewischt habe und die Honigtropfen das Regalbrett klebrig machen. Also habe ich mir eine Plastikschüssel besorgt und den Behälter umgekehrt darin abgestellt, damit ich nicht darauf zu warten brauchte bis der Honig aus dem Spender kommt. Jetzt bleibt das Regal sauber, und ich habe Zeit zum Leben gewonnen.

Dann kommt es vor, daß Barb ihre Angehörigen besucht und es mir überläßt, im Haus nach dem Rechten zu sehen. Warum sollte ich das Bett machen, wenn ich am Abend wieder hineinschlüpfe, am nächsten Morgen aufstehe und morgen abend wieder darin schlafen gehe? Was für eine Energieverschwendung, immer wieder das Bett zu machen! Und dann erst der Abwasch. Wir haben Teller im Schrank, die wir seit unserer Hochzeit vor vierzig Jahren nie benutzt haben. Wir waschen immer die ab, die vorn stehen und dringen nie bis nach hinten vor. Wir haben Geschirr, das noch nie ans Tageslicht gedrungen ist.

Wenn Barb fort ist, nehme ich jeden Tag frisches Geschirr aus dem Schrank und stelle es nach dem Essen in die Spüle. Es läßt sich gut stapeln. Die Teller passen wunderbar aufeinander, ebenso die Untertassen und die Tassen. Es sieht sehr ordentlich aus. Und dabei heißt es, wir Chaostypen könnten keine Ordnung halten! Kurz bevor Barb dann nach Hause kommt, mache ich *einmal* das Bett und wasche *einmal* ab. Und jeder von uns ist dabei glücklich.

Ich habe viel von meinen Fehlern erzählt, aber denken Sie bitte nicht, Barb sei ein Muster an Vollkommenheit. Nehmen wir zum Beispiel die Vorratskammer. Man muß schon sehr vorsichtig sein, weil die Kartoffeln lange Sprossen haben, die sehr weit ausgreifen. Man wird von ihnen absichtlich zum Stolpern gebracht, wenn man vorüberkommt. Hin und wieder gehe ich an den Kühlschrank und werde von einer buschiggrünen Schimmelschicht angegriffen, die aus den Schüsselchen mit Essensresten herauswächst, zum Beispiel auf dem Makkaroniauflauf von vor Weihnachten.

Auch denke ich an das eine Mal, als wir auf einem Flug in die erste Klasse befördert wurden. Wir hatten immer gedacht, der Prestigegewinn lohne nicht die Extraausgabe, aber als wir mit Damastservietten bedient wurden, stellte sich eine gewisse Begeisterung ein. Leider passierte ein Unglück. Barb ließ ihr Brötchen fallen. Seither wurden wir nie wieder in die erste Klasse gebeten.

Und nun kommt Barbs bedenklichster Charakterfehler, so schwerwiegend, daß ich mich nie um das Amt des Präsidenten bewerben könnte. Die Reporter zerren diese Leiche mit tödlicher Sicherheit aus dem Keller. Barb ist süchtig nach Rum-Rosinen-Eis. Sie ist sogar berüchtigt dafür – halten Sie sich fest! –, ein ganzes Pfund auf einmal zu essen. Ich kann mir schon die Schlagzeilen vorstellen: *Extrablatt! Präsidentschaftskandidat Snyder tritt wegen Sucht seiner Frau zurück!* Na? Ganz so perfekt ist sie also nicht.

Wenn er seinem eigenen Rhythmus gehorcht

Mit der detaillierten Studie meines eigenen Persönlichkeitsstils will ich vor allem zeigen, daß man getrost anders sein darf als der Partner. Beide müssen Energie dafür aufbringen, einander zu helfen und zu verstehen, nicht etwa dafür, den andern in eine Kopie von sich selbst zu verwandeln. Wenn wir uns so wohl fühlen, wie Gott uns geschaffen hat, dann können wir andern zum Nutzen sein, die mit sich kämpfen.

Nach einem unserer Seminare sprach ich noch mit einem Paar. Ich bringe immer gern das Thema „Zufallslernstil" auf, nur für den Fall, daß einer der Gesprächspartner in diese Kategorie paßt. Ich zählte ein paar Merkmale auf, und die beiden sahen sich verblüfft an. Als sei ich magisch begabt, hatte ich nicht etwa einen der beiden beschrieben, sondern ihren vierzehnjährigen Sohn. Sie hatten ihn „angekettet", ähnlich wie ich meinen eigenen Sohn Tim, als er in diesem Alter war.

Ich erklärte, daß Kinder dieser Sorte immer etwas von der Norm abwichen und ständig anderer Meinung seien. Das sahen sie auch so und berichteten, wie sie zum Beispiel nach dem Seminar chinesisch essen gehen wollten, ihr Sohn aber auf Pizza bestand. Von meinem Standpunkt als Großvater und als Mensch aus, der viel über solche eigenwilligen Kinder gelernt hat, fragte ich: „Weshalb eigentlich keine Pizza?" Ich glaube, die Eltern waren noch nie auf die Idee gekommen, daß man selbst dann ruhig mal eine Pizza essen kann, wenn man sich eigentlich auf chinesisch eingestellt hatte. Wahrscheinlich bewies ihnen der Pizzawunsch, daß der Sohn rebellisch und widerspenstig sei und alles bestimmen wolle. Was die aufrührerische und widerspenstige Haltung angeht, kann ich nicht mitreden. Aber ich weiß wohl, daß ein Kind mit Zufallslernstil das Gefühl braucht, zumindest in einem Bereich seines eigenen Lebens bestimmen zu können. Kann es denn so schlimm sein, in den paar Jahren, die der Junge bei den Eltern aufwächst, einmal Pizza essen zu gehen? Man bekommt höchstens einen erhöhten Cholesterinspiegel.

Neulich machten wir Urlaub in der Ferienhütte eines Freundes. Mir fiel ein Bild an der Wand auf, das mich überschwenglich froh stimmte. Man sah eine Vogelschar am Strand, die alle die Schnäbel in eine Richtung hielten, außer einem einzigen inmitten der Menge. Er lief den Strand genau *umgekehrt* entlang. Barb, die sich das Bild auch ansah, nervte mich die ganze Woche mit ihrem Kommentar: „Das bist du!" Aber ich war nicht beleidigt. Eigentlich begeisterte mich diese Erinnerung daran, daß man ruhig unabhängige Meinungen hegen darf und nicht unbedingt allem zustimmen muß, was man sieht, liest oder hört. Jesus Christus schwamm sein ganzes Leben lang gegen den Strom der

Trends seiner Zeit. Ich kann es kaum abwarten, Begebenheiten aus unserem Leben mit ihm auszutauschen, wenn er mich nach Hause berufen hat.

Helfen Sie ihm, das zu werden, was aus ihm werden kann

Lassen Sie es zu, daß Ihr Mann sich von Ihnen unterscheidet, ohne es ihm übelzunehmen oder ihn ändern zu wollen? Ich hoffe, Sie nehmen sich die Zeit, ein paar von den zitierten Büchern zu lesen, in denen die verschiedenen Persönlichkeits- und Lernstile erklärt werden. Wenn Sie dann eine Beschreibung Ihres Mannes entdecken, dürfen Sie sich entspannen und gewahr werden, daß andere Frauen den gleichen Kampf durchmachen, den Sie in der Beziehung zu solch einem Menschen erleben. Und vielleicht sind Sie dann tatsächlich in der Lage, Gott zu danken, daß er den Menschen, den er zu Ihrer Ergänzung bestimmt hat, so anders schuf als Sie. Jetzt können Sie lernen, wie seine besonderen Gaben zu Ihrer gegenseitigen Ergänzung beitragen.

Zu den Hauptursachen von Eheunstimmigkeiten gehört meiner Meinung nach die Unfähigkeit, den anderen so stehenzulassen, wie er oder sie ist. Jeder sieht im andern das „Verkehrte" und versucht, ihn oder sie neu zu erschaffen. Je eher man den Partner als jemanden akzeptiert, der von Gott genau entsprechend seiner Absicht geschaffen wurde – nicht etwa als Mängelexemplar –, desto eher wird aus der Ehe das, was man sich von ihr versprochen hat. Es fängt wieder an, Spaß zu machen.

Im Buch *Please Understand Me* („Bitte versteht mich") beeindruckten mich ein paar besonders kluge Bemerkungen:

- „Wenn ich nicht das gleiche will wie du, sag mir bitte nicht, daß ich das Falsche will."
- „Wenn ich etwas anderes als du glaube, denke bitte erst einmal nach, bevor du meine Ansicht korrigierst."
- „Wenn ich unter gleichen Umständen nicht soviel Gefühl wie du oder mehr als du zeige, fordere mich bitte nicht dazu auf, stärker oder schwächer zu empfinden."
- „Ich bitte dich nicht darum, mich zu verstehen, jedenfalls vor-

läufig nicht. Dazu wird es erst kommen, wenn du aufhörst, mich in eine Kopie von dir verwandeln zu wollen."

▷ „Mich zu ertragen ist der erste Schritt, mich zu verstehen. Du brauchst nicht etwa meine Art als die richtige anzusehen, darfst dich aber nicht mehr durch meinen scheinbaren Eigensinn ärgern oder enttäuschen lassen. Wenn du mich dann verstehst, könnte es soweit kommen, daß du meine Unterschiedlichkeit schätzen lernst und, weit entfernt vom Bestreben, mich zu verändern, diese Verschiedenheit sogar erhältst und nährst."

Persönlichkeiten sind nicht verkehrt, nur unterschiedlich. Sowohl Mann als auch Frau sollten sich dieses Prinzip an ihre Herzenstür heften, damit sie die Gaben des Ehepartners, die er in die Beziehung bringt, voll und ganz zu schätzen wissen. Einfach ist das nicht, mit Gottes Hilfe aber durchaus möglich, vorausgesetzt, Sie gehorchen seinen Prinzipien von Liebe, Annahme und Vergebung.

Jeder weiß, daß unterschiedliche Kommunikationsweisen zu Ehestreit führen können. Aber haben Sie gewußt, daß manche Unterschiede sich aus der Anatomie des Hirns ergeben? Darum geht es im nächsten Kapitel.

Wenn du mir gesagt hättest, daß du schwanger bist, dann wüßte ich es doch!

Ich glaube, Barb fehlt ein Gen oder sonst etwas, denn wenn sie mit mir redet, stellt sie meist Fragen, auf die ich keine Antwort geben darf.

Wenn wir zum Beispiel zum Essen ausgehen wollen, möchte ich, daß sie das Restaurant bestimmt. Also frage ich: „Wohin möchtest du denn gern?"

Antwortet sie: „Ist mir egal. Wo möchtest *du* denn essen gehen?"

Ich wiederum: „Ist mir auch egal. Wo möchtest *du* denn essen gehen?"

Sagt sie: „Ist mir egal. Wo möchtest *du* denn essen gehen?"

Na schön, hört sich ganz so an, als ob sie mir die Wahl überlassen will, also sage ich: „Gehen wir heute doch in ein Fischrestaurant."

Sie reagiert entsetzt: *„Igitt.* Wie wäre es mit Hähnchen?"

Ich hätte schwören können, daß sie gesagt hat: „Wo möchtest *du* denn essen gehen?"

Man könnte so etwas mit hormonellen Schwankungen erklären, aber sehr wahrscheinlich handelt es sich um ein Prinzip der Kommunikation zwischen Mann und Frau, das Barb und ich entwickelt haben. Wenn ein Mann seine Meinung äußert, faßt die Frau das als seine Meinung auf. Wenn eine Frau jedoch ihre Meinung sagt, sieht der Mann darin meist einen *Befehl.* Er reagiert etwa so: „Na gut, machen wir es eben auf deine Art. Ich habe ja nur einen Vorschlag gemacht." Dann ist für ihn die Kommunikation am Ende. Wenn ich sage: „Wie wär's mit einem Fischrestaurant?" und Barb reagiert: „Wie wär's mit Hähnchen?", käme ich nie auf die Idee, noch weiter zu diskutieren.

Was mich angeht, hat sie die Entscheidung getroffen, und ich muß mich danach richten.

Eine andere Situation: Wir gehen in ein Stadion oder Theater mit freier Sitzplatzwahl. Ich sage: „Wo würdest du gern sitzen?"

Sie antwortet: „Ist mir egal. Wo möchtest *du* sitzen?"

Es hört sich ganz so an, als ob sie mich gefragt hat: „Wo möchtest du sitzen?" Also antworte ich: „Wie wär's da drüben?"

Dann antwortet sie: „Nein, gehen wir lieber nach vorn."

Warum *fragt* sie erst, wenn meine Meinung ja doch keine Rolle spielt?

Ich fühle mich überall wohl. Ich setze mich hin und gehe essen, wohin sie möchte. Barb sagt, ihrer Meinung nach seien das nur Vorschläge. Mir allerdings kommt es kaum wie ein Vorschlag vor, wenn *sie* entscheidet, wo wir sitzen und essen sollen, ohne meine Meinung in Betracht zu ziehen.

Dann wäre da noch Barbs Umgang mit Terminen. Für sie sind Termine nur Anhaltspunkte. Ich finde, man sollte zu jedem Termin pünktlich kommen. Ich brauchte eine Weile, bis ich in Erfahrung brachte, was in ihr vorgeht. Ich bin schon draußen im Auto und warte darauf, zur Kirche oder anderswohin zu fahren, aber Barb kommt nicht. Ich warte eine Weile und gehe dann zurück ins Haus. Wo finde ich sie? Sie macht die Betten, wischt die Küche oder hängt Wäsche auf. Was in aller Welt können diese Arbeiten dazu beitragen, pünktlich anzukommen? Wahrscheinlich hat sie keine Lust, bei der Heimkehr ein unaufgeräumtes Haus vorzufinden, und das ist ihr wichtiger als Pünktlichkeit.

Im Gegensatz zu ihr glaube ich, daß Gott von uns erwartet, zum Beispiel zum Abflugtermin pünktlich zu erscheinen. Es heißt in der Bibel, man müsse eine Stunde vor dem Abflug am Flughafen sein. Ich kann mich im Moment nicht genau an den Vers erinnern, aber Sie können mir ruhig glauben. Wenn Barb und ich eine Reise planen, fragt sie mich, wann wir meiner Meinung nach von zu Hause losfahren sollten. Ich gebe meine Meinung nur ungern preis, weil ich weiß, daß ich nur das Falsche sagen kann, aber nach einer Weile rücke ich damit heraus: „Vielleicht um halb elf?"

Sie denkt kurz nach und sagt: „Wie wär's mit elf Uhr?"

Warum fragt sie eigentlich, wenn sie sowieso nicht vorhatte, sich nach meinem Vorschlag zu richten? Ich verstehe einfach nicht, warum sie eine Entscheidung von mir verlangt, wenn sie sie ohnehin abändern will.

Barb meint übrigens auch, daß die Speisekarte im Restaurant nur ein Vorschlag sei. Ich bin der Meinung, daß Restaurantbesitzer Jahr für Jahr Millionen von Dollars für die Planung, den Druck und die Verteilung von Speisekarten ausgeben. Am besten bestellt man sich das Essen so: „Ich hätte gern Nummer eins mit Vollkorntoast."

Barb jedoch will die Nummer eins auf der Speisekarte *abwandeln.* Sie sagt: „Kann ich bitte zwei Portionen Salat haben, eine mit Joghurt-Dressing und eine mit Vinaigrette? Die Sauce soll auf den Tellerrand, und dann hätte ich meinen Toast gern fast verbrannt, auf jeden Fall knusprig. Und sagen Sie dem Koch, daß er den Fisch nicht mit Butter serviert. Haben Sie Orangenmarmelade? Im Moment möchte ich nur eine halbe Tasse Kaffee. Mein Wasser garnieren Sie bitte mit ein paar Zitronenscheiben." Es ist mir oft peinlich, wenn Barb die Wirtschaft unseres Landes mit all diesen Anweisungen für den armen Kellner so in Aufruhr bringt.

Einmal nahmen wir an einer Veranstaltung im Kongreßzentrum in der Innenstadt von Seattle teil. Ich ließ Barb wie immer am Eingang aussteigen und suchte nach einem Parkplatz. Nach der Veranstaltung bewegte ich mich in Richtung der Tür, in deren Nähe das Auto stand, aber aus irgendeinem Grund wollte Barb eine andere Richtung einschlagen. Ich hatte das Auto doch geparkt, und sie wußte nicht, wo es stand. Aber ich bin so darauf eingestellt, alles zu tun, was Barb möchte, daß wir um die ganze Halle marschierten, durch dunkle Seitenwege und Parks, bevor wir endlich zum Auto kamen. Wir lachten, aber sie wollte wissen, warum ich nicht darauf bestanden hatte, den kürzesten Weg zu gehen. Darauf fiel mir keine passende Antwort ein. Ich war einfach nur bestrebt, mich nach ihren Wünschen zu richten, obwohl ich wußte, wo das Auto stand.

Einige meiner Freunde waren schockiert, als ich von dieser Begebenheit erzählte. Es klingt, als sei ich ein Hampelmann, ein Fußabtreter, wenn ich den falschen Weg einschlage, nur weil meine Frau dachte, sie wisse besser Bescheid. Meiner Meinung nach aber ist das nur der Beweis dafür, daß ich total darauf eingestellt bin, Barbs Bedürfnisse so gut zu erfüllen, wie es geht. Wir hatten ja beide unseren Spaß. Ich bin gern mit ihr zusammen. Ein kleiner Umweg macht mir keine großen Umstände.

Inzwischen wissen meine Leserinnen, daß ich mir ab und zu einen Spaß über gewisse Lebenssituationen leiste. Jetzt aber geht es um einen sehr krassen Unterschied zwischen Männern und Frauen, und zwar um die Tatsache, daß das Gehirn bei Männern anders verkabelt ist als bei Frauen. Ich will nicht so tun, als ob ich mich genau auskenne, aber anscheinend wird das Gehirn des männlichen Säuglings frühzeitig in seiner Entwicklung mit einem Hormon getränkt, das viele verbindende Stränge zwischen beiden Gehirnhälften zerstört – zwar nicht alle Fasern, aber die meisten. Einem weiblichen Säugling widerfährt das nicht, und deshalb wird das Mädchen mit zahlreichen Verbindungsfasern zwischen den beiden Hirnhälften geboren.

Diese Tatsache bewirkt beim Mann ein gewisses eindimensionales, konzentriertes Denken. Sie bedeutet nicht etwa, daß er nicht beide Hirnhälften gleichzeitig nutzen kann. Es läuft einfach darauf hinaus, daß er entweder die eine oder die andere Hälfte nutzt. Mit der linken Hirnhälfte rechnet er, lernt eine Sprache oder untersucht technische Einzelheiten; mit der rechten Hälfte malt er ein Bild, hört Musik oder schreibt ein Buch. Er schaltet fortwährend um, entsprechend der jeweiligen Beschäftigung.

Als Beispiel dazu soll einmal die Sportschau dienen. Ich sehe mir gerade ein Spiel an. Das Spiel ist wichtig; ich gehe richtig mit. Plötzlich verspüre ich von ungefähr ein Störgeräusch im Zimmer. Es wird immer lauter, und schließlich fällt mir auf, daß Barb versucht, mit mir zu reden. Ich gebe Frauen immer den Rat, niemals vor der Halbzeit mit ihren Männern zu reden. Nun aber will Barb meine Aufmerksamkeit auf das Dach lenken, das gerade vom Sturm fortgetragen wurde, auf die explodierte Heizung oder darauf, daß eins der Kinder auf einem Baum sitzt und nicht mehr herunterkommt. Immer geht es um irgendwelchen Haushaltskram.

Schließlich wird sie so laut, daß meine Konzentration auf das Spiel durchbrochen wird. Man muß sich vorstellen, daß ich in diesem Moment nicht weiß, ob ich verheiratet bin, Kinder habe, eine Heizung oder ein Dach, nicht einmal, daß ich in Amerika lebe. Ich weiß nur, daß es große Probleme gibt, wenn unser Verteidiger nicht endlich zulangt. Ich kann überhaupt nichts dafür, wenn Barb mit mir zu reden versucht und ich nicht hinhöre. In diesem Augenblick ist mir nicht einmal ihre Existenz bewußt.

Ich habe sogar von Frauen gehört, die bissige Bemerkungen machen: „Du hörst mir nie zu“, „Niemals sprichst du mit mir“ oder „Na gut, wenn du nicht zuhören kannst, bekommst du auch kein Mittagessen!“ Im Nu ist sie durch die Tür auf und davon, ehe ihr Mann auch nur aufschauen konnte. Er wußte nicht, daß sie ihn angesprochen hatte. Er ist unschuldig. Er liebt sie, und wenn sich daran etwas ändern sollte, würde er ihr Bescheid sagen. Im Augenblick aber guckt er Fußball, und gleichzeitig zuschauen und mit ihr reden ist ihm unmöglich.

Dann gibt es diese Situationen, wenn ich gerade eine Zeitschrift lese. Ich weiß nicht einmal, daß Barb im Hause ist. Plötzlich aber schaue ich auf, weil sie mich anschaut und fragt: „Ist das richtig so?“ oder „Wie findest du das?“ Wiederum war mir nicht klar, daß ich eine Frau habe. Ich war in die Zeitschrift vertieft.

Das Prinzip könnte nicht klarer sein, meine Damen. Nur weil sich Ihr Mund öffnet und schließt, hören Ihnen Mann und Söhne noch lange nicht zu, wenn sie sich gerade auf etwas anderes konzentrieren. Wenn Barb meine Aufmerksamkeit möchte, nimmt sie meinen Kopf in beide Hände und schaut mir in die Augen, die vielleicht etwas glasig sind, aber das erschreckt sie nicht. Sie fängt einleitend an: „Test, Test, Barb an Chuck, Barb an Chuck.“ Dann werden meine Augen klar, ich weiß wieder, daß ich ein Ehemann bin, Barb kann mir alles sagen, was sie will, und ich höre zu. Also noch einmal: Erwarten Sie nicht, daß Ihr Mann automatisch zuhört, wenn Sie anfangen zu reden. Erwecken Sie erst seine Aufmerksamkeit. Ein sanfter Hieb mit einem Knüppel funktioniert manchmal nicht schlecht.

Barbs Gehirn wiederum wurde im embryonalen Zustand nicht „geschädigt“, und deshalb nimmt sie alles wahr, was in ihrer Umgebung vorgeht. Wenn wir zu einem Baseballspiel gehen, nimmt sie sich eine Handarbeit mit, spricht mit mehreren Spielerfrauen und hat bald erfahren, welche von ihnen auf ihren Mann sauer ist, welche schwanger ist und welche sich einsam fühlt. Sie kann sich in drei oder vier Gespräche gleichzeitig einmischen. Sie kennt trotzdem den Spielstand und kümmert sich darum, daß wir Erdnüsse bekommen. Ich weiß nur, daß unser Spiel verloren ist, wenn Randy Johnson seinen letzten Ball verschlägt.

Frauen scheinen zu glauben, daß die Männer ihnen geistig ähneln. Wegen der erwähnten Gehirnverbindungen aber trifft das nicht zu. Barb hat schon oft vergessen, mir alle nötigen Informationen zuzuspielen, um mit ihr gleichzuziehen. Im ersten Stock unseres Hauses zum Beispiel habe ich in meinem Bad eine Dusche, und Barb hat in ihrem eine Badewanne. Hin und wieder kommt sie in mein Bad und nimmt eine Dusche, während ich mich rasiere. Einmal duschte sie gerade und rief: „Ist das heiße Wasser an?“

„Nein“, sagte ich.

„Mach es bitte an“, sagte sie.

Also drehte ich den Warmwasserhahn im Waschbecken auf. Ich dachte, es hätte vielleicht Einfluß auf die Duschwassertemperatur. Dann rasierte ich mich weiter.

Sie konnte nicht verstehen, warum ich nicht aus dem Badezimmer gegangen war. Was ich nicht wußte: Sie hatte mich darum gebeten, *das Wasser in der Küche für den Kaffee heiß zu machen.* Sie hatte drei wichtige Worte unterschlagen: für den Kaffee. Sie dachte, ich müsse wissen, was sie gerade meinte.

Ich erinnere mich dabei auch daran, wie wir im Flugzeug saßen und einen Zwischenaufenthalt hatten. Normalerweise sitzen wir beide auf gleicher Höhe jeweils am Gang. In unserem Alter wissen wir es zu schätzen, wenn wir oft auf und ab gehen können. Diese Sitzeinteilung begünstigt das. Barb hatte einen unangenehmen Sitznachbarn auf ihrer Seite des Flugzeugs gehabt, und deshalb war sie mit sämtlichen Reiseutensilien zu einem unbesetzten Platz gezogen, um ungehindert ihre Bibelarbeit machen zu können. Wir blieben während des Aufenthalts im Flugzeug. Nachdem es sich geleert hatte, fragte sie: „Ist mein Nachbar gegangen?“

„Ja, er ist weg“, sagte ich. Ich hatte ihn gehen sehen.

Da nahm sie ihre Bücher und Zeitungen und kam zu ihrem

Platz zurück. Seine Sachen waren aber noch unter dem Sitz. Sie wunderte sich, wieso ich sagen konnte, er sei fort, obwohl das doch offensichtlich nicht stimmen konnte. Sie mutete mir zu, den Unterschied zwischen „Ist er gegangen?“ (endgültig) und „Ist er gegangen?“ (bis das Flugzeug wieder startet) wahrzunehmen. Das ist meiner Meinung nach ein bißchen viel verlangt.

Ein anderes Mal waren wir mit dem Auto unterwegs zu einer Konferenz. Wir fuhren so vor uns hin, als Barb sagte: „Du mußt sie unbedingt kennenlernen.“ Klar, mache ich doch, aber wer war „sie“, und wo sollte ich sie kennenlernen? Würde sie in unsere Sonntagsschulklasse kommen, zu Barbs Bibelgruppe, oder ging es um eine entfernte Angehörige, die zur Konferenz kam? Die Auswahl war vielleicht nicht groß, aber Barb dachte, ich wisse genau, wen sie meinte.

Barb und ich lasen eines Tages am Frühstückstisch die Zeitung. Plötzlich legte sie ihren Teil der Zeitung beiseite und sagte: „Fragst du bitte den Wie-heißt-er-noch, ob er das Ding repariert?“ Was läßt sich wohl aus so einer Aussage über eine Reparatur an Hinweisen erfahren? Barb aber glaubte, ich wisse schon Bescheid.

Wir sind gerade von dem Ferienhaus zurückgekommen, wo ich versucht hatte, dieses Buch fertigzustellen. Im Urlaub nehme ich mir die Freiheit, Weißbrot, Mettwurst, Eier mit Speck, ein dickes Steak, Bratkartoffeln und obendrein noch so manches zu essen, was die meisten wohl für ungesund halten würden. Dazu trinke ich nach Herzenslust zuckerstarrende Limonade. Zu Hause richte ich mich meist nach Barbs strengeren Ernährungsmaßstäben, aber im Urlaub möchte ich so essen wie dermaleinst im Himmel. Also tat ich das auch diesmal und freute mich ausgiebig des gedeckten Tisches, bis Barb fragte: „Wer soll eigentlich etwas von dem Geld erben, wenn du stirbst?“

Ich dachte, wir hätten uns geeinigt, daß sie mir in den Ferien mit dem Thema Essen nicht die Hölle heiß macht. Was sie mir aber nicht verraten hatte, waren ihre vorherigen Gedankengänge. Sie hatte über die Besitzerin des Ferienhauses nachgedacht, die vor kurzem ihren Mann verloren hatte. Ich bin auf ein paar einleitende Worte angewiesen, zum Beispiel: „Ich denke gerade daran, wie traurig es für Annie war, daß ihr Mann gestorben ist; und trotzdem hat sie ein paar Organisationen mit Spenden bedacht." Dann wäre die Frage nach meinem eigenen Ableben nicht ganz so abrupt gewesen.

Und dann gibt es noch Gelegenheiten, wenn Barb *schwören könnte,* daß sie mir etwas mitgeteilt habe, ich aber gleichermaßen sicher bin, diese Worte seien nie über ihre Lippen gekommen. Sie hatte vielleicht mit ihrer Mutter, einer Freundin, dem Fleischer oder dem Nachbarn gesprochen, bestimmt aber niemals in meiner Hörweite dieses Thema erwähnt. Bestimmt sagte sie zum Nachbarn: „Ich muß Chuck doch mal bitten, den Müll fortzuschaffen", aber gefragt hat sie nicht. Sie sagt ihrer Freundin: „Ich glaube, daß Chuck endlich mal die Abflüsse reinigen sollte", aber bei mir kommt die Botschaft nicht an.

Schlimmer noch, Barb *denkt* manchmal nur über etwas nach und behauptet dann, sie hätte es mir in Zimmerlautstärke gesagt. Ich habe das Gefühl, daß ich mich *bestimmt* an etwas derart Wichtiges erinnert hätte, wenn sie es mir nur gesagt hätte. Wir sahen einmal einen Zeichentrickfilm, in dem die Frau gerade in der Küche das Essen machte, der Mann seine Zeitung las und ein Baby auf dem Boden krabbelte. Der Mann sagte: „Wenn du mir erzählt hättest, daß du schwanger bist, dann wüßte ich es doch!" So ist das bei uns auch.

Außerdem verzichten viele Frauen auf eine angemessene Überleitung. Nehmen wir an, daß wir mit dem Auto unterwegs sind und über Tante Susis Frisur reden. Plötzlich bringt Barb ein paar Anmerkungen an, die überhaupt nichts mit dem derzeitigen Thema zu tun haben. Ich höre mir das eine Weile an und frage, was das mit Tante Susis Frisur zu tun habe. Da erfahre ich, daß es jetzt um Onkel Teds Geige geht. Oder sie erzählt gerade, wie nett sie Dan findet. Ich stelle mich innerlich auf Dan Wilson ein, bis sie auf einmal erwähnt, daß er in Kirkland wohnt. Dan Wilson wohnt da nicht, also hake ich nach und bekomme zu hören, daß sie von Dan Washburn geredet hatte. Auch er ist ein erfreulicher Zeitgenosse, aber jetzt muß ich mir das ganze Gespräch in Erinnerung rufen und mein Gehirn mit dem neuen Namen in Einklang bringen. Sie findet, es sei sonnenklar, von wem sie gesprochen habe.

Auch könnte es sein, daß die embryonale Gehirnschädigung

den Mann unfähig macht, bestimmte Dinge im Küchenschrank zu finden. Barb bittet mich etwa, ihr etwas aus dem Küchenschrank zu holen. Ich schaue nach, aber es ist unauffindbar, und ich komme mit leeren Händen zurück. Dann muß Barb ihren erschöpften Körper aus dem Sessel hieven, zum Schrank gehen und dort herumräumen. Auf einmal ist es da. Ich wußte nicht, daß ich auch noch *räumen* sollte. Ich hatte gedacht, daß die Sache gleich vorn steht. Die Suchprobleme stammen daher, daß sie keine klaren Anweisungen gibt: „Es könnte weiter hinten stehen, also müßtest du vielleicht etwas *beiseite rücken.*" Bei so klaren, präzisen Hinweisen hätte ich es leicht gefunden. Ich weiß gar nicht, warum sie bei ihren Wünschen nicht genauere Beschreibungen geben kann.

Manchmal kann Barb die Sache, die zu suchen sie mich beauftragte, selbst nicht finden. Sie stand vielleicht nicht im Schrank, sondern auf dem Herd oder in der Spüle. Statt sich zu entschuldigen, witzelt sie herum, was für eine Nuß sie mir da zu knacken gegeben habe. Wenn ich etwas nicht finde, bricht der dritte Weltkrieg aus; findet sie es aber *selbst* nicht, spielt sie Komödie. Das sind doch doppelte Maßstäbe!

Gar nicht so einfach

Kommunikation ist etwas so Kompliziertes. Ein Teil des Problems stammt daher, daß Männer sich ausschließlich auf die jeweilige Tätigkeit konzentrieren, Frauen aber ihre Aufmerksamkeit teilen können. Dann fragt sich die Frau, warum er das nicht auch kann.

Vorwiegend beruht das Problem aber auf unterschiedlich geprägten Persönlichkeiten. Da denkt der eine vielleicht subjektiv und liest in die Aussagen des anderen etwas hinein, und schon kommt er zu falschen Schlüssen.

Ich denke sehr subjektiv. Einmal holte ich mir etwas Käse für einen Imbiß, schnitt ein Stück ab und legte es auf einen Teller, um es in der Mikrowelle aufzutauen. Barb sagte: „Donnerwetter, das ist aber ein großes Stück." Weil ich ein paar Extrapfunde und diese Portion Subjektivität habe, hörte ich aus diesen Worten heraus: „Hör mal, Dickerchen, so viel Käse ist nicht nötig.“ Sie versichert mir, mit dieser Bemerkung nur gemeint zu haben, daß der Käse in der Mikrowelle schlecht schmelzen würde. Bevor es soweit sei, könne er am Rand verbrennen. Ich mit meinen Schuldgefühlen wegen des Übergewichts packte den Käse wieder ein, legte ihn in den Kühlschrank zurück und stapfte verärgert aus der Küche. Barb konnte nur noch in sich hineinmurmeln: „Was für eine Laune war das schon wieder?“ Alles, was diese Störung in der Kommunikation verursachte, hatte sich in meiner Phantasie abgespielt. Sie hatte keine Ahnung, was schiefgegangen war.

Mit meinen negativen Gedanken habe ich Barb oft verletzt. Deshalb haben wir die Technik der „Kurzberichte“ erfunden. Wenn mir ein negativer Gedanke kommt, muß ich Barb dazu befragen. Etwa so: „Barb, du kommst mir im Augenblick ein bißchen nervös vor. Hast du dich über irgend etwas an mir geärgert?“ Das hilft uns, darüber zu reden. Oft habe ich dann gar nichts damit zu tun. Wenn ich aber nicht frage, dann münze ich die negative Stimmung auf mich, werde ärgerlich oder traurig und verletze Barb, die nicht einmal weiß, warum.

Vielleicht kann sich einer der beiden Partner gut ausdrücken, der andere weniger gut. Ein Mensch mit Ausdrucksvermögen weiß sofort über seine Gefühle Bescheid, selbst in Konfliktsituationen. Wer das nicht schafft, hat keine Ahnung, warum er wütend oder zornig ist, *besonders* in Konflikten nicht. Wenigstens 80 Prozent der Eheleute, denen ich im Beratungsgespräch begegne, haben mit diesem unterschiedlichen Persönlichkeitsbild zu tun.

Es gibt eine wunderbar praktische Methode, Konflikte zwischen so unterschiedlich ausdrucksstarken Menschen zu lösen: störungsfreies Zuhören. Ich bin mit dieser Methode zum ersten Mal auf einem Managementseminar in Berührung gekommen, als es darum ging, sich einen Partner auszusuchen und ein kontroverses Thema zu finden, bei dem man gegensätzlicher Meinung war. Beide durften zwei Minuten lang ohne Unterbrechung ihre Gedanken zum Thema mitteilen. Ich habe schon so manchen Positionswechsel erlebt, wenn jemand zum ersten Mal die Gegenmeinung ohne Unterbrechung zu hören bekam. Wann haben

Sie das letzte Mal zwei Minuten lang mit Ihrem Partner geredet, ohne unterbrochen zu werden oder selbst zu unterbrechen?

Barb findet die Zwei-Minuten-Regelung gut, ich aber finde, sie ist von einem ausdrucksstarken Typen erdacht worden. Wenn ich unterbrochen werde, reißt meine Argumentationskette ab, und ich muß aufgeben und sagen: „Schon gut“, wenn ich noch lange nicht soweit bin. Meiner Meinung nach sollte ein ausdrucksschwacher Mensch mehr als zwei Minuten bekommen, damit er mit seinem Gedankengang fertig wird. Als Barb und ich zum ersten Mal diese Übung machten, sagte sie: „Faß dich doch bitte kurz!“ Ich denke und rede langsam, und es fällt mir schwer, meine Gefühle in Worte zu fassen. Wenn ich aber alle meine Gefühle zum Ausdruck gebracht habe, bin ich nicht mehr ärgerlich. Ich habe genug Abstand, sagen zu können: „Tut mir leid. Ich habe nicht gemerkt, was ich angerichtet habe. Verzeih mir bitte.“

Hier sind Kompromisse auf beiden Seiten nötig. Der ausdrucksstarke Partner muß während einiger Tage, solange das Problem ungelöst ist, eine hinreichend zufriedene Fassade wahren. Der Ausdrucksschwache muß seinem Partner genügend Hoffnung geben, daß er bereit ist, darüber zu reden. Für jemanden wie mich ist die konfliktbeladene Kommunikation so ähnlich wie das Übergeben bei verstimmtem Magen: Ich mache etwas, das ich sehr ungern tue, aber wenn es vorüber ist, fühle ich mich wohler.

Ich möchte Ihnen Hoffnung machen. Ein Mann kann lernen, wie man Gespräche führt und auf Bedürfnisse eingeht. Selbst ich habe es gelernt. Auch Jon Kasay, der im Footballteam der Seattle Seahawks spielte. Er war vor ein paar Jahren als Volontär bei meiner Werbeagentur beschäftigt, um einen Abschluß nachzuholen. Es war eine tolle Zeit. Für einen Footballspieler war er ein sehr ordnungsbewußter Mensch. Er plante und führte jedes Projekt, das ich ihm übertrug, ganz professionell aus.

Als wir uns einmal unterhielten, bemerkte er, daß seine Frau Laura mit manchen Problemen kämpfe, seinen Rat aber nicht wolle. Er könne deutlich sehen, was sie tun müsse, aber sie höre nicht auf ihn. Was könne er da machen?

Ich ließ ihn seinen Notizkalender hervorkramen, damit er ein paar Hinweise aufschreiben und auswendig lernen konnte. Ich schlug vor, daß er sich innerlich an diese Notizen halten solle, wenn Laura das nächste Mal mit ihren Problemen kam. Er müsse dann (für ihn) seltsame, unnatürliche Aussagen machen: „Bestimmt bringt dich das zur Verzweiflung, oder?“; „Das muß ja total frustrierend sein“; „Erzähl doch weiter!“; „Was hast du dabei noch verspürt?“; „Du meine Güte!“; „Und was ist dann passiert?“

Er schrieb sich alles auf. Als er am nächsten Tag wiederkam, war er ganz aus dem Häuschen. Er sagte, am Abend zuvor sei er mit Laura spazierengegangen, und sie habe ihm von ihren Gefühlen erzählt. Da habe er sich an seine Notizen gehalten und gesagt: „Bestimmt bringt dich das zur Verzweiflung, oder?“

John sagte, Laura sei stehengeblieben, habe ihm die Sonnenbrille abgenommen, um in seine Augen schauen zu können, und gefragt: *„Was hast du gerade gesagt?“* Er habe den Satz wiederholt, worauf sie lachte und ungefähr so reagierte: „Du hast wohl mit *Chuck* gesprochen!“ Und dann redete sie über weitere Dinge, die sie gequält hatten. Dabei kicherte sie andauernd und *wußte genau,* woher er seine Fragen eigentlich hatte. Gleichzeitig aber glaubte sie wirklich, daß er in ihr Innerstes hineinhören wolle. Das stimmte auch. Vorher war ihm nur nicht klar gewesen, wie er das anfangen sollte. Immer wenn er gedacht hatte, sie bitte ihn um Rat oder wolle Lösungen für ihre Probleme, war es ihr eigentlich nur um etwas Verständnis gegangen.

Bei John war ich der „unparteiische Dritte“ gewesen, so wie lange vorher Gary Smalley bei mir. Ich weiß, daß diese Vorstellung manchen meiner Leserinnen wenig aussichtsvoll erscheinen könnte, weil natürlich die Frage auf der Hand liegt: „Woher nehme ich diesen unparteiischen Dritten für meinen Mann?“ Vielleicht reichen einfach schon ein paar Bücher oder Kassetten über Ehe und Kommunikation, die es heutzutage überall zu kaufen gibt. Schenken Sie ihm ein paar davon. Machen Sie sich die Mühe, ihm aus den Büchern vorzulesen. Lassen Sie die Kassetten im Auto laufen, wenn Sie gemeinsam unterwegs sind. Sie können ihn aber auch darin bestärken, Freundschaften mit anderen gläubigen Männern zu schließen und ihn seinen Unparteiischen selbst finden lassen.

Es gibt noch viele andere Bereiche, in denen sich die männliche von der weiblichen Kommunikationsweise unterscheidet. Mir wird zum Beispiel von manchen Frauen erzählt, daß ihr Mann sie nicht anschaut, wenn sie mit ihm reden. Außerdem bleibt er stumm, während sie spricht. Er sagt *überhaupt nichts*. Wenn zwei Männer reden, dann bei einer gemeinsamen Beschäftigung – beim Zeitunglesen, beim Golfspielen oder beim Essen. Meistens stehen wir Seite an Seite. Wir schauen beim Reden aus dem Fenster, auf das Spielfeld oder auf nichts Bestimmtes. Hin und wieder werfen wir einander einen Blick zu und schauen dann schnell wieder weg.

Frauen andererseits sitzen einander gegenüber, wenn irgend möglich. Zumindest geht es ihnen darum, einander die meiste Zeit anschauen zu können, und nur hin und wieder schauen sie weg – genau das Gegenteil vom männlichen Verhalten. Während des Gesprächs gehen die Frauen mit bestätigenden Lauten aufeinander ein, damit die gerade Redende weiß, daß die andere innerlich „da" ist. Männer sind normalerweise still, wenn sie nicht ihren Gesprächsbeitrag leisten.

Deshalb glaubt *sie* bei Gesprächen zwischen Mann und Frau, er wolle nicht auf sie eingehen oder bleibe innerlich gleichgültig, wenn er sie weder anschaut noch bestätigende Laute von sich gibt. Ich wiederum wertete Barbs hörbare Anteilnahme als *Bestätigung* dessen, was ich sagte, während sie doch nur Interesse zeigen wollte. Am Ende solcher Gesprächsbeiträge fand ich es geradezu schockierend, wenn sich herausstellte, daß sie doch anderer Meinung war als ich.

Ich ließ die Männer unserer Bibelgesprächsrunde am Morgen üben, einander in die Augen zu schauen, damit sie zu Hause ihre Frauen beeindrucken konnten. Wie unangenehm! Einer meinte, es mache ihn ganz nervös. Finde ich auch.

Barb und ich hatten gerade ein interessantes Gespräch. Es ist Samstagmittag, und wie immer war ich in die Arbeit an diesem Buch vertieft. Es füllt alle zeitlichen Lücken in meinem Terminkalender zwischen Arbeiten für den Lebensunterhalt, geistlichen Diensten, Beratungsgesprächen und häuslichen Arbeiten. Deshalb konnte ich ihr nicht so zur Verfügung stehen, wie es mir lieb gewesen wäre. Jetzt aber habe ich ein paar Kapitel Manuskript vorliegen und wollte mich wieder mit Barb in Verbindung setzen. Ich fand sie schließlich im Handarbeitszimmer. Sie bügelte und hörte eine der prophetischen Kassetten, die ich ihr zum Hochzeitstag geschenkt hatte. Sie hält zur Zeit einen Kurs über das Buch Daniel; also heißt es, viel über die „letzten Tage" zu lernen.

Ich sagte: „Wenn du Lust hast, ins Kino oder auf einen Trödelmarkt oder einfach spazierenzugehen – ich stehe zur Verfügung."

Sie sagte: „Ich brauche mich nur noch um ein paar Sachen zu kümmern, und dann bin ich bereit. Wozu hättest du denn Lust?"

Ich: „Es kommt mir nicht unbedingt auf etwas *Bestimmtes* an. Es geht mir darum, auf *dich* einzugehen, falls du eine Pause machen oder nachmittags etwas unternehmen willst."

Sie: „Hast du denn auch Lust dazu?"

Ich: „Nur, wenn *du* etwas machen willst."

Nach einigem Hin und Her fragte ich schließlich, ob sie das *Bedürfnis* verspüre, etwas zu unternehmen.

„Nein, ich habe kein bestimmtes *Bedürfnis*", sagte sie. Dann fragte sie, ob ich ein Bedürfnis habe.

Ich sagte: „Ich wollte doch nur auf *dich* eingehen. Im Augenblick habe ich sonst kein Bedürfnis."

Sie erwiderte: „Ich auch nicht." Also ging ich an mein Buch zurück, und sie hörte wieder ihre Kassette.

Mir war es darum gegangen, auf sie einzugehen. Sie wiederum wollte auf mich eingehen. Auf diese Weise, indem wir aufeinander eingehen, können die Bedürfnisse beider gestillt werden. Das ist das bestgehütete Geheimnis der Ehe – die ganze Zeit aufeinander einzugehen, sich etwas füreinander einfallen zu lassen und darüber nachzudenken, was man für die Bedürfnisse des andern tun kann. Wenn man im anderen sein Betätigungsfeld sieht (und besonders dann, wenn es dem Partner auch so geht), hat man nicht mehr sich selbst im Blickfeld. *Genau darum* geht es Gott, und wegen dieser freigiebigen Einstellung wird er die Beziehung segnen.

Nun stellt sich die Frage: „Und wenn es meinem Ehepartner gar nicht um *mich* geht?“ Meistens belastet der Mann mit seinem Verhalten die Ehe. Vielleicht ließe sich das bestreiten, aber meiner Erfahrung nach gehen 90 Prozent der Scheidungen darauf zurück, daß der Mann nicht begreift, welche Bedürfnisse seine Frau hat. Andererseits kann ich mich nur an wenige Frauen erinnern, die aus meiner Sicht als Außenstehender wirklich alles Mögliche taten, um auf ihren Mann einzugehen. Meist halten Frauen sich nicht an Gottes Rat, ihn zu bestätigen, ihn aufzubauen und mit ihm zu flirten, auf seine Späße einzugehen, ihn anzulächeln und zu verehren, bewundern und nur das Beste von ihm zu denken. Mir ist klar, wie schwer das fällt, wenn der Mann ein Trottel ist, aber manchmal trifft zu, was Chesterton sagte: „Selten wurde das Christentum ausprobiert und als mangelhaft empfunden – vielmehr findet man es zu schwierig und probiert es nicht aus.“ Vielleicht haben Sie nur halbherzige Versuche gemacht. Wenn Sie aber ehrlichen Herzens sagen können, daß sie alles tun, was Sie können, dann können Sie nicht mehr tun. Gott muß sich dann um den Rest kümmern, und er macht das auch. Er wird Ihre Mühe mit seinem Segen lohnen.

Ich freue mich daran, wie die Freundschaft zwischen Barb und mir im Lauf der Jahre gewachsen ist. Wir fühlen uns wohl miteinander. Ich möchte dafür sorgen, daß es so bleibt. Deshalb achte ich bei Barb auf jede Träne oder kummervolle Miene, mit der ich etwas zu tun haben könnte. Wir haben sogar eine Art Blitzkommunikation entwickelt, aus der ich ersehen kann, wie es ihr geht. Erst gestern abend kam ich ins Wohnzimmer und merkte, daß Barb anscheinend geweint hatte. Ich fragte, ob etwas nicht stimme. Sie nickte in Richtung Fernseher, in dem gerade ein Film lief. Ich fragte: „Krebs, Tod oder Unfall?“

Sie antwortete: „Tod“, und ich ging in die Küche und machte mir ein Butterbrot. Dann war ja alles in Ordnung.

Denken Sie bitte daran, daß Barb und ich selbst nach vierzig Ehejahren, in denen Eheberatungsbücher geschrieben und Beziehungsseminare vor Tausenden von Zuhörern gehalten wurden, *immer* noch an dieser besonderen Beziehung – genannt Ehe – arbeiten und Kompromisse schließen müssen. Barb hofft immer noch, daß ich eines Tages endlich Gespräche führen kann, ohne mich zu ärgern, mich über Hochzeitseinladungen freue, obwohl samstags die Sportschau läuft, das Waschbecken putze und mehr Wert auf Details lege.

Ich weiß ja, daß es Ihnen manchmal einfach *reicht,* Verfehlungen und Unzulänglichkeiten Ihres Partners hinnehmen zu müssen. Wenn er Ihnen doch nur ein wenig ähnlicher wäre, dann würde alles besser laufen. Schließlich aber erkennen Sie doch, daß beide ihre Kompromisse machen müssen. Und Sie haben ja im Lauf der Jahre tatsächlich gelernt, wie man ein wenig mehr auf den anderen eingeht, *obwohl* Sie manchmal vor Enttäuschung die Wände hochgehen könnten. Das ist weiter nicht schlimm; man muß sich darauf einstellen, es verarbeiten und daraus lernen. Wenn das Problem dann bewältigt wurde, sind Verständnis, Freundschaft, gegenseitige Liebe und der Respekt wieder ein Stück gewachsen. Und man hat schöne Geschichten, die man anderen erzählen kann, wenn sie etwas Ähnliches durchmachen.

Der Schlüssel zur Bewältigung von Ehekonflikten liegt in der Hingabe, die ein Leben lang währt. Man muß einander sagen, daß man seinen Partner nicht verlassen noch sich scheiden lassen will, was auch immer passiert. Sie werden es schaffen, auch dann, wenn Ihnen zum Weglaufen zumute ist. Wenn diese gegenseitige Hingabe fehlt, kann der eine Partner den anderen emotional erpressen: „Wenn du das noch einmal sagst, dann gehe ich." Wer derart erpreßt wird, kann niemals seine wahren Gefühle preisgeben, weil er Angst hat, daß der andere ihn verläßt. Wenn man die Ehe aber auf der Grundlage „bis daß der Tod uns scheidet" führt, darf man sich Konflikte leisten und sie auf gesunde Art lösen.

Manche meiner Leser und Leserinnen sind geschieden. Sie haben schon durchgemacht, wovon ich rede. Fassen Sie neuen Mut und schauen nicht zurück: „Was wäre, wenn ..." Wenn Sie wieder geheiratet haben, versichern Sie Ihrem jetzigen Partner, daß Sie sich für ein ganzes Leben an seiner Seite entschieden haben. Dann, und *nur* dann, können Sie so miteinander umgehen, daß Sie die Probleme lösen, anstatt ihnen auszuweichen.

Zu den Merkmalen männlicher Kommunikation gehört das tiefe Bedürfnis nach Unabhängigkeit. Untersuchen wir einmal im nächsten Kapitel, wie es sich auf sein und Ihr Leben auswirkt.

Das Superspiel des Jahres

Barb und ich sehen uns im Fernsehen gern Sendungen an, die unserem fortgeschrittenen Alter entsprechen. Ich weiß noch, wie mein Großvater immer seine Lieblingsradiosendungen hörte. Wir mußten ganz still sein und durften es nicht wagen, ihn in seinem alten Schaukelstuhl anzusprechen. Er saß gebannt vor seinem Radiogerät. Genauso gebannt hocken wir vor dem Fernseher, wenn unsere TV-Stars uns darbieten, was die letzte Woche in unserer Welt passiert ist.

Für die meisten Männer ist natürlich die Woche vor dem Super-Bowl-Spiel das geistlich bedeutendste Ereignis ihres Lebens. (Für deutsche Leser eine Anmerkung des Übersetzers: Die Atmosphäre vor diesem US-typischen Spiel entspricht wohl am ehesten der Aufregung vor den Fußballweltmeisterschaften, obwohl Football kein Fußball ist und das Super-Bowl-Spiel nicht nur alle vier Jahre, sondern jährlich stattfindet. Was soll's, übertragen Sie einfach die Verhältnisse.)

Das Spiel bekommt schon tagelang in allen Zeitungen, in jedem Sportreport auf allen nationalen und lokalen Fernsehkanälen und natürlich auch auf allen Sportkanälen Vorschußlorbeeren. In aller Welt wächst bei schätzungsweise 750 Millionen Menschen die Spannung, je näher der große Tag heranrückt. Wie könnte es auch anders sein? Sie fragen sich vielleicht, wie wir Männer es stundenlang bis zum Ende allein vor dem Fernseher aushalten, jedem Gespräch abhold, aber so kann nur jemand fragen, der mit der Bedeutung dieses Ereignisses nichts anzufangen weiß.

Auch wir Sportenthusiasten aus zweiter Hand müssen uns unbedingt vorbereiten. Also machen wir einen Fernsehbesuch bei allen 90 Spielern und Ersatzleuten, die zu den beiden Teams gehören und fragen sie, wie sie diesem wichtigsten aller Spiele entgegengehen. Wir müssen mit den Trainern reden und erfahren dabei etwas über ihre Strategie im physischen und geistigen Bereich.

Es wird eine erschöpfende Woche für uns alle, aber wir sind auf diesen atmosphärischen Hintergrund angewiesen, bevor das große Wochenende beginnt. Aus Las Vegas kommen die Wetten auf den Favoriten der Begegnung. Alle Zeitungen bringen statistische Vergleiche zwischen den beiden Teams, die sämtliche Stärken und Schwächen verdeutlichen. Jeder informierte Amerikaner hat die Namen der Mannschaften parat. Jeder wägt ab, welches Team seiner Meinung nach die beste Gewinnchance hat und Unterstützung verdient.

Dann kommt der Samstagabend. Das heißt, es sind nur noch ein paar qualvolle Stunden bis zum vielleicht größten Ereignis der Weltgeschichte außer der Erfindung des Buchdrucks und der Entdeckung des Feuers. Außerdem halten uns die Moderatoren des Nachrichtenprogramms auf dem laufenden, was die sonstigen Ereignisse in der Welt angeht.

Natürlich kommt die wichtigste Nachricht immer zuerst dran. Eines Samstagabends vor dem Super-Bowl-Spiel fragte also Moderator Al Hunt seine Kollegin Margaret Carlson, die einzige Frau im damaligen Augustteam, wer ihrer Meinung nach das große Spiel gewinnen würde. Sie hob hilflos die Hände und fragte: „Wer spielt denn?“

Hier, meine Damen, liegt der Hauptgrund, warum es so viel Reibungsfläche zwischen Mann und Frau und im Grunde keine Kommunikation gibt, obwohl wir die gleiche Muttersprache haben. Da findet nächst dem Urknall das wichtigste Ereignis im ganzen Universum statt. Milliarden von hart erarbeiteten Dollars werden ausgegeben, um dieses unglaubliche Phänomen allen zugänglich zu machen, *und sie wußte nicht einmal, wer überhaupt spielt!* Auf welchem Planeten hat sie die ganze Zeit gelebt?

Ich will nicht behaupten, daß alle Frauen genauso taub und blind für wichtige Ereignisse sind. Ich weiß, daß es außer den Ehefrauen und Müttern der Spieler auch andere weibliche Wesen gibt, die das Super-Bowl-Spiel liebend gern sehen. Es gibt eine Frau in Chicago, eine in Tokio, eine in London und eine echt fanatische in Chico in Kalifornien, aber vorläufig sind das die einzigen, die wir kennen. Wundern wir uns da noch, warum so viele Ehen in Scherben sind?

Wir Männer werden von den Frauen furchtbar mißhandelt, nur weil wir unsere Sportschau sehen wollen. Was Frauen sich nicht klarmachen: *Es ist nicht unsere Schuld,* daß wir ein Spiel nach dem anderen am Fernseher konsumieren. Es sind die *Ansager.* Einmal habe ich einen davon von einem bevorstehenden Footballspiel in Florida reden hören. Er nannte es das „Spiel des Jahrhunderts“. Welcher vernünftige Mensch will sich das schon entgehen lassen?

Und dann die schreiende Reklame für das nächste Montagabendmatch: „Verpassen Sie nächste Woche nicht den größten Kampf, seit Mose gegen Pharao antrat! Bei diesen beiden hochklassigen Teams steht uns eine erregende, Mark und Bein erschütternde Schlacht ins Haus!“ Bald prallen die Helme funkensprühend aufeinander – *peng, bumm, rumms* –, und uns stockt vor lauter Aufregung und Vorfreude der Atem. Welcher heißblütige, patriotische Amerikaner läßt sich die Schlacht dieser Helden entgehen? Wir kleben wie gebannt am Sessel. Dieses Ereignis gibt es nur einmal im Leben.

Es ist nicht nur wichtig, an diesen sportlichen Höhepunkten am Ende der regulären Saison teilzuhaben; man muß unbedingt auch alle Endrundenspiele miterleben. Man muß sorgsam planen und viel Energie aufbringen, um das zu schaffen. Ich kann mir einfach nicht vorstellen, daß eine Frau weiß, was wir durchmachen. Normalerweise gibt es je zwei Endrundenspiele, die gleichzeitig auf verschiedenen Kanälen laufen. Hier zeigt sich wieder die Gabe des Hin- und Herschaltens. Man muß von einem Spiel zum anderen schalten, um ja nichts Wichtiges zu verpassen. Versuchen Sie auf keinen Fall, Ihren Mann in diesem kritischen Stadium in ein Gespräch zu ziehen.

Wenn Sie ihn sprechen *müssen,* schlage ich vor, zunächst vom Flur aus zu rufen, damit er sich daran erinnert, eine Frau zu haben. Sie könnten sich sonst verletzen, wenn er plötzlich aufspringt und beim Zuschauen mit den Armen wedelt.

Nicht nur die Endrundenspiele müssen miterlebt werden, sondern auch alle anderen Spiele während der Saison, die in den Endrundenspielen gipfeln. Wir müssen sehen, welche Trainer es letzten Endes schaffen, ihre Reservespieler in die Mannschaft einzubinden.

Zudem ist es notwendig, den Anschluß bei den *anderen* Sportarten zu wahren, die die Sportschau bietet. Wir können doch den Sendern nicht zumuten, das ganze Geld ohne unser Zutun auszugeben. Mit anderen Worten, wir müssen auf dem laufenden sein, wenn es um die Schachmeisterschaften der Universitätsmannschaften geht. Dann ist da noch das Bogenschützenfinale des Jahrzehnts. Danach muß man einen Blick darauf werfen, was die Australier lächerlicherweise Football nennen. Wir können praktisch nicht auseinanderhalten, was bei denen auf dem Spielfeld geboten wird. Manchmal steht der Spieler nur so da und klammert sich an den Ball. Manchmal steht er genauso da und bekommt dafür einen Strafpunkt. Aber wir müssen uns um mehr Objektivität bemühen und schauen trotzdem zu, auch wenn wir im Grunde nicht wissen, was da abläuft.

Als nächstes sehen wir uns das Fußballspiel England gegen Spanien an, ein wichtiges Kräftemessen für die bevorstehende Weltmeisterschaft. Danach kommt das Skiabfahrtsfinale in Norwegen, Strandvolleyball, ein paar Tennisspiele, eine Analyse des bevorstehenden Motorradrennens, eine Entenjagd, ein Angelwettbewerb in den Everglades-Sümpfen, Golf am Kieselstrand und das Monstertruckrennen in Oklahoma.

Und jetzt eine gute Nachricht für alle vier weiblichen Sportfans: Gerade ist ein neuer Fernsehsender angekündigt worden, der alle *vergangenen* Sportereignisse seit Spartacus gegen Octavian im Kolosseum von Rom wiederholen will. Im einzelnen: jeder Kampf von Christen gegen die Löwen, Gladiatoren gegen Männer mit Netz und Dreizack; alle Football-, Baseball-, Tennis- und Golfspiele; sämtliche Motorrad- und Autorennen; alle je ausgetragenen Basketballendspiele; die 230 größten Boxkämpfe der Geschichte in Zeitlupe; die 50 besten Schlagballspiele der Maya-Geschichte – alles, um Sie und Ihren Mann zu unterhalten. Und wenn Sie wirklich eine gute Haushälterin der Zeit sein wollen, die Gott Ihnen gewährt, sollten Sie ein paar der Sportereignisse aufnehmen und sie während der Werbepausen auf dem Videorecorder abspielen.

Barb und ich machen uns Gedanken über die samstäglichen Eheseminare, weil die Männer von ihren Frauen herbeigezerrt werden müssen und dann nicht gerade gut gelaunt sind. Sie schlagen oft sogar um sich und gemahnen zu vorsichtigem Umgang. Am Samstag gibt es *immer* wichtige Sportereignisse, die diese Männer unausweichlich verpassen – entscheidende Spiele in praktisch jeder Liga einschließlich Halbfinal- und Endkämpfe. Eigentlich überrascht es mich, daß wir Männer uns bei all den heute verfügbaren Sportkanälen überhaupt noch Zeit für unsere Arbeit nehmen. Warten wir erst einmal die Datenautobahnen ab, die mit dem Versprechen von bis zu 500 Fernsehsendern winken. Dann bietet sich unter anderem die Chance, die Schachmeisterschaften in der Schulaula von Dubuque in Iowa zu verfolgen, sich von den irischen Dartmeisterschaften aus einem Dubliner Pub begeistern zu lassen und vor Aufregung in Ohnmacht zu fallen, wenn in Boston an der Grundschule die Murmel-Endkämpfe stattfinden. Ich kann es kaum abwarten.

Eigentlich, meine Damen, droht hier der menschlichen Gesellschaft eine große Gefahr. Wenn wir aus 500 Kanälen schöpfen können, haben die Männer der Welt angesichts der sportlichen und sonstigen Fernsehereignisse keine Zeit mehr; auch nicht für Sex. Damit geht die Menschheit unweigerlich zugrunde. Hoffentlich fällt jemandem eine Lösung für diese Krise ein, bevor es zu spät ist.

Unsere Freude am Wettkampf ist ein Grund dafür, daß wir Männer nach Unabhängigkeit streben. Manchmal drängt uns dieses Unabhängigkeitsbedürfnis in die Verteidigung, wenn unsere Frauen von uns verlangen, etwas für sie zu tun. Sie haben zwei Faktoren gegen sich, zwei Ängste, die jeder Mann kennt: Erstens hat er Angst vor dem Versagen, die größte Furcht des Mannes. Wenn er in einem Lebensbereich versagt, ist er am Boden zerstört. Wenn ihm sein Arbeitsplatz gekündigt wird, seine Beziehung zu Ihnen in die Brüche geht, wenn er danebenschlägt, den Ball verliert oder seine Verkaufsquote nicht erreicht, fühlt er sich nicht lebensberechtigt und total niedergeschlagen.

Die zweite Angst ist etwas, was auch Barb den Männern unterstellt, nämlich die Angst, von einer Frau beherrscht zu werden. Ich sage deshalb, Barb „unterstellt“ es, weil ich für mein Teil diese Einsicht noch nicht ganz teilen kann. Ich habe keine direkten Erfahrungen damit, für eine Chefin zu arbeiten, aber wenn ich es mir recht vorstelle, würde ich ihr mit besonderem Respekt begegnen und alles tun wollen, um ihr Erfolg zu verschaffen. Sie hätte zweifellos großartige Qualitäten, die den meisten männlichen Chefs abgehen. Sie hätte eine intakte Persönlichkeit, würde sich viel Mühe mit ihren Beziehungen geben, und dank ihrer Hirnverdrahtung würde sie über ein Wahrnehmungsvermögen verfügen, das mir unmittelbar zugute käme. Ich kenne ein paar sehr gute weibliche Führungspersonen, unter denen ich mir sehr wohl eine Mitarbeit vorstellen kann. Andererseits kann hier mangels eigener Erfahrung mein Urteil täuschen; deshalb schließe ich mich Barbs Bewertung an.

Ich weiß allerdings, daß wir Männer unseren Ehefrauen Widerstand leisten, vor allem, wenn man uns mit kleinen, hilfreichen Tips versorgen will, wie wir unser Leben gestalten sollen. Manchmal nehmen wir diese Vorschläge als bloße Nörgelei wahr, wenn sie der Aufgabenliste gelten, mit der wir nicht zu Rande kommen.

Barb sagt, daß auch Männer nörgeln, hat dafür aber ihren eigenen Begriff: *Drängelei.* Sie behauptet, ein Mann bringe immer wieder ein Thema zur Sprache, bis seine Frau sich trotz aller Zweifel endlich einverstanden erklärt. Barb sagt, sie empfinde es als Drängelei, wenn ich sie von meinen weltbewegenden Ideen überzeugen will. Ich rede so lange auf sie ein, bis sie nachgegeben hat. Wie kann ich aber aufhören, über etwas zu reden, was doch der Welt so sehr nutzen kann?

Neulich hielten wir einen Vortrag in der Sonntagsschule. Wir empfahlen den Ehepaaren unter anderem, keine Entscheidung zu treffen, wenn sie sich in einer Sache nicht völlig einig seien. Hinterher kam ein junges Paar zu uns. Die Frau weinte. Anscheinend hatte ihr Mann sich immer zur Theorie gemeinsamer Entscheidungen bekannt, im Falle ihres Widerspruchs aber immer wieder gedrängelt, bis sie nachgab, obwohl sie sich bei seiner Entscheidung nicht gut aufgehoben fühlte. Barb bestätigte, daß so etwas Drängelei sei.

Nun muß ich erklären, warum ich in dieser Sache immer den kürzeren ziehe. Schon zu Anfang unserer Ehe hatte Barb mich gebeten, sie mit meinen Vorhaben und Ideen nicht zu überrumpeln. Als ich über dieses Anliegen nachdachte, wurde mir klar, daß ich mich meist wochenlang mit einer Sache beschäftigt hatte, bevor ich sie ihr am Mittagstisch überstülpte und sofortige Begeisterung erwartete. Ich stellte mir vor, daß sie serviettenschwingend um den Tisch rennen und losjubeln würde: „So eine tolle Idee habe ich noch nie gehört!“ Normalerweise aber reagierte sie mit einer erhobenen Augenbraue. Sie hielt die Luft an und blickte so entsetzt drein, als habe ich in einem vollbesetzten Theater „Feuer!“ gerufen. Langsam dämmerte es mir, daß es nicht fair von mir war, nach zweiwöchigem Nachdenken von ihr zu erwarten, meine Gedankengänge in Minutenschnelle nachzuvollziehen.

Bei der nächsten weltbewegenden Idee schrieb ich ihr nach und nach ein paar Notizen, um ihr Zeit zum Nachdenken zu geben. Leider bekam ich meine Notizen selten zurück, und das Schweigen wertete ich als Zustimmung. Barb aber hoffte, ich würde das Projekt fallenlassen, wenn sie gar nicht erst darauf zu sprechen kam.

Schon in jungen Jahren fängt der Mann an, sich gegen guten Rat zu verwahren. Dave Valle war einer der besten Spieler der Baseball-Liga überhaupt. Einmal wollte Dave seinen siebenjährigen Sohn Philip in die Feinheiten des Baseball einführen. Was für eine einmalige Chance! Von einem echten, aktiven Profi-Baseballspieler trainiert zu werden! Welcher Junge würde nicht beinahe alles für so eine Chance geben! Was aber sagte Philip zu seinem Vater, als dieser mit klugen Ratschlägen anfing? „Papa, das kann ich doch allein!“ Selbst in so zartem Alter will der Mini-Mann sich nicht sagen lassen, was er zu tun und zu lassen hat.

Cameron, unser erstgeborener Enkel, ist ein Beispiel dafür, daß diese männlichen Tendenzen von Gott geschaffen und nicht von der Umwelt erzeugt sind. Beim Stillen schaute seine Mutter Beverley immer mit liebevoll-bewundernden Blicken auf ihn hinab. Sobald sie das tat, hörte er auf zu saugen und fing an zu quengeln. Schaute sie wieder weg, machte er zufrieden weiter. Er hatte einfach etwas dagegen, sich von einer Frau vorschreiben zu lassen, wie er saugen solle. Schließlich fiel es Beverley auf, daß sie sich von einem männlichen Wesen in ein bestimmtes Verhalten drängen ließ. Jetzt starrte sie Cameron absichtlich an, bis er die Botschaft verstand und mit dem Quengeln aufhörte; das klappte aber erst nach einem ziemlichen Kampf.

Camerons Vater David beschäftigt sich mit Gewichtheben und trainiert an einer Kraftmaschine. Ich bastelte für Cameron kleine Holzhanteln, die er hochstemmt. Dabei stimmt er einen richtigen Tarzanschrei an. Ich kann mir nicht vorstellen, daß er schon weiß, wer Tarzan ist. Außerdem lasse ich ihn den Knopf der automatischen Garagentür drücken. Er drückt darauf und zeigt mit einem begeisterten Schrei auf die Tür, die sich öffnet, als wolle er sagen: „Guck mal, was ich gemacht habe!“

Erst diese Woche hielten Barb und ich vor einer Frauengruppe einen Vortrag. Hinterher kam eine Mutter auf mich zu. Sie war ratlos, weil das freundschaftliche Verhältnis zu ihren fast erwachsenen Jungen im Vergleich zu deren Kindheit nachgelassen hatte. Sie erzählte, wie sie früher geplaudert und Späße gemacht, auf jeden Fall vieles gemeinsam hatten. Jetzt aber gab es nur ein lapidares „Ganz gut“ als Antwort auf die Frage, wie es in der Schule gewesen sei. Was war passiert?

Ich versuchte ihr zu erklären, daß sie es inzwischen mit „Jungmännern“ zu tun habe. Die Hormone seien in Wallung geraten und sorgten für Unabhängigkeitsstreben. Ich beruhigte sie damit, daß sie irgendwann nach dem einundzwanzigsten Geburtstag wieder als Freunde zurückkämen. Aber eigentlich fürchte ich, daß sie weder verstanden noch akzeptiert hat, was ihr widerfuhr. Immer wieder bemerkte sie, wie sehr die Jungen sich „verändert“ hätten. Das sind die Teenagerjahre, liebe Mutter. So etwas ist unvermeidlich.

Die Unabhängigen

Erst bekommen die Mütter unser Unabhängigkeitsstreben zu spüren, und dann tun wir damit auch noch unseren armen Ehefrauen weh. Das tut mir sehr leid. Sie als Ehefrau sind so wunderbar vertrauensvoll, und gerade diese Qualität bringt Sie manchmal in Schwierigkeiten. Sie lieben Ihren Mann von ganzem Herzen. Sie sind von Gott als fürsorgliches Wesen geschaffen. Von Zeit zu Zeit machen Sie Ihrem Mann also Vorschläge, um ihm durch die Windungen und Steigungen des Lebens zu helfen. Das klingt dann so: „Wahrscheinlich wird es heute kalt. Vielleicht möchtest du einen Pullover anziehen?" „Findest du wirklich, daß diese blauen Socken zum braunen Schlips passen?" „Meinst du nicht auch, daß du bei deiner Erkältung noch ein Taschentuch mitnehmen solltest?" Damit versuchen Sie ja nicht, Ihren Mann zu dominieren. Sie beweisen nichts weiter als eine liebevolle, hilfsbereite Einstellung.

Plötzlich aber geht er in die Defensive und wird vielleicht sogar ärgerlich, weil man ihm „vorschreibt, was er zu tun hat". Sie wundern sich, wie Sie durch pure Nettigkeit in diesen Schlamassel geraten konnten. Sie müssen wissen, daß er einfach Angst davor hat, von einer Frau beherrscht zu werden und sich in eine untergeordnete Stellung drängen zu lassen. Das beginnt nicht als bewußter gedanklicher Prozeß. Er schmiedet keine Pläne, sich wie ein Unmensch zu benehmen und Sie zu verletzen. Es ist nur eine schleichende Ahnung: Man versucht, ihm Vorschriften zu machen.

Barb erlebt das immer wieder bei Handwerkern. Einmal kostete uns besagte Angst 200 Dollar Reparaturkosten für die Geschirrspülmaschine. Sie pumpte das Wasser nicht richtig ab, und wir riefen den Monteur an. Als er die Klappe geöffnet hatte, fiel Barb ein Zahnstocher auf, der hinter dem Zufluß verklemmt war und ihn offenhielt. Sie beging den Fehler, den Monteur darauf aufmerksam zu machen. Er überprüfte *alles andere,* bevor er sich endlich entschloß, die Ursache auch dort zu suchen.

Daraus ergibt sich ein nützlicher Tip: Geben Sie einem Handwerker nie den Hinweis, sie wüßten, wo der Fehler liegt. Gehen Sie nach dem „Elizabeth-Taylor-Prinzip" vor: Je hilfloser man sich in so einer Situation verhält, desto hilfsbereiter wird er. Er muß seine Aufgabe aber aus eigener Kraft schaffen. Leider sind wir Männer so gebaut, meine Damen.

Gibt es einen Hoffnungsschimmer? Nun, ich bin vermutlich ein Beispiel für Tausende von Männern, die durch die Arbeit von Eheexperten wie James Dobson oder Gary Smalley gelernt haben, hin und wieder richtig zu reagieren. Man muß uns allerdings unterweisen. Dieser Aussage sind Sie in diesem Buch immer wieder begegnet. Es gibt keine einfache Lösung. Eins aber weiß ich: aus eigener Anstrengung können Sie nichts daran ändern. Machen Sie gar nicht erst den Versuch, sonst müssen Sie um so mehr unter dem Unabhängigkeitsstreben Ihres Mannes leiden, und das wäre nicht fair.

Ich will Ihnen aber nicht jede Hoffnung nehmen, obwohl Sie manchmal beim Lesen wohl genau dieses Gefühl überkommt. Achten Sie einfach auf meine Hinweise zum „unparteiischen Dritten“. Gegen Ende des Buches dürften sich Ihre Vorstellungen gefestigt haben, welche Rolle Sie bei der „Endmontage“ Ihres Mannes spielen können.

Soviel zum nicht immer vorhandenen Verständnis für das Unabhängigkeitsstreben des Mannes. Nunmehr erstreckt sich unsere Untersuchung auf das Zuhause, den Bereich, bei dem der Ehemann selten versteht, was eigentlich abläuft.

Warum man putzen muß, bevor die Putzfrau kommt

Es war der Morgen unseres neununddreißigsten Hochzeitstages. Ich stand früh auf und machte mich an die Arbeit an diesem Buch. Barb kam herunter ins Büro, wir umarmten uns, und dann rückte sie heran, damit ich ihr den Nacken massierte. Wir hatten am Abend zuvor in einer Kirche ein Eheseminar abgehalten, uns stand ein großes Familienfestmahl bevor, und außerdem wollten wir demnächst zu einer Konferenz für christliche Sportler aufbrechen. Und dann mußte Barb sich noch auf die Bibelstunde am Dienstag vorbereiten. Sie stand also unter Spannung und hatte Schmerzen. Da blinzelte sie mir zu und sagte lächelnd: „Müssen wohl die neununddreißig Ehejahre mit dir gewesen sein, daß mir jetzt alles weh tut."

Ich war schnell mit einer Korrektur zur Hand. Ihr Alter, die neunundfünfzig *Lebens*jahre, waren schuld daran, dazu vielleicht unsere Arbeitsweise. Ich kann mich an ganze zwei Male erinnern, als *ich* ihr Streßfaktor war, das eine Mal am 15. Juni 1973, das zweite Mal am 7. Januar 1982. Seit damals hatte sie ein wunderbar streßfreies Leben. Mir jedoch stand einiger Streß bevor.

Normalerweise setze ich morgens das Wasser für den Kaffee auf. Ist Barb in der Zwischenzeit noch nicht aufgestanden, mache ich auch noch den Kaffee. Aber an diesem besonderen Morgen konnte ich das Filterpapier nicht finden. Barb hat zwei Bereiche für Vorräte; der eine ist ein großer Küchenschrank, der andere befindet sich draußen in der Garage. Ich durchkämmte beide Bereiche, wurde aber nicht fündig. Also aß ich mein Frühstück und las die Zeitung, als Barb kam. Dann sagte ich ihr, die Filter seien uns ausgegangen. Sie zog die Schublade für *Backzutaten* auf, und hier waren die Filter – nicht gerade logisch. Das war der letzte Platz, wo ich danach gesucht hätte, ihr aber kam das Versteck sinnvoll vor.

Beim Kaffeemachen fragte sie, ob ich auch immer die Kanne mit Spülmittel auswasche, bevor ich sie mit Kaffee fülle. Ich konnte mich schwach an eine entsprechende Diskussion erinnern, die Jahre zurücklag, auf jeden Fall aber spurlos an mir vorübergegangen war. Ich habe die Kanne immer mit klarem Leitungswasser gespült, glaubte aber wirklich nicht, daß noch mehr dazugehörte. Als sie das Spülmittel erwähnte, durchzog ein ungutes Gefühl meine Körpersäfte. Fast wurde ich ohnmächtig. Die Leber fing an zu zittern. Ich litt an Symptomen, die viele Ehemänner schon befallen hatten. Das medizinische Kürzel dafür ist „ÜV“, Überlastung durch Vorschriften. Es handelt sich um eine entsetzliche Krankheit, durch die Organe wie Herz, Nieren, Leber, Bauchspeicheldrüse, Schilddrüse, Magen, Dickdarm, Lymphsystem und Kleinhirn stark belastet werden. Meist ist sie tödlich, aber nicht immer. Ein Ehemann kann nur ein gewisses Maß an Vorschriften ertragen, dann aber sprengen sie sein Hirn.

Seither wasche ich morgens die Kanne mit Spülmittel aus, bevor ich Kaffee mache. Es dauert meist bis zum Mittag, bis ich alle Flecken beseitigt habe, aber es ist ja weiter nichts zu tun. Eigentlich gehören wir jetzt zu der Elite, die geschmacklich angereicherten Kaffee genießt. Wahrscheinlich haben Sie schon von Mokka und Irish Cream gehört. Bei uns zu Hause können Sie zwischen Pril, Fairy Ultra und Palmolive wählen ... aber wenigstens ist die Kanne sauber.

Ich muß mich an ein dickes Werk mit Vorschriften halten, um meine Liebe zu Barb zu beweisen. Ein paar Beispiele:

Vorschrift: Sortiere benutztes Besteck von links nach rechts in den Geschirrspüler.

Ich habe keine Ahnung, warum Barb das so wichtig findet – vielleicht, weil sie Linkshänderin ist. Ich bin Rechtshänder, und es würde mir leichter fallen, von rechts anzufangen. Eigentlich war es mir zunächst egal. Ich ließ das Besteck einfach fallen, aus Augenhöhe wie bei einem Bomber im 2. Weltkrieg, und staunte immer über meine Zielgenauigkeit. Nur ein paar Messer und Gabeln bohrten sich mit der Spitze in den Küchenboden. Der

Schaden war nicht der Rede wert. Inzwischen aber sortiere ich das Besteck von links nach rechts ein, weil ich Barb so schätze.

Vorschrift: Stelle keine Plastikteile in den unteren Korb des Geschirrspülers.

Zufällig weiß ich, wie ein Geschirrspüler funktioniert. Die Spülkraft ist im unteren Korb nicht stärker als im oberen. Man denkt vielleicht, das Plastik könne schmelzen. Ich könnte dazu das fünfzehnte thermodynamische Gesetz anführen, habe aber nicht die Zeit, es zu erklären. Plastik ist Plastik, Spülmittel bleibt Spülmittel, Wasser bleibt Wasser. Die Vorschrift ist sinnlos, aber ich befolge sie aus Verehrung für Barb.

Vorschrift: Man muß vorspülen, bevor man das Geschirr in den Geschirrspüler stellt.

Warum geben wir das ganze Geld für den Geschirrspüler aus, wenn man so viel Aufwand treibt, bevor man das Geschirr darin abstellt? Pure Verschwendung von Gottes guten Gaben, aber bitte sehr, ich spüle vor, weil ich Barbs Bedürfnissen entgegenkommen will.

Vorschrift: Man muß das Waschbecken sauberscheuern, bevor die Putzfrau kommt.

Wirklich seltsam! Warum lassen wir eine Putzfrau kommen, wenn wir vorher das ganze Haus in Schuß bringen? Barb saugt außerdem den Teppich und wischt Staub, streicht und tapeziert die Wände und kratzt das Moos vom Dach, wenn die Putzfrau bestellt wurde. Mir ist klar, daß sie nicht glauben soll, sie habe es mit einem bewohnten Haus zu tun. Trotzdem wische ich das Waschbecken aus, weil ich Barb so zugetan bin.

Vorschrift: Man darf sich die Hände nicht an den Handtüchern abwischen. (Barb fügt als Korrekturhinweis hinzu: „wenn man keine völlig sauberen Hände hat.")

Wie Sie schon wissen, wurde ich jeden Sommer auf den Bauernhof geschickt und hatte mit öligen Maschinen zu tun. Uns standen immer sogenannte Schmutzlappen zur Verfügung.

Dahinter stand der Gedanke, daß man sich vor dem Gang ins Haus zum Waschen schon einmal den gröbsten Schmutz von den Händen wischen sollte. Wohlgemerkt, den *gröbsten* Schmutz, weil es unsinnig gewesen wäre, sich die Hände völlig sauber zu wischen. Dann hätte man sich das Waschen sparen können! Die Funktion des Handtuchs im Hause besteht darin, die letzten verbleibenden Schmutzpartikel von den Händen zu putzen, damit man vorzeigbar zum Tisch kommen kann. Wir hatten nie davon gehört, daß man die Handtücher nicht schmutzig machen darf. Dazu waren sie doch schließlich da – um die Hände daran abzuwischen.

Ich schlage unseren Ehefrauen vor, diese hübschen Schmutzflecken als Beweis dafür anzusehen, wie hart ihr lieber Mann für die Familie arbeitet. Barb aber pflegt die Einstellung „Schande über dich", wenn man auch nur ein Stäubchen auf dem Handtuch hinterläßt. Allezeit sollen die Handtücher sauber sein. Wie aber soll man die letzten Schmutzspuren von den Händen entfernen, wenn man das Handtuch nicht benutzen darf? Ich allerdings wische mir die Hände an der Hose ab, denn ich fühle mich Barb verpflichtet.

Vorschrift: Man muß die Arbeitsschuhe ausziehen, wenn man das Haus betritt.

Gut, dafür habe ich Verständnis. Man möchte den Teppich schließlich nicht mit Sandmolekülen verunreinigen. Immerhin besteht aber die Gefahr, daß der Mann vergißt, die Schuhe nach dem Essen vor dem Gang in die Werkstatt wieder anzuziehen. Dann tritt er auf einen rostigen Nagel, holt sich einen Wundstarrkrampf und hinterläßt eine junge Witwe mit 5 Halbwaisen. Wenn Sie dieses Risiko in Kauf nehmen – bitteschön. Ich weiß nur eines: ich würde mein Gewissen nicht damit belasten wollen.

Vorschrift: Nach dem Essen den Tisch abwischen.

Wozu lassen wir die Putzfrau kommen? Sie ist jeden Mittwoch im Haus! Außerdem ist es schon ein Wunder, wenn ich den Frühstückstisch überhaupt finde. Barb hat zwei oder drei Pflanzen, ein paar Kerzen und so manches Bild von unseren Kindern darauf abgestellt. Diesen ganzen Kram muß ich erst wegräumen, um Platz für die Zeitung und ein gemütliches Frühstück zu schaffen. Aber ich wische den Tisch ab, weil ich Barb ja liebe.

Vorschrift: Wer zuletzt aufsteht, macht das Bett.

An dieser Stelle möchte ich über das Prinzip der „Berichtigung“ sprechen. Ich mache keiner Frau einen Vorwurf daraus, daß sie ihre Wohnung hübsch herrichtet. Ich verstehe vollkommen, daß die Wohnung Einfluß auf ihr Selbstwertgefühl hat, ob sie nun außer Haus arbeiten geht oder nicht. Leider ist der Mann in manchen häuslichen Bereichen nicht so geschickt wie seine Frau. Das Bettenmachen ist ein gutes Beispiel dafür.

In unseren ersten Ehejahren gab ich mir damit Mühe, und dann mußte ich mir „nützliche Tips“ von Barb anhören: „Das Laken darf nicht herausgucken“, „Die Kissen gehören ans Kopfende, nicht ans Fußende“ oder „Die Bettdecke soll glatt sein, nicht so ein Klumpen.“ Der Klumpen erwies sich manchmal als Hund oder eins der Kinder, also lächerliche Kleinigkeiten. Ich kam mir vor wie ein Zweijähriger: *Nicht einmal das Bett kann ich richtig machen!* Ich mußte feststellen, daß Barb wesentlich stärker auf Einzelheiten achtet als ich. Wir haben uns jetzt auf ein Verfahren geeinigt. Wenn ich als letzter aufstehe, mache ich das Bett, so gut ich kann, und dann darf Barb es berichtigen, wie sie will.

Vorschrift: Krawatte und Hemd sollen zusammenpassen.

Ich habe keine Ahnung, warum Schlips und Hemd zusammenpassen müssen. Am Arbeitsplatz fällt es ohnehin niemandem auf, weil die meisten Kollegen Männer sind. Aus irgendeinem Grund aber will Barb es so. Sehr früh schon fiel mir dieses Bedürfnis auf, wenn ich vor der Arbeit zu Barb ging, um ihr einen Abschiedskuß zu geben. Sie reagierte mit einem Schrei – zumindest hörte es sich so an: „*Den* Schlips willst du tatsächlich tragen?“

Diese Art Frage ist wieder so ein Punkt, der mich an Barb stört. Da stehe ich im Mantel mit der Aktentasche unter dem Arm und gebe ihr einen Abschiedskuß, und sie sagt: „*Den* Schlips willst du tatsächlich tragen?“

„*Ja,* so habe ich es mir vorgestellt. Was ist dagegen einzuwenden?“ Offensichtlich hat sie Einwände, sonst hätte sie die Frage nicht gestellt. Wenn sie doch gleich mit ihrer Meinung herausrücken würde: „Die Krawatte steht dir nicht." Ich würde sofort zurückgehen und sie wechseln. Da ich mir aber dumm vorkomme, wenn ich nicht die richtige Krawatte finden kann, bin ich zum „Tiersystem" übergegangen. Wenn ich Krawatte, Mantel, Hemd, Hose, Unterhose, Socken und Schuhe mit einem gestickten Elefanten darauf trage, kann ich zur Arbeit gehen. Wenn ich aber auf der Unterhose einen Waschbären sehe, würde ich mich in ganz Seattle lächerlich machen. Denn das paßt nicht zusammen.

Geben Sie Ihrem Mann so ein System an die Hand. Er würde es zu schätzen wissen, wenn er die Konflikte am Frühstückstisch vermeiden könnte.

Vorschrift: Keine fleckigen Hosen anziehen.

Meiner Meinung nach steht hinter jedem Fleck eine interessante Geschichte. Er besagt, daß ich eine wunderschöne Balgerei mit meinen Enkeln hatte, als sie das letzte Mal zu Besuch waren. Das da ist ein bißchen Schokoladensoße, dies ein Klecks Eiscreme, ein bißchen Tinte aus dem Füller, mit dem wir Bilder gemalt haben, ein paar Grasflecken vom Ringkampf, Sandspuren aus dem Sandkasten, Moos von der Schaukel und ein wenig Farbe von den Holztieren, die wir in der Garage gebastelt haben. Ich meine, daß jeder, dem diese Flecken auffallen, Gott nur danken kann, daß es noch Großväter gibt, die mit ihren Enkeln fröhlich herumtoben. Bewunderung, nicht Kritik ist hier angebracht, aber die Hose wechsle ich trotzdem, weil ich mich Barb verpflichtet fühle.

Vorschrift: Bei Hochzeiten sollst du strahlen.

Wenn ich aufrichtig sage, was ich von Hochzeiten halte, beleidige ich viele meiner jungen Freunde. Ich habe ja schon erzählt, daß mein ganzes Leben jäh zum Stillstand kommt, wenn ich auf eine Hochzeit gehe. Ich muß meine Mitarbeit an Gottes Plan zur Veränderung der Welt einstellen, seien es Bücher, Videos oder Radioprogramme, mit denen ich mich beschäftige. Ich bin nicht mehr telefonisch erreichbar für verzweifelte Paare mit Eheproblemen. Ich kann nicht mehr Gottes Wort lesen und daraus lernen. Ich kann *überhaupt* nichts mehr tun, außer in der harten Kirchenbank zu sitzen und zu leiden.

Wenn es da wenigstens anständige Zeitschriften gäbe, würde ich mich schon wohler fühlen. Das Interessanteste, was ich jemals in einer Kirchenbank gefunden habe, war ein Buch über die Debatte auf dem Konzil von Nicäa, in der es um heilsgeschichtliche Auswirkungen der Reise des Apostels Paulus nach Troas ging. Inmitten der nachdenklichen Erwägungen vergangener Jahrhunderte erwartet Barb, daß ich „strahle". Sie nimmt meine körperliche Anwesenheit wahr, behauptet aber, ich sei „geistig weggetreten". Ich versuche tatsächlich zu strahlen, aber ich fürchte, daß meine Gesichtszüge dabei entgleisen. Nebenbei, rufen Sie mich doch mal an, wenn Sie mit mir über das Konzil von Nicäa diskutieren wollen.

Vorschriften: Man darf kein Wasser an die Fensterscheiben spritzen, wenn man mit den Enkeln badet.

Man darf beim Bad der Enkelkinder nicht so viel Schaumbad verschwenden.

Man muß nach dem Baden mit den Enkeln die Spielsachen wegräumen.

Man muß nach dem Baden mit den Enkeln das knöcheltiefe Wasser vom Boden wischen.

Dazu äußere ich mich erst gar nicht. Jeder dürfte klar erkennen, wie unlogisch solche Vorschriften sind und daß sie einem jede Lebensfreude rauben können.

Vorschrift: Ich muß Barbs Wagen auftanken, wenn ich damit gefahren bin.

Barb und ich haben jeder unser eigenes Auto. Ich fahre mit meinem zur Arbeit, sie braucht ihres für familiäre Belange. Wenn wir zusammen mit ihrem Auto fahren, sitze ich meist am Steuer, auch wenn sie genauso gut fährt. Eigentlich fährt sie wahrscheinlich besser, aber es ist eine Sache der Gewohnheit, und wir fühlen uns dabei wohl. Neulich fuhren wir mit ihrem Wagen irgendwohin, als ihr auffiel, daß der Tank fast leer war. Sie schimpfte mich ein wenig aus, weil ich nicht aufgetankt hatte.

„Ich fahre doch nie mit deinem Wagen", sagte ich.

Sie wollte ihren Ohren nicht trauen. „*Natürlich* fährst du diesen Wagen", behauptete sie. „Was sonst machst du denn im Moment?"

Ich war anderer Meinung. Nicht *ich* fuhr das Auto. *Wir* fuhren *gemeinsam.* Ich fahre nie Barbs Wagen, es sei denn mit ihr zusammen. Ihren Wagen benutzen heißt für mich, ihn allein zu fahren, und das mache ich nie. Trotzdem wurde mir angelastet, nicht getankt zu haben. Das war nicht fair – für etwas kritisiert zu werden, was ich nicht gemacht habe. Ich und ihr Auto fahren!

Vorschrift: Man darf keine Artikel aus einer Zeitung schneiden, wenn Barb sie noch nicht gelesen hat.

Was mich an dieser Vorschrift stört: Wir denken erst daran, aufhebenswerte Cartoons oder Artikel auszuschneiden, wenn der Müllwagen samt Zeitungen schon weg ist. Außerdem stehen auf der anderen Seite des entsprechenden Artikels meistens nur die Schweinepreise von Chicago oder Anzeigen über die Erleuchtung durch Kristalle. Ich weiß, daß Barb auf so etwas keinen Wert legt. Deshalb ergreife ich die Gelegenheit beim Schopf und schneide sie aus, bevor Barb die Zeitung zu lesen bekommt. Mir ist klar, daß ich damit gegen meine Verpflichtung zur totalen Hingabe verstoße, aber anders geht es nun mal nicht, wenn uns nicht so viele wunderbare Texte verlorengehen sollen. Sie hat resigniert aufgegeben; ich wiederum zeige ihr die Rückseite mit den Preisen für Schweinefleisch, bevor ich den Ausschnitt in mein Arbeitszimmer bringe.

Ich habe die Männer in meinem Bibelkreis gefragt, ob auch sie ihre Vorschriften hätten. In der nächsten Woche kamen alle mit geliehenen Handwagen und brachten kartonweise Vorschriften mit, die ihnen von ihren Ehefrauen auferlegt worden waren. Einer durfte nie ins Wohnzimmer, weil jederzeit, sei es Tag oder Nacht, Besuch kommen könnte. Also mußte das Zimmer unbefleckt rein bleiben.

Ein anderer Mann verstieß gegen das biblische Prinzip „Immer den Toilettendeckel zuklappen", das Frauen so gern zitieren. Seine Frau reagierte auf schändliche Weise: sie stülpte eine von diesen flauschigen Hüllen auf den Deckel, so daß er automatisch zuklappte, wenn man ihn losließ. Ich bin bei so manchem Besuch auf solche Dinger gestoßen. Liebe Damen, Sie können sich bestimmt nicht vorstellen, wie umständlich es ist, vor der Toilette zu stehen und gleichzeitig mit einem Fuß den Deckel hochhalten zu müssen. Dabei droht uns Männern die Gefahr, das Gleichgewicht zu verlieren, mit dem Kopf auf die Badewanne zu schlagen und Sie zur Witwe zu machen. Mein Vorschlag: Klappen Sie doch einfach selbst den Deckel zu, wenn Ihnen danach ist. Schließlich sind wir gleichberechtigt.

Ein Mann mußte seine Socken richtig herum stülpen, wenn er sie in den Wäschekorb legte. Ich kann mir nicht vorstellen, was daran so wichtig sein soll. Eine Seite wäscht sich so gut wie die andere. Ich habe Barb danach gefragt, und sie meinte, die Frau hätte Angst, ihr Mann würde sich mit ungleich angezogenen Socken auf den Weg zur Arbeit machen – eine richtig herum, eine falsch herum. Vielleicht würde er sogar beide falsch herum tragen. Ihm falle so etwas nicht auf (allerdings auch den männlichen Arbeitskollegen nicht, also was soll's?).

Einmal bin ich mit zwei verschiedenen Schuhen zur Arbeit gegangen. Ich habe einfach keine Zeit, mich mit so unbedeutenden Details wie Schuhen zu befassen. Anscheinend kümmert Barb sich deshalb um solche Dinge, weil sie als Frau ein Image zu verlieren hat. Wenn eine andere Frau mich mit zwei verschiedenen Schuhen sieht, denkt sie Barb zufolge nicht: „Warum achtet der Mann nicht auf so etwas?“

Sie würde anscheinend sagen: „Warum ist das seiner Frau bloß nicht aufgefallen?“ Da ich nunmehr weiß, daß Barbs Ansehen auf dem Spiel steht, gebe ich mir mehr Mühe beim Schuheanziehen.

Der nächste Mann darf nur rückwärts staubsaugen, wenn er seiner Frau dabei hilft. Es hat etwas mit Fußabdrücken zu tun. Der blanke Horror, wenn jemand Fußspuren auf dem Teppich hinterlassen sollte!

Ein anderer mußte den Mülleimer vor Einbruch der Dunkelheit leeren, weil seine Schwiegermutter das auch immer so gemacht hatte. Einen anderen Grund dafür hatte seine Frau nicht. Ihre Mutter hat es wahrscheinlich tagsüber gemacht, damit ihr nicht irgendein Strolch mit dem Knüppel auflauern konnte.

Einer der Männer mußte sich nach der Vorschrift richten: „Nimm kein Handtuch zum Putzen von Schuhen oder Flugzeug" (er hat einen alten Doppeldecker). Einmal beschmutzte er für Schuhe und Flugzeug drei Handtücher. Statt Fett und Öl auszuwringen und sie in die Waschmaschine zu stecken, gab seine Frau sie ihm für die Werkstatt. Ich weiß nicht, ob sie das aus der richtigen Einstellung heraus machte. Er hatte sie bestimmt nicht absichtlich schmutzig gemacht; sie waren einfach zur Hand.

Ein Freund von uns, Ken Hutcherson, arbeitete gerade in der Scheune seiner Minifarm, als seine Frau Pat ihm einen ihrer seltenen Besuche abstattete. Gleich bemängelte sie, wie dreckig es in der Scheune sei. Glücklicherweise bereicherte sie ihr Gesetzeswerk nicht um die Vorschrift: „Kein Schmutz in der Scheune", aber viel fehlte dazu nicht. An schmutzfreie Scheunen wage ich gar nicht zu denken.

Die Frau eines anderen Mannes räumte seine Werkstatt auf und sagte: „Ich habe gerade Staub gesaugt. Laß dich hier nicht mehr blicken!" Okay, das stimmt nicht ganz, aber so ein Gefühl überkommt uns Männer manchmal, wenn uns die Frauen in Scheune oder Werkstatt aufsuchen. Wir brauchen wenigstens *einen* Ort, wo man sich wohl fühlen kann. Es muß kein Palast sein. Vielleicht können Sie Ihrem Mann irgendwo einen Wandschrank einrichten, wenn er nicht im Garten arbeitet oder in einer Werkstatt oder am Auto bastelt.

Das erinnert mich an Ihre kritische Art, meine Damen, wenn es um Dinge geht, die wir im Hof abstellen müssen, um Ihnen ein besseres Leben bieten zu können. Wenn wir die Haupt- und Nebenstraßen unserer Welt abfahren, weise ich Barb auf die Gehöfte hin, in denen offensichtlich weise und großartige Frauen das Sagen haben: Manchmal stehen dort bis zu fünfzehn ausgediente Autos in unterschiedlichen Verfallsstadien herum. Nicht alle von Ihnen werden Verständnis dafür aufbringen, doch eines Tages könnte irgendein Wagen auf der Autobahn liegenbleiben und dringend auf die vordere linke Bremstrommel eines Ford, Baujahr '62, angewiesen sein. Dann kann Ihr Mann damit aushelfen. Wahrscheinlich wird er den Besitzern des Wagens von Jesus erzählen, sie zur Bekehrung führen und damit ihre Seelen für alle Ewigkeit retten. Merken Sie jetzt, was Sie verhindern, wenn Sie ihn zwingen, diese Autos zu entsorgen? Er sollte sie höchstens ein bißchen ordentlicher aufstellen. Ich habe vollstes Verständnis dafür, wenn Sie sie nicht kreuz und quer herumstehen lassen wollen.

Es gibt keine Vorschriften, nur Richtlinien

Barb war ein bißchen beleidigt, als sie meine Witze über die Vorschriften las. (Gut, sie erwecken zumindest das Gefühl von Vorschriften.) Sie sagte, es seien Richtlinien, damit im Hause alles glatt und effektiv abläuft und Mann und Frau in Harmonie leben können.

Ich halte mich daran, weil ich Barb so zugetan bin, aber manchmal fühle ich mich ein wenig ausgelaugt von ihrem merklich kritischen Ton. Schon wieder habe ich im Hause etwas falsch gemacht und komme mir vor wie ein Versager. Daran ist nicht Barb schuld. Sie versucht nur, das Haus in Schuß zu halten. Ich habe mich ihr dabei als Hindernis in den Weg gestellt.

Eigentlich geht es um nichts Geringeres als meine *Reaktion* auf ihre „hilfreichen kleinen Tips". Sie ist damit aus dem Schneider. Ich bin es, der lernen muß, mit der Kritik umzugehen und die Worte so zu nehmen, wie sie gemeint sind. Sie macht keine Bemerkungen, um mir am Zeug zu flicken, auch wenn ich mich manchmal ziemlich zerfetzt fühle. Sie glaubt einfach wie jede Frau, daß ich *dankbar* für jede Information bin, die mir hilft, ihr zu dienen und sie zu lieben. Das ist schließlich meine vornehmste Aufgabe. Sie weiß, wieviel mir an unserer Beziehung liegt, also versuche auch ich ihr zu vermitteln, daß ich offen für derartige Hinweise bin.

Wie der Mann nun einmal geschaffen ist, wird er die Vorschläge seiner Frau aber nicht immer so aufnehmen, wie sie gemeint sind. Die meisten Männer haben nämlich im Grunde ein Selbstschutzbedürfnis – zumindest ich. Auch Frauen reagieren so, aber sie bremsen dieses Bedürfnis in dem Maße, wie wichtig ihnen ihre Beziehungen sind. Das männliche Ego ist sehr zerbrechlich. Man kann es mühelos zerstören. Barb hat kein Verständnis für meine defensive Reaktion auf ihre Frage: „Können wir uns mal unterhalten?" „Okay, was habe ich *diesmal* falsch gemacht?"

Barb findet diese Reaktion abscheulich. Wenn sie sich entsprechend geäußert hat, schiebe ich nach: „Meistens *habe* ich doch etwas falsch gemacht, oder?" Sie kann nur zustimmen; aus irgendeinem Grunde aber mag sie es nicht, wenn ich ausspreche, was wir beide denken.

Wie man richtig „Danke, Liebling" sagt

Ihr Mann reagiert unter anderem deshalb so gereizt auf Ihre Vorschläge und hilfreichen Tips, weil sie in eine gewisse Form gekleidet sind: „Danke, Liebling, daß du die Bilder aufgehängt hast, *aber* sie hängen natürlich viel zu hoch." „Danke, daß du das Geschirr in die Spülmaschine eingeräumt hast, *aber* das Plastik gehört ins obere Fach." „Vielen Dank, daß du das Bett gemacht hast. Du bist ja auch später aufgestanden. *Aber* das Kissen gehört in die Mitte." Ihr Mann hört nichts weiter als dieses *aber,* und er fühlt sich wieder einmal wie ein Versager.

Sie können dieses Verfahren mit dem magischen Wörtchen *und* statt *aber* ein bißchen abmildern: „Danke, Liebling, daß du die Bilder aufgehängt hast, *und* findest du nicht, daß es noch besser aussehen würde, wenn sie in Augenhöhe wären?" „Danke, daß du den Geschirrspüler eingeräumt hast, *und* das Plastik schmilzt nicht, wenn du es ins obere Fach stellst, okay?" „Danke, daß du immer das Bett machst, wenn du als letzter aufstehst. Damit ersparst du mir wirklich Arbeit, *und* es würde noch ordentlicher aussehen, wenn das Kissen in der Mitte liegt."

Sicherlich kostet das einiges an Energie, aber es zahlt sich aus, wenn man das zerbrechliche Ego des Mannes auf Zehenspitzen umrundet. So schaffen Sie es sogar, ihm manche Arbeit im häuslichen Umkreis zu übertragen, deren korrekte Erledigung ein besseres Licht auf Sie selbst wirft.

Wir Männer machen ja wirklich die dümmsten Fehler. Die meisten Frauen aber, mit denen ich geredet habe, verbittert dies leider nur, und sie versuchen wortlos, den Schaden wiedergutzumachen. Teilen Sie Ihrem Mann auf jeden Fall mit, was er angerichtet hat, weil er sonst glaubt, alles sei in bester Ordnung, nur mit seiner Frau stimme etwas nicht.

Mit meiner nächsten Frage gehe ich das große Risiko ein, Sie zu beleidigen, aber ich wage sie trotzdem zu stellen, um Ihnen größere Zusammenhänge zeigen zu können. Ich kann diese Frage nur aus meiner begrenzten Perspektive als Mann stellen. Bitte reagieren Sie mit weiser Mäßigung. Sie lautet so: Was eigentlich haben Sie zu *gewinnen,* wenn Sie Ihren Mann kritisieren, selbst wenn er einen dummen Fehler gemacht hat, immer vergißt, seine Aufgaben richtig zu machen, mehr auf Details achten und die häusliche Atmosphäre mehr würdigen sollte? Wenn Sie sich über seine Kleidung, Angewohnheiten, sein Aussehen, seine Tischmanieren beschweren; wenn Sie darüber jammern, daß er zuviel arbeitet, nicht früh genug nach Hause kommt, zuwenig mit den Kindern spielt, seine geistliche Führungsrolle nicht wahrnimmt, nicht oft genug mit Ihrer Mutter spricht, Hochzeitsfeiern verabscheut, zuviel fernsieht, seine Suppe schlürft, den falschen Baum beschneidet oder die Blumen ausjätet und das Unkraut stehenläßt – was haben Sie dabei gewonnen?

Ich weiß, wohin das führt: Er verteidigt sich, schweigt, ärgert sich wahrscheinlich und zieht sich zurück. Er fühlt sich vernichtet, winzig klein, und schwört sich, Ihnen *nie wieder* sein Herz auszuschütten. Dann geht er in seine Werkstatt oder zur Arbeit und pflegt seinen Kummer. Sie müssen selbst wissen, ob Ihnen die bloße Genugtuung das alles wert ist – aber ich meine, daß Sie letzten Endes nur verlieren können.

Zwingen Sie sich doch einmal eine Woche lang, jeden Morgen daran zu denken (als Gedächtnisstütze bietet sich ein winziges Kreuz auf dem Kosmetikspiegel an), Ihrem Mann *nichts* als bedingungslose Liebe zu gewähren. Bitten Sie Ihren Mann schnell um Entschuldigung, wenn Sie es nicht schaffen. Wissen Sie, was meiner Meinung nach passieren könnte? Er könnte sich dabei so wohl fühlen, daß er ganz von allein anfängt, auf *Ihre* Bedürfnisse einzugehen. Aber bitte, erwarten Sie nichts. Vielleicht reagiert er nicht so. Er saugt Ihre Liebe vielleicht wie ein trockener Schwamm auf und braucht eine zweite Woche, ohne Sie zu belohnen. Wäre das machbar? Gott wird Sie für den bloßen Versuch segnen.

Ein weiteres Projekt: Zu viele Frauen wissen nicht zu schätzen, was ihr Mann *nicht* macht. Zum Beispiel hat er *kein* Verhältnis zu einer anderen Frau, trinkt *nicht* und nimmt *keine* Drogen, schlägt *nicht* die Kinder, ist *nicht* gegen Christus eingestellt, arbeitet *nicht* zuviel und so weiter. Ich schlage deshalb vor, daß Sie alles aufschreiben, was Ihr Mann *richtig* macht. Loben Sie ihn dafür. Oft wird diese Liste sehr lang, und unter Tränen entdeckt manche Frau, was sie bereits an ihrem Mann hat.

Nach wie vor kommt es mir auf *Ihre* Bedürfnisse an. Aber durch Kritik erreichen Sie gar nichts, selbst dann nicht, wenn Ihre Einstellung zu ihm im Grunde nicht kritisch ist. Geben Sie sich einfach große Mühe, einen Vorzug Ihres Mannes zu entdecken und ihn zu loben. Das baut ihn auf, gibt ihm Energie, macht ihm Mut und stärkt sein Selbstbewußtsein. Wenn Sie ihn dagegen bei einem Fehler erwischen und kritisieren, dann fühlt er sich herabgesetzt. Es ermüdet und entmutigt ihn und untergräbt sein Selbstwertgefühl.

Wenn ich mich in Ihre Lage versetze, merke ich wohl, daß mein Vorschlag nicht ganz fair ist, weil Ihr Mann *sehr wohl* Fehler macht, die er abstellen sollte. Barb und ich legten den Teilnehmern einer Freizeit für Ehepaare folgende Frage vor: „Wie kann eine Frau ihre Meinung sagen, ohne daß der Mann sich wie ein Zweijähriger fühlt, von einer zweiten Mutter erzogen, als habe man ihn am Boden zerstört, als habe er schon wieder total versagt?“ Wir sprachen ausführlich darüber und gelangten zur einzigen logischen Antwort. Es ist unmöglich – wenigstens ohne eine riesige Dosis Heiligen Geist, der im Ehemann wirksam ist.

Die meisten Männer sind nie unterwiesen worden, wie man mit einer (in ihren Augen) kritischen Haltung umgeht, ohne in Verteidigungsstellung zu gehen. Seine Frau will ihn gar nicht verletzen. Sie will einen ordentlichen Haushalt, in dem sie nicht die ganze Dreckarbeit machen muß, ein Zuhause, in dem sich ihr Wesen widerspiegelt. Es soll gut aufgeräumt sein und ausgestattet mit einer freundlichen Atmosphäre, in der Gäste sich wohl fühlen. Sie will wohl auch nicht, daß ihr Mann mitten im Restaurant rülpst oder sich mit dem Soßenfleck auf der Krawatte lächerlich macht. Oder sie möchte, daß er trotz aller Langeweile bei festlichen Anlässen wie Hochzeiten oder Besuchen bei den Schwiegereltern ein strahlendes Gesicht aufsetzt. Immerhin bietet er sich dort allen Blicken dar.

Gewiß gibt es Gelegenheiten, wenn Gott von uns verlangt, einander die Augen aufzutun. Meiner Erfahrung nach aber kommen sie selten vor. Gott freut sich mehr daran, wenn ich meinen *eigenen* Schwächen Aufmerksamkeit schenke, statt auf Barbs herumzureiten. Wir beide haben mehr davon, wenn ich ihre Stärken lobe, ihr die Sicherheit gebe, daß ich auf ihrer Seite stehe und sie bei allem Tun und Lassen bestätige.

Nun geht es an eine besonders schwere Erfahrung für den Mann, nämlich den Alterungsprozeß, der aus seinem früher gestählten, sportlichen und muskulösen Körper eine fette, glatzköpfige, schwerhörige, müde alte Hülle macht.

Wenn die Gesundheit nachläßt: dreimal täglich leiden oder sterben

Es gibt nur diese Alternative, wenn man sechzig wird. Ich habe geschädigte Geschmacksknospen, weil sie in meiner Kindheit mißbraucht worden sind. Daher war mein Lebenspfad nicht mit Brokkoli, Rosenkohl, Sojasprossen, Weizenflocken, Selleriestangen und Körnern gesegnet, sondern vielmehr mit Kartoffeln und butterreicher Soße, saftigen, dicken Steaks, Keksen und Marmelade, Pfannkuchen mit reichlich Sirup, leckerem Speck und Würstchen, Milchshakes und karamelligen Schokoriegeln.

Ich kann nichts dafür. Deshalb habe ich etwas gegen den Druck, den gewisse Angehörige, die Medien und frei auf der Straße herumlaufende Ernährungsfanatiker auf mich ausüben, mein Gewicht zu reduzieren. Mir ist aufgefallen, daß ich einfach nicht mag, was gesund für mich ist. Ich liebe alles, was mir schadet. Deshalb stehe ich jetzt vor der Alternative, entweder dreimal täglich bei den Mahlzeiten zu leiden oder zu sterben. Ich habe noch nicht festgestellt, was besser ist, obwohl ich eher ans Sterben denke.

Ich habe inzwischen den Hauch einer Chance, dem Geheimnis der Gewichtsabnahme auf die Spur zu kommen. Wenn es soweit ist, weihe ich Sie ein. Kommen Sie mir aber bloß nicht mit Ratschlägen wie „Friß die Hälfte". Wie die Tabakindustrie klar nachgewiesen hat, daß Tabak nicht süchtig macht, so ist genausowenig bewiesen, daß Schlemmerei damit zu tun hat, daß man dicker wird. Es gibt einfach kaum stichhaltige Indizien dafür, und solange mir kein eindeutiger Beweis geliefert wird, habe ich keinen Anlaß, mich umzustellen.

Eigentlich wollte ich im Alter nicht so müde werden. Ich fühle mich fast zu ausgepumpt, um dieses Kapitel über Alter und Tod zu schreiben; da Sie aber unbedingt wissen müssen, wie verheerend es sich beim Mann auswirkt, versuche ich es trotzdem. Ich will damit nicht den Kampf einer Frau mit dem Alter herunterspielen. Weil aber das Ego des Mannes so zerbrechlich ist, hat der Mann es damit vielleicht schwerer. Vielleicht haben es beide auch gleich schwer.

Sicherlich freut sich niemand darauf, älter zu werden, Schmerzen zu bekommen und alle möglichen Gesundheitstests durchstehen zu müssen. Ich kann dieses Pieksen und Stochern nicht leiden. Ich laufe sehr ungern unter den Blicken sämtlicher Krankenschwestern nackt durch die Praxis, wenn ich zum Bluttest ins Labor muß. Außerdem sollte man mich nicht andauernd bitten zu husten, obwohl ich nicht erkältet bin. Immer stimmt irgend etwas nicht mit mir. Ich bin zu dick oder zu gestreßt, mein Cholesterinspiegel ist zu hoch, mein Hormonspiegel zu niedrig, der Blutdruck zu hoch oder die Zahl der roten Blutkörperchen zu niedrig. Es geht auf und ab, und alles bricht zusammen.

Andauernd heißt es: Beeilung, du hast einen Termin beim Arzt. Dann muß ich warten. Neulich ging ich zu einer Untersuchung, zog mich im Untersuchungsraum aus und wartete zwei Wochen, bis sich der Arzt zeigte. Die Schwestern legten einen Katheter an meine Vene und versprachen andauernd, daß der Doktor unterwegs zu mir sei. Was überhaupt weiß so ein Arzt, das ich im Lexikon nicht selbst finden könnte? Untersuchungen sind eine absolute Zeitverschwendung und tun manchmal weh. Wir Männer können nicht sehr gut mit Schmerzen umgehen.

Man sollte meinen, wir könnten Schmerzen besser vertragen, weil wir doch beim Sport gefoult werden, uns den Nagel aus der Hand ziehen, den wir uns gerade hineingehämmert haben und uns die blutige Nase einfach mit dem Hemd abwischen, ganz nebenbei. Wahrscheinlich müssen wir in solchen Situationen den Macho spielen, aber bei einem eingerissenen Fingernagel jammern wir.

Wo wir von Schmerzen reden: Ich bin so froh, daß Gott das Kinderkriegen den Frauen anvertraut hat. Sie sind viel begabter dafür als wir Männer. Ja, wir tragen Wesentliches dazu bei. Mit großen Opfern an Zeit und Energie nehmen wir am Empfängnisvorgang teil. Dann aber müssen wir wieder zurück zur Arbeit in der Gewißheit, daß unsere Frauen viel besser dazu imstande sind, Babys zu bekommen als wir Männer. Uns fehlen dazu die körperlichen Voraussetzungen und die Geduld, dieses große Werk vor Gott zu tun. Außerdem habe ich mir sagen lassen, daß es weh tut. Wenn Adam das erste Kind zur Welt gebracht hätte, hätte er bestimmt gesagt: „Das reicht, Eva! Nie wieder!" Das Menschengeschlecht wäre nie über seinen Anfang hinausgelangt. Danke, liebe Frauen, für die großen Leistungen beim Gebären. Weiter so. Wir Männer verehren den Boden, auf dem Sie schreiten.

Vor kurzem wurde ich um ein Uhr nachts von furchtbaren Schmerzen in der Seite wach. Ich bin an Bauchschmerzen gewöhnt, weil ich gern scharf gewürzt esse, aber diesmal war es anders. Es ließ einfach nicht nach. Egal, wie ich mich hinstellte, auf die Couch oder den Boden legte, der Schmerz hielt an. Ich belästige nur ungern andere mit meinen Schmerzen, kämpfte also etwa eine Stunde dagegen an, bis ich endlich Barb weckte. Ich hatte mich lange wacker gehalten wie ein echter Macho, aber als ich sie schließlich geweckt hatte, konnte ich kaum mehr stehen. Sie fuhr mich zur Notaufnahme und lieferte mich dort ein. Da ich noch nie im Krankenhaus gewesen war, wußte ich nicht, was mich erwartete. Allerdings hatte ich so manche Horrorgeschichte gehört.

Einer der ersten, die in meine zum leidenden Körper passenden Züge schauten, stellte fest: „Ach, Sie haben wohl einen Nierenstein." Vermutlich waren schon andere Leute eingeliefert worden, die daran litten. Von Nierensteinen hatte ich wohl schon gehört, aber nicht besonders darauf geachtet, weil ja immer nur die *anderen* davon betroffen waren.

In jener Krankenhausnacht wurde ich in ein Nachthemd gesteckt, das hinten offen war. Ich weiß nicht, was der medizinische Berufsstand sich davon verspricht. Alle unsere wichtigen Körperteile sind vorn. Es kommt mir albern vor, das Nachthemd hinten offenzulassen. Was hat man vor? Den Rücken massieren? Jedenfalls lag ich auf einer Bahre, oder wie auch immer diese tischartigen Dinger bezeichnet werden, aber niemand fiel auf, daß ich in den letzten Zügen lag und mich unter qualvollen Schmerzen krümmte. Ich schätze, sonst war in dieser Nacht kein anderer Patient da, denn eine gesamte Examensklasse aus der

Krankenschwesternschule befand sich auch noch im Raum. Sie merkten aber nicht, daß ich mir die Seele aus dem Leib keuchte, bevor ich sterbend von der Bahre fallen würde.

Wollen Sie wissen, was ich glaube? Ich glaube, alle Frauen dort (auch eine diensthabende Ärztin war anwesend) waren begeistert, daß endlich einmal ein Mann am eigenen Leibe verspürte, wie es ist, ein Kind zu gebären. Später lernte ich eine Frau kennen, die beides, Nierensteine und eine Schwangerschaft durchmachen mußte. Sie fand, die Schmerzen seien sich ziemlich ähnlich. Wenigstens können Frauen nach der Qual aber ein Baby nach Hause bringen. Bei mir kam nur ein dicker Stein.

Endlich hörte jemand, wie der Tod in meiner Kehle rasselte, und die ganze Examensklasse kam herbei, um mir aus meinem Elend zu helfen. Ich staunte selbst, wie schnell ich jedes Schamgefühl verlor. Man legte mir einen Katheter, begleitete mich auf die Toilette und hielt mir die Brechschale vor. Es machte mir gar nichts aus. Ich wollte nur noch, daß man mir aus meinen Schmerzen half. Alles andere war egal. Verblüffend, wenn ich daran zurückdenke.

Ich lag etwa 50 Stunden in meinen Qualen, bevor ich endlich genug Morphium intus hatte. Jetzt war ich entspannt genug, den Stein ausscheiden zu können. So brauchte er nicht gesprengt zu werden. Ich möchte solche Schmerzen nie wieder erleben, soweit es an mir liegt.

Dann, gerade an meinem fünfundfünfzigsten Geburtstag, fiel mir auf, daß alle Restaurants, die wir aufsuchten, auf einmal durch gedämpftes Licht Strom sparten. Wie lächerlich! Wo wir wohnen, sind die Strompreise besonders niedrig, und die Restaurants übertreiben einfach mit ihrem Energiesparen. Es lief darauf hinaus, daß ich eine Taschenlampe mitnehmen mußte, damit ich die Speisekarte lesen konnte.

Etwa zur gleichen Zeit merkte ich, daß auch meine Arme schrumpften. Ich kam beim Bücherlesen ganz gut zurecht, aber die Arme waren nicht mehr lang genug, das Buch so weit weg zu halten, daß ich die Wörter noch entziffern konnte. Eines Tages dämmerte es mir. Ich brauchte eine Brille. Kaum zu glauben! Brillen waren doch etwas für alte Menschen, nicht für junge Männer wie mich.

Die Beweise aber waren schlagend. Ich schluckte meinen Stolz hinunter, ging in den Laden und kaufte mir zehn Lesebrillen. In jedes Zimmer, in jede Aktentasche, in mein Büro und an mein Bett legte ich eine hin. So konnte ich sie da benutzen, wo ich sie brauchte und war nicht auf ein dickes Brillenetui angewiesen, das aus der Hemdentasche ragte und allen verriet, daß ich alt wurde. Dann stellte ich fest, daß meine Tochter Beverley, die in meiner Firma die Buchhaltung machte, falsche Restaurantrechnungen bekam. Schließlich kam ich nicht umhin, auch zum Essengehen meine Brille mitzunehmen.

Die erste Lesebrille, die ich bei mir trug, hatte schmale Gläser. Ich setzte sie bei Vorträgen auf, wenn ich etwas vorlas. Dann klappte ich sie zusammen und steckte sie so lange ins Etui, bis ich das nächste Mal vorlesen mußte. Dann wieder zurück – so ging es eine Stunde lang hin und her. Es fiel mir nicht ein, sie einfach auf der Nase zu lassen, weil ich überzeugt war, daß es einen dummen Eindruck machte, wenn ich über den Brillenrand spähte.

Endlich war ich soweit, mir eine richtige Brille zu besorgen, aber sie hatte *Bifokalgläser.* Da wußte ich, daß ich dem Grab nicht mehr fern war. Der einzige Mensch, der meines Wissens Bifokalgläser trug, abgesehen von allen Großvätern und Großmüttern der Welt, war ein Mann, der in unserer Kirche Klavier spielte. Er blickte beim Spielen immer in Richtung Decke, aber ich vermute, mit den Augen verfolgte er die Noten ganz genau. Jetzt weiß ich, was er durchmachen mußte, weil ich heute *Trifokalgläser* trage ... und nicht mehr besonders darauf achte. Als Mann kann man sich gut ans *Altsein* gewöhnen; es ist der *Vorgang,* der uns Kummer macht.

Die Gewißheit, den Sonnenuntergang meines Lebens erreicht zu haben, stellte sich ein, als ich Hörgeräte probieren ging. Ich war höchstens etwa zehn Jahre zu spät dran. Mir entging einfach zuviel im Leben – zum Beispiel alles, was Barb sagte. Und wenn wir unter die Leute gingen, nickte ich einfach, wenn jemand fragte, ob ich ihn für zu dick hielte. Barb redete mir also zu, mich nach einer Hörhilfe umzuschauen.

Neulich habe ich durchgezählt: Ich habe es bisher auf drei Hörgeräte gebracht. Erst habe ich eine Marke probiert, für die im

Fernsehen Werbung gemacht wird. Ich wählte die auf dem Fernsehschirm eingeblendete Nummer an und wurde angewiesen, eine Firma in der Stadt aufzusuchen. Ein handgeschriebenes Pappschild hing an der Tür. Es öffnete ein Typ im weißen Kittel, auf dem noch die Frühstücksreste klebten. Er holte etwas hervor, das aussah wie Edisons erster Versuch. Im Museum für Technik hatte ich so etwas schon einmal gesehen. Es machte Piepsgeräusche und summte ein wenig. Der Mann schnalzte beruhigend, und bald unterschrieb ich einen Scheck über annähernd 1000 Dollar. Sie können sich vorstellen, daß ich mir nicht viel davon versprach, aber ich brauchte ein Hörgerät, damit Barb sich nicht einen jüngeren Mann suchte.

Als erstes fiel mir beim Tragen des Geräts auf, daß eine Menge Düsenjäger über mir Tiefflüge übten. Später merkte ich, daß es sich um Fliegen handelte. Der Krach, den ein Messer beim Butterschneiden machte, war ohrenbetäubend. Wenn die Menschen im Restaurant mit den Augen zwinkerten, trieb mich der Lärm zum Wahnsinn. Ich hörte vieles, was mir vorher überhaupt nicht gefehlt hatte. In meiner stillen Welt war ich glücklicher gewesen. Was hatte Barb nur mit mir vor?

Kurz darauf, als Barb und ich es uns einmal in der ruhigen Ecke im Restaurant gemütlich gemacht hatten, kam eine Ballonkünstlerin vorbei und fragte, ob sie uns einen Ballon aufblasen dürfe. Am nächsten Tag stand mir die Verabredung mit meiner vierjährigen Enkelin bevor. Ich dachte, wir bekämen einen Silberballon mit einem Spruch darauf und sagte ja. Fast augenblicklich wußte ich, daß es Probleme geben würde. Sie holte ein paar lange, dünne Ballons hervor, mit denen man Pudel konstruieren kann.

Sie brauchte eine Viertelstunde, die Ballons zusammenzusetzen. Die ganze Zeit litt ich Höllenqualen. Sie verdrehte und verknotete diese winzigen Ballons, und sie machten dabei quälende Quietschgeräusche, die mir wegen des neuen Hörgeräts durch Mark und Bein gingen. Oder war alles nur ein Alptraum? Wir versuchten zu essen, aber die Frau wollte sich mit uns unterhalten, während sie die Reste meines Hörvermögens endgültig zerstörte. Barb und ich machten die Lage noch schwieriger, als sie war, denn wenn wir uns angeschaut hätten, hätten wir uns vor

Lachen brüllend auf dem Boden wälzen müssen. Das wäre kein gutes Zeugnis für die Ballonkünstlerin gewesen. Wir starrten also auf unser Essen, das wir nicht zu uns nehmen konnten, weil wir sonst vielleicht daran erstickt wären. Ab und zu warfen wir einen Blick auf die Frau und lächelten ihr in der Hoffnung, sie würde dann schneller fertig, aufmunternd zu.

Als ich das nächste Mal mein Hörgerät untersuchen ließ, rief der Doktor verblüfft, es sei wohl von einem Geschoß durchbohrt worden, so starke Brandspuren habe es an den Seiten. Ich wußte, warum, sagte aber nichts.

Ich wünschte, daß ich durch Zauberkraft mein jugendliches Gehör wiederbekäme, aber das geht nicht. Deshalb beten Sie bitte für Barb. Es ist nicht leicht, jedes einzelne Wort dreimal wiederholen zu müssen.

Als eines Tages unsere Enkel zu Besuch kamen, kämpfte ich immer noch mit meinen Hörproblemen. Barb sagte: „Rühr mal die Soße um", und ich ließ das Baby aufstoßen. Nun lag sie mir andauernd in den Ohren, mir ein neues Hörgerät zu besorgen. Ich ging in unseren Gesundheitsladen, weil ich dachte, hier gebe es zu kaufen, was der Markt an Neuem zu bieten habe. Man meinte, am besten seien für mich aktentaschengroße Dinger, die ich mir hinter die Ohren klemmen mußte. Ich brauchte dafür sechs Taschenlampenbatterien und sah damit aus, als hätte ich nun zwei Paar Ohren. Mein Selbstbewußtsein hängt nicht von meinem Aussehen ab oder davon, was die Leute von mir denken. Ja, glauben Sie wirklich, daß es mir etwas ausmacht, wenn man mich für ein altes, schwachbrüstiges Fossil mit Dachschaden hält? *Doch,* es macht mir etwas aus, genau wie jedem anderen Mann.

Als mein Gehör nachzulassen begann, ging es mit dem linken Ohr schneller bergab als mit dem rechten. Erst dachten die Ärzte, es hätte damit zu tun, daß Barbs Kommentare ständig gegen das Trommelfell dröhnten. Diese Theorie ließ sich nicht halten, weil sie meist rechts von mir sitzt. Sonst gab es nur noch die Möglichkeit eines Gehirntumors hinter dem Ohr. Das klang nicht besonders berauschend. Tatsächlich hatte ich zwar meinen Frieden mit Gott gemacht und ging davon aus, daß er alles weiß und zuläßt, was passieren kann. Doch die Aussicht, mich bestrahlen zu lassen, war nicht sehr verlockend; außerdem freute ich mich nicht auf das Übergeben nach der Chemotherapie.

Ich ging in ein Krankenhaus. Bei der Computertomographie gab es tatsächlich Anzeichen für einen Tumor. Um sich zu vergewissern, unterzogen die Ärzte mich jedoch einer Kernspintomographie, für jene Zeit eine recht neue Prozedur.

Bei der Kernspintomographie bekam ich es mit einer großen Maschine mit einer langen, schmalen Röhre in der Mitte zu tun, gerade groß genug für den menschlichen Körper. Hände und Beine wurden befestigt, und mein Kopf wurde so straff angeschnallt, daß er sich nicht mehr bewegen ließ. Dann wurde ich in die Röhre gesteckt. Über meiner Nase waren kaum ein paar Zentimeter Platz. Damals hatte ich eine Erkältung. Alle möglichen Körperflüssigkeiten traten mir aus Augen und Nase, und ich konnte nichts dagegen tun. Unbeweglich mußte ich 45 Minuten in dem Ding bleiben. Zuvor hatte ich nie unter Klaustrophobie gelitten, aber nach der Hälfte der Zeit hatte ich das Bedürfnis, zu schreien und zu kreischen. Das war die wohl schlimmste Qual meines bisherigen Lebens – alles rein psychisch.

Gegen Ende des Aufenthalts in der Maschine fragte mich eine Computerstimme, wonach eigentlich gesucht werden sollte. Ich sagte, es sei ein Gehirntumor. Man hatte ihn nicht gefunden.

Vielleicht hatten die Ärzte sich nur geirrt, als sie bei der Computertomographie den Tumor entdeckt hatten. Ärzte sind auch nur Menschen. Vielleicht hat auch Gott ein Wunder getan. Er hätte es nicht zu tun brauchen. Tag für Tag sterben die Menschen an ähnlichen Krankheiten. Ich aber habe ihn dafür gepriesen, daß er mir auf dieser Welt noch etwas Zeit für meine Familie gegeben hatte. Ich weiß, daß viel für mich gebetet wurde, als ich die Untersuchungen durchmachte, und ich gebe Gott die Ehre, daß er auf alle Gebete tatsächlich mit einem Ja geantwortet hat. Wenn ich ihn von Angesicht zu Angesicht sehe, werde ich das Thema zur Sprache bringen. Vielleicht war der Arzt nur mit seinem Butterbrot an die Aufnahme gekommen. Es konnte aber auch ein Wunder Gottes gewesen sein. So oder so habe ich über die Begrenztheit des Lebens viel dazugelernt, besonders in seinem letzten Drittel.

Wogegen ich wahrscheinlich auf Dauer am meisten zu kämpfen habe, sind die Pfunde, die sich um die Körpermitte herum ansammeln. Ich halte folgenden Ausspruch für richtig: „Furchtbar, wenn man immer an den Bauch denken muß." Ich leide unter meinem Übergewicht, wohl aber nicht genug, um dagegen anzugehen. Ich habe es mit Sport versucht, weil mir die Anzeigen in der Zeitung in die Augen stachen, auf denen schlanke, muskulöse Männer und Frauen als Fitneßclubmitglieder vorgeführt wurden. Ich habe immer diese Verse ernst genommen: „Übe dich selbst aber in der Frömmigkeit. Denn die leibliche Übung ist wenig nütze; aber die Frömmigkeit ist zu allen Dingen nütze und hat die Verheißung dieses und des zukünftigen Lebens." (1. Tim. 4,7-8)

Nur ungern verletze ich biblische Prinzipien, doch jetzt war ich entschlossen, endlich in Form zu kommen. Ich konnte es mir nicht leisten, Mitglied in Clubs zu werden, wo all die schönen Menschen trainieren; deshalb wollte ich auf eigene Faust mit Joggen fit werden. Leider hasse ich es zu laufen. Außerdem gibt es auch Meinungsverschiedenheiten darüber. Manche sagen, Laufen sei die einzige Möglichkeit, sich fit zu halten. Andere sagen, man bekäme davon Schienbeinsplitter, was das auch immer sei, daß es die Gelenke aus der Fassung bringe oder den kleinen Zeh abfallen lasse. Vielleicht laufen die, die ihre warnende Stimme erheben, auch nur ungern. Eigentlich kann ich mir nicht vorstellen, daß überhaupt jemand gern läuft, außer jenen menschlichen Wesen, die bei einem einzigen Mal zehn Kilometer schaffen. Es heißt, daß sich etwas im Hirn umschaltet, wenn man erst einmal zehn Kilometer geschafft hat. Dann läuft man gern. Manche sollen sogar – halten Sie sich fest – 42 Kilometer am Stück laufen. Ich glaube, sie wohnen in der Nähe von Marathon.

Ich ermanne mich jedenfalls jedes Jahr und trainiere am Neujahrstag. Gleich nach dem zweiten Frühstück und der Sportschau raffe ich mich auf und mache täglich 100 Liegestütze, 50 Klimmzüge, 75 Kniebeugen und einen Lauf von zehn Meilen. Von da an esse ich mein ganzes irdisches Leben lang keine Süßigkeiten oder Pizza mehr. Ich bleibe einige Tage lang meinem Schwur treu und schaue dann in den Spiegel. Sehe ich schon aus wie Arnold Schwarzenegger? Aber Jahr für Jahr entdecke ich *keine* Veränderung nach meiner Mühe. Also lasse ich den Unsinn bleiben und gehe in die Eisdiele. Warum soll man solch einen

Mißbrauch mit seinem Körper treiben, wenn es nicht mal funktioniert? Barb hatte einmal die lächerliche Idee, mit einem Liegestütz, zwei Klimmzügen und drei Kniebeugen anzufangen, nur einmal um den Block zu laufen und sich von diesem Ausgangspunkt aus langsam hochzuarbeiten. Was für eine Ahnung hat sie schon von der männlichen Kunst des Körpertrainings?

Vor etwa zehn Jahren entdeckte ich endlich das Geheimnis, durch das ich in Form geraten würde. Ich besorgte mir ein Kraftsportgerät mit vier Funktionen, das ich mir in den Keller stellen konnte. Ich hatte eins in der Stadt im Schaufenster stehen sehen, und jedes Modell auf den Reklamebildern sah so aus wie Arnold, sogar die Frauen. Da war mir klar, daß es damit klappen mußte. Ich kaufte es sofort.

Ein winziges Problem gab es: Das Ding paßte nicht in den Keller. Ich hatte das Nachmessen vergessen. Also stellte ich es in die Garage, aber natürlich friert man sich da draußen die Zehen ab. Nun nahm ich mir vor, ein einfaches kleines Häuschen zu bauen, um die Wundermaschine darin unterzubringen, die mir das Arnold-Schwarzeneggersche Aussehen verleihen würde.

Ein winziges Problem gab es: Die Erde am Hang fing an zu rutschen, als die Zimmerleute das einfache Häuschen aufstellen wollten. Sie mußten aus Alaska schweres Gerät kommen lassen, um stählerne Gerüste in den Boden rammen zu können. Nach Hunderten von Betonladungen hatte ich endlich mein Trainingshäuschen. Es hat nur etwa soviel gekostet wie ein Einfamilienhaus, aber man muß auch daran denken, daß ich in meine Gesundheit investiert habe. Es galt, dem Herzinfarkt vorzubeugen, den Cholesterinspiegel zu senken, zu fördern, was gefördert, abzutrainieren, was abtrainiert werden mußte. Barb konnte davon nur profitieren.

Noch ein winziges Problem: Mit all den Muskeln nach dem Trainieren mußte ich mir Sorgen machen, Barb zu zerdrücken, wenn ich sie in die Arme nähme. Doch darum wollte ich mich später kümmern.

Dann betrat ich mein schönes, frisch gestrichenes Trainingshäuschen, ein Muster an Stabilität angesichts der hundert Betonladungen. Nichts konnte mich jetzt noch davon abhalten, demnächst wie Arnold auszusehen.

Doch noch ein winziges Problem gab es: Ich übte ein paar Tage auf der Maschine, schaute in den Spiegel und sah wiederum *absolut keine Veränderung.* Wieder einmal war ich beschwindelt und von skrupellosen Geldhaien ausgeraubt worden. Allerdings konnte ich die Sachen nicht wieder umtauschen, und deshalb habe ich das Trainingsgerät immer noch im Fitneßhäuschen stehen. Heute lagere ich mein Vogelfutter darin. Das klappt ganz gut.

Vogelfutter. Ach ja! Zurück zum Thema Essen. Ich bin überzeugt, daß es weder richtig noch falsch ist, bestimmte Arten von Nahrung abzulehnen oder zu bevorzugen. Ich persönlich habe gekochtes Gemüse immer verabscheut. Meine Mutter sagte immer: „Wenn du zur Armee kommst, mußt du deinen Gemüseteller leer essen.“ Da habe ich sie aber reingelegt! Ich habe geheiratet und Barb mit zur Armee genommen, und sie machte mir das Frühstücksbrot und kochte mir, was ich gern aß.

Ich weiß, die meisten Mütter wollen, daß ihre Kinder groß und stark werden und nicht so viele Süßigkeiten essen. Gemüse finden sie besser. Ich respektiere diese liebevolle Fürsorge, aber oft genug schwingt da ein „Du sollst“ mit, das ich ablehne. Die meisten Mütter wollen der Familie ihren eigenen Geschmack aufzwingen. Ich kann wahrheitsgemäß sagen, daß es keine einzige gekochte Gemüsesorte gibt, die ich gern esse. Ich esse den größten Teil der Beilagen, die bei Besuchen serviert werden, damit die Gastgeberin sich keine Gedanken macht, aber gut hat es mir noch nie geschmeckt. Andererseits macht Barb Reisgerichte mit etwas Gemüse und fühlt sich gleich im kulinarischen Himmel.

Ich wiederum finde, Reis sollte nur in China, Japan und von mir aus noch ein paar asiatischen Ländern gegessen werden. In anderen Gegenden der Welt sollte er einfach nicht auf den Tisch kommen. Barb mag auch andere ausländische Speisen wie Brokkoli, Süßkartoffeln und gebratene Tomaten. Sie hat immer noch nicht gemerkt, daß ich so etwas nicht mag. Es kam schon früh in unserer Ehe zu einem Eklat, als ich beim Nachhausekommen etwas fortwarf, das unsere Wohnung durch seinen Gestank verpestete. Es stellte sich heraus, daß Barb dies gerade als „Gemüse“ gekocht hatte. Mir wurde ein für allemal klargemacht, daß ich mir *nie wieder* Bemerkungen über Barbs Gemüse leisten durfte.

Barb und mein Sohn Tim wollten einmal ausprobieren, ob mein Widerwillen gegen bestimmte Gerichte wie gekochtes Gemüse nur in meinem Kopf bestehe oder echt sei. Tim geht ab und zu auf die Jagd und bringt Wildbret mit. Ich habe dieses Fleisch nie gemocht. Es ist nicht bloß die Vorstellung, „Bambi" zu essen; der Geschmack ist mir irgendwie einfach zu kräftig. Tim und Barb wollten das Wild nach einem neuen Rezept auf den Tisch bringen und garantierten mir, daß ich es mögen würde. Sie legten also etwas in den Topf, ließen es schmoren und servierten es mir. Ich ließ mich auf ein paar Happen ein, um festzustellen, ob ich es mochte. Es schmeckte! Gar nicht so schlecht! Ich staunte. Es schmeckte fast wie Schweinefleisch. Und es war auch Schweinefleisch. Sie hatten nur so getan, als ob es das Wild sei. Aber ihr Komplott war aufgeflogen. Meine Geschmacksknospen ließen mich nicht im Stich. Eine Woche lang freute ich mich diebisch.

Eigentlich hat Barb in all den Jahren darauf geachtet, mir das zu kochen, was ich mag, aber manchmal ist sie enttäuscht, weil sie mir nichts zum Ausprobieren machen kann. Ich tue alles, was ich kann, um sie darüber hinwegzutrösten. Zu unserem letzten Hochzeitstag schenkte ich ihr das Abonnement einer Zeitschrift, die sich (unglaublich, aber ich habe es mit eigenen Augen gesehen) *Veggie Life* („Gemüseleben") nennt. Vermutlich unterscheidet sie sich nicht sonderlich von Magazinen wie *Motorrad heute* oder *Der Heimwerker,* aber ich hoffe dennoch, daß Barb das Auberginenrezept mit den Vollkornbratlingen für sich behält.

Selbst unsere Tiefkühltruhe gemahnt mich daran, daß ich älter werde. Sie gibt wie ein geologischer Querschnitt die Geschichte unserer Ehe wieder. Sind Ihnen auf Autobahnfahrten durch das Gebirge schon einmal die Felsenstrukturen aufgefallen, die sich aus verschiedensten jahrtausendealten Sedimentschichten zusammensetzen? Ganz unten im Tiefkühlschrank finden sich ein paar vierzig Jahre alte Stücke unserer Hochzeitstorte, daneben die ersten Frikadellen, die Barb mir gemacht hatte. Dann kommt eine Schicht Aufschnitt, die ich einst von der Arbeit im Fernsehsender mit nach Hause bringen konnte. (Man durfte dort keine

Lebensmittel in den Laden zurückbringen, die schon in die Hitze der Studiolampen geraten waren.) Als nächstes kommen ein paar Schneebälle, von Tim und Beverly in der ersten Klasse fabriziert. Dann ging es mit unserem Geschäft aufwärts, wie eine Schicht Steaks und Lammkoteletts beweist. Jetzt, in meinem halbpensionierten Zustand, erblicken wir Gehacktes, Hot Dogs und vorgebackene Pizzas. Die oberste Schicht wird immer wieder umgepflügt, damit die geologische Struktur für zukünftige Archäologen intakt bleibt, wenn sie wissen wollen, wie man im zwanzigsten Jahrhundert lebte.

Barb hätte es gern, wenn ich auf Diät statt immer wieder zum Kühlschrank ginge. Ich habe schon ein paar Diäten angeregt, aber keine davon konnte sie beeindrucken. Nicht mal die Apfel-Diät, bei der man alles außer Äpfeln essen darf. Ich habe auch die Mount-Everest-Diät probiert: Man ißt bergeweise, weil das Essen nun mal da ist. Nichts half. Mit 327 Diäten habe ich mich abgegeben; unter anderem bekam ich es mit 5.390 Tafeln „Schokolade" mit hohem Pflanzenfaseranteil zu tun. Sie haben etwa so viel Geschmack wie Zahnseide. Tatsächlich schmeckt mir meine Zahnseide besser, nämlich leicht nach Pfefferminz.

Mit Slim Fast klappte es auch nicht, trotz der Fernsehwerbung. Treu und brav nahm ich meinen Slim-Fast-Drink zu mir und dann das Frühstück. Aufopferungsvoll kam mittags der nächste Diättrunk dran, gefolgt vom Mittagessen. Unter beträchtlichen Bauchschmerzen nahm ich abends noch einen Diättrunk und dann das Abendessen zu mir. Ich habe mit dieser Diät nicht ein Pfund verloren. In Wahrheit habe ich *zugenommen.* Erstaunlich, was man den Leuten im Fernsehen alles durchgehen läßt.

Andauernd bekomme ich zu hören, ich solle meine Eßgewohnheiten umstellen. Ich kann dieses Wort nicht leiden. Ausgedacht hat es sich ein hagerer, müslikauender Obstfanatiker, der seine Maßstäbe dem Rest der Welt überstülpen will. Mir ist klar, daß ich so manches Pfund loswerden muß, aber wer wird denn gleich seine Eßgewohnheiten ändern! Ich möchte *Genuß,* keine Veränderung. Ich hätte einen alten indianischen Zauberspruch nötig, bei dem ich im Singsang sechzehnmal um einen Baum marschiere und beim siebzehnten Mal auf ein Maß erschlanke, das die Versicherungstabellen uns nahelegen.

Wahrscheinlich bin ich im falschen Jahrhundert auf die Welt gekommen. Wäre ich ein Zeitgenosse Benjamin Franklins, würde ich mit meinen abgerundeten Körperformen überhaupt nicht auffallen. Dabei ist es gar nicht so einfach, rund zu bleiben, wenn Ernährungsfanatiker wie Barb auf dem Kriegspfad sind. Vielleicht muß ich gegen sämtliche Prinzipien verstoßen und mein Übergewicht abzubauen versuchen.

Sicherlich fragen sich manche jungen Leute, ob nicht sämtliche Lebenslust dahinschwindet, wenn man an den Lebensabend kommt. Ich darf versichern, daß es vieles gibt, was im Alter Spaß machen könnte ... aber Barb ist dagegen. Ich schlug ihr neulich vor, die Plätze am Frühstückstisch zu tauschen. Wir haben jetzt seit vierzig Jahren immer auf der gleichen Seite gesessen. Aber Barb meint, unsere Herzen seien nicht stark genug, um diese Aufregung noch zu verkraften. Einen echten Adrenalinstoß könnten wir uns verpassen, wenn wir die Seite im Bett wechseln, in ein neues Restaurant gehen oder einen neuen Schleichweg in die Stadt finden würden. Auch junge Leute können also nicht übersehen, daß das Leben noch viele Überraschungen bergen kann, wenn man älter wird. Ach, nebenbei, ich verrate einmal ein Geheimnis: Es ist eine wunderbar gemütliche Lebensphase. Ich kann sie wärmstens empfehlen.

Das Altwerden wäre kein echtes Problem, wenn wir Männer nicht von unserer Frau verlangen würden, jedes gesprochene Wort zu wiederholen. Leider führen wir sie auch nicht mehr Abend für Abend in die Disco aus, wie sie es in jüngeren Jahren gern hatte. Und das Enkelkind in der Wiege wird wach, wenn wir uns aus dem Stuhl erheben. Es geht nun mal nicht ohne Stöhnen und knackende Gelenke ab.

Ich mache meine Witze über das Alter, muß mich aber immer wieder daran erinnern, daß ich ohne Gesundheit weder Freude an meiner Familie habe noch mit meinen Enkeln toben kann. Ich könnte weder schreiben noch Vorträge halten. Voraussetzung für die Zufriedenheit im Alter ist meine Gesundheit. Ich weiß nicht, warum man sich so schwer an den Gedanken gewöhnen kann. Ich schiebe es auf meinen vollen Terminkalender, wenn ich nicht genug Sport treibe oder dem saftigen Speck nicht widerstehen kann, aber es ist unvernünftig, sich nur um die zweitrangigen

Dinge zu kümmern. Die Vorteile eines gesunden Lebensabends sind unschätzbar groß. Warum sträube ich mich dagegen, das Richtige zu tun?

Die meisten älteren Männer haben entweder gesundheitliche Probleme oder aber Angst, welche zu bekommen. Der Mann hat Angst, seine körperliche Kraft einzubüßen, seinen wohlgeformten Körper, sein Hör- und Sehvermögen. Vielleicht gesteht Ihr Mann seine Ängste nicht ein; wahrscheinlich aber hat er welche. Die Angst ist stark genug, ihn vom Gang zum Arzt abzuhalten, der ihm bestätigt, was er schon vermutet – er wird älter. Er läßt sich nicht in Ihre Pläne für gesunde Ernährung einbinden und macht bei keiner körperlichen Ertüchtigung mit, die über das Drücken der Fernbedienung hinausgeht. Auf Sie wirkt sein Verhalten frustrierend. Sie wollen doch, daß er Ihnen erhalten bleibt. Sie geben sich solche Mühe mit vitaminreicher Nahrung und gesunden Rezepten, und dann wird daran herumgemäkelt. Ich mache zwar über den Geschmack von Lebensmitteln Witze, aber bei aller Kreativität, die Barb aufbringt, habe ich noch keinen Happen fett-, kalorien- oder zuckerarmer Diät probiert, der mir nicht wie Sägespäne geschmeckt hätte. Wahrscheinlich muß ich auf den Anfang dieses Kapitels zurückkommen: Es gibt nur die Alternative, dreimal täglich zu leiden oder zu sterben.

Ich glaube, ziemlich ausgiebig die Besonderheiten der männlichen Beschaffenheit ausgeplaudert zu haben, die einer Frau rätselhaft erscheinen mögen. Wenn ich zurückblättere, konnte ich dabei leider nicht soviel Hoffnung vermitteln, wie es wünschenswert wäre. Es hängt ungemein viel davon ab, ob Jesus Christus bei Ihrem Mann im Mittelpunkt steht und ob er andere Männer kennt, denen er als Mentor vertraut, damit sie ihm zeigen, wie er auf Ihre Bedürfnisse eingehen kann.

Es gibt aber etwas, das Sie ganz allein tun können. Mehr darüber im nächsten Kapitel.

Wen man in die Freiheit entläßt, der kommt manchmal freiwillig zurück

Ich habe manches von den Machtkämpfen erzählt, die ich mit meinem Sohn Tim hatte, als er im Schulalter war. Er war in keiner Hinsicht ein schlechtes Kind. Er war einfach anders als ich, und niemand hatte mich gelehrt, daß das eigene Kind getrost anders sein darf als man selbst. Abgesehen vom Widerstand, den er uns bot, machte er uns eigentlich überhaupt keinen Kummer. Schwer zu akzeptieren waren die Freunde, die er sich aussuchte, und seine Auffassung von Pünktlichkeit.

Als Barb und ich uns entschlossen, ihn in die Obhut Gottes freizulassen, wie in Kapitel 4 beschrieben, fing Gott in seinem Leben an zu wirken. Nach und nach begann Tim uns mitzuteilen, wo er war, wohin er ging und mit wem er zusammen war. Als wir ihn der Fürsorge Gottes überließen, erhielten wir zurück, was wir verloren hatten.

Ich aß neulich mit einem jungen Freund aus dem Medienbereich zu Mittag und fragte ihn, wie es mit seiner Familie stehe. „Ausgezeichnet", sagte er. Sorgen mache er sich nur, weil seine Frau im Sommerurlaub nach Phoenix wolle. Er sträubte sich dagegen. Es sei viel zu heiß dort, und außerdem könnten sie sich das nicht leisten. Es hatte über dieses Thema schon heiße Diskussionen gegeben.

Dann machte er den folgenreichen Fehler, mich um Rat zu bitten. Ich schlug ihm vor, im August nach Phoenix zu fahren, da seine Frau nächst seiner Beziehung zu Jesus Christus der wichtigste Mensch in seinem Leben sei. Er solle sich viele T-Shirts zum Wechseln mitnehmen, falls er stärker als sonst schwitze. Weiter regte ich an, er solle seiner Frau einmal sagen, daß sie die wichtigste Person seines Lebens sei, gleich nach Gott. Ich machte einen Nachtrag: wahrscheinlich müsse er dann gar nicht nach Phoenix.

Das letzte verstand er nicht ganz, doch er war willig, meinen Rat anzunehmen. Ein paar Tage später bekam ich die Nachricht, daß er im Sommer *nicht* nach Phoenix zu reisen brauche. Seine Frau meinte, es sei zu heiß dort. Außerdem könnten sie es sich sowieso nicht leisten.

Vorher hatte ein Machtkampf stattgefunden. Er beharrte darauf, nicht zu fahren. Sie widerstand ihm und war entschlossen, *doch* zu fahren. Als er ihr die Freiheit gab, machte sie genau das Richtige.

Ich denke auch an ein anderes Paar. Der Mann sagte mir, er sei unglücklich. Seine Frau habe ihn verlassen und treffe sich mit einem anderen. Er unternahm alles, um sie zurückzubekommen, ging ihr aber mit seinem Bitten und Betteln auf die Nerven. Als erstes schlug ich ihm vor, eine übernatürliche Kraft auf dieses Problem einwirken zu lassen. Ich erzählte ihm von Jesus Christus.

Er wurde Christ, entließ seine Frau in die Obhut des Herrn und stellte seine Anstrengungen ein, sie auf eigene Faust zurückzugewinnen. Er konzentrierte sich nicht mehr auf ihre Fehler, sondern darauf, der Mann zu werden, der *er* sein sollte. Ihr fiel diese Veränderung auf. Sie hatte nichts dagegen, mit ihm eine Party bei uns zu besuchen.

Vermutlich merkte sie, daß wir keine straffen Haarknoten trugen, nicht mit gefalteten Händen einherwandelten und auch kein großes Holzkreuz umhatten, wie das Fernsehen die Frommen zu zeigen pflegt. Unser Aussehen und Verhalten war fast normal, und es gab sogar Pizza. Es dauerte nicht lange, bis sie auf den neuen Geist reagierte, den ihr Mann ausstrahlte. Eines Tages kamen sie Hand in Hand auf mich zu und verkündeten, daß sie wieder zusammen seien. Später wurde auch die Frau Christin. Beide streiten sich bis zum heutigen Tag, genau wie Barb und ich. Aber jetzt haben sie Gott, der ihnen Einsichten gibt, wie sie an ihrer Ehe arbeiten können.

Auch als Frau muß man manchmal den Mann freigeben. Ich speiste einmal mit einer jungen Frau, deren Angehörige seit vielen Jahren Freunde von uns sind. Wir haben miterlebt, wie sie aufwuchs. In gewissem Sinne ist sie also auch meine Tochter. Sie hatte Schwierigkeiten damit, wie verschieden sie und ihr Mann waren. Dazu gab sie mir ein paar Beispiele.

Erstens ist er ein Träumer und viel unternehmungslustiger als sie. Er versuchte, sich ein eigenes Geschäft aufzubauen, aber es lief nicht gut. Sie wollte, daß er einen „richtigen" Beruf ergreift, brachte es aber nicht über das Herz, es ihm direkt zu sagen. Ihr Gehalt war nötig, um die meisten Rechnungen zu bezahlen. Er machte oft einen niedergeschlagenen Eindruck. Ich erklärte ihr, daß das Selbstbewußtsein eines Mannes sich vor allem aus seiner beruflichen Tätigkeit ergibt. Außerdem neigen Männer, besonders der träumerische Typ, häufig mehr als Frauen dazu, weit in die Zukunft zu denken.

Normalerweise verläuft ein Gespräch zwischen den beiden so, daß er sinngemäß sagt: „In zwei Jahren fängt die Sache wirklich an zu laufen. Dann stellt sich der Erfolg ein."

Seine Frau: „Aber wovon sollen wir morgen leben?"

Er: „Na ja, keine Ahnung, aber ich weiß genau, daß es in zwei Jahren endlich klappen wird."

Wenn es so steht, rate ich dem Mann, sich *irgendeinen* Job zu besorgen, ob er zu seinen beruflichen Zielen paßt oder nicht. Es geht darum, ein geregeltes Familieneinkommen zu beschaffen. Wenn das garantiert ist, kann er sich seinem Traum widmen.

In diesem Fall kam das Problem hinzu, daß der Ehemann den finanziellen Druck nicht so stark wahrnahm wie sie, weil sie die Verantwortung in diesem Bereich übernommen hatte. Er lebte nach der Devise: „Aus den Augen, aus dem Sinn." Die Rechnungen bezahlte *sie.* Der Streß lastete auf ihr, weil sie merkte, daß die Ausgaben ihre Einnahmen überstiegen und das Sparkonto für den Ausgleich sorgen mußte. Das ist typisch für das männliche Denken. Solange niemand etwas sagt, ist alles gut. Wenn seine Frau nicht gerade weint oder mit den Worten „Ich muß mal mit dir reden" eine Krise anzettelt, ist für ihn seine Ehe die beste der Welt und seine Frau glücklich wie ein Marienkäferchen. Die Frau aber *muß* mit ihm reden, wenn eine Lösung gefunden werden soll.

Wenn Sie als Frau in einer ähnlichen finanziellen Situation stecken, könnten Sie Ihrem Mann die Lage etwa so beibringen:

„Liebling, ich glaube, daß ich zuviel Verantwortung für unsere Geldangelegenheiten an mich gezogen habe. Kannst du mir verzeihen? Schließlich erwartet Gott von *dir,* die Familie zu versorgen. Andauernd werde ich nervös, wenn ich bei unserer knappen Kasse die Rechnungen bezahle. Deshalb überlasse ich dir von jetzt an alles Finanzielle. Ich will zwar immer noch mitreden, und ich weiß, daß keiner von uns beiden auf eigene Faust über Geldangelegenheiten entscheiden darf, aber von jetzt an bist du für unsere Alltagsgeschäfte zuständig. Frag mich einfach, wenn es dir um meine Meinung zu diesem Thema geht."

Sind Sie jetzt fast ohnmächtig geworden? Die Finanzen diesem verantwortungslosen Verschwender überlassen? Mir ist das Risiko klar. Bestimmt würden manche Männer diese Abmachung für sich ausnutzen. Wenn die Frau aber die Aufgabe abgibt, die Rechnungen zu bezahlen, übt von nun an Gott selbst Druck auf den Mann aus, sich eine Arbeit zu besorgen, mit der er die Familie ernähren kann. Außerdem bleibt Ihnen sonst nichts anderes übrig, als angesichts der finanziellen Schieflage panisch zu werden, völlig zu verbittern und sich über Ihren Mann zu ärgern. Überlassen Sie Ihren Mann lieber der Hand Gottes und bitten Sie *ihn,* an seiner Persönlichkeit zu arbeiten und ihn zu motivieren, das Richtige zu tun.

Wenn dann der Gerichtsvollzieher kommt, können Sie sagen: „Augenblick mal, Sie wollen mit meinem Mann sprechen. Ich hole ihn her." Sie sind unbelastet, weil Sie die Situation Ihrem Mann und Gott übergeben haben. Dann können Sie nachts wieder schlafen, fröhlich und liebevoll sein und zufrieden in dem Wissen ruhen, daß Gott sich um das Problem kümmern muß, nicht Sie. Er hat sich verpflichtet, unsere Not zu wenden, und Sie können auf ihn zählen.

Gewiß, ein paar gleichgültige Ehemänner würden aus Verantwortungslosigkeit ihre Familie leiden lassen. Aber bei den Tausenden von Männern, denen ich begegnet bin, kommt mir keiner in den Sinn, der seiner Familie in voller Absicht schaden will. Meist hat ihm einfach noch niemand gesagt, was es heißt, verantwortungsvoll dafür zu sorgen. Ihr Mann ist darauf angewiesen, daß ein anderer Mann oder vielleicht ein Buch ihn auf die Bedürfnisse seiner Frau aufmerksam macht.

Wir alle versuchen, den Partner zu einem Abbild unserer selbst zu machen. Gott möchte, daß wir dem anderen Freiheit gewähren, der Mensch zu sein, der er ist, und nicht der, den wir in ihm sehen wollen. Je mehr Sie bei einem Mann drängeln und kritisieren, je mehr Sie von ihm erwarten, desto stärker fühlt er sich abgestoßen. Manchmal kommt es so weit, daß er weiß: er wird in Ihren Augen trotz aller Bemühungen immer versagen. Warum also soll er sich überhaupt Mühe geben?

Das Geheimnis einer verwandelten Ehe

Wenn Ihr Mann Sie emotional verkümmern läßt, sollten Sie ihn freigeben und es Gott überlassen, ihn zur Rückkehr zu Ihnen zu bewegen. Schließlich liegt Gott noch mehr an Ihrer Ehe als Ihnen selbst. Stellen Sie sich Ihren Mann gleichsam als behindert vor, unfähig, sich zu beherrschen. Sehen Sie ihn geistig im Rollstuhl, besonders, wenn er kein Christ ist. Er hat einfach nicht die übernatürliche Fähigkeit, sich richtig zu verhalten. Bitten Sie Gott in Ihren Gebeten um einen Menschen, den Ihr Mann respektiert und der ihm hilft, Jesus sein Leben anzuvertrauen.

Wenn Ihr Mann Christ ist, bitten Sie Gott, ihm einen Menschen in den Weg zu stellen, der ihm die Augen dafür öffnet, welche Aufgaben er nach der Bibel hat und was er für seine Frau tun soll. Halten Sie Ausschau nach einem Mann, der Mitglied eines Männerbibelkreises ist, und der Ihren Mann dazu einlädt.

Wie auch immer, Sie sollten sich auf eine Beobachterrolle beschränken. Die Bibel sagt, man solle einen nichtchristlichen Ehepartner gehen lassen, wenn er gehen will. Meist aber wird der Mann von der ruhigen und sanften Art seiner Frau so angerührt, wenn sie sich nach Gott richtet und ihn freigibt, daß er sich wieder zu ihr hingezogen fühlt. Manchmal allerdings verläßt der Mann sie trotzdem. Es gibt keine Garantie dafür, daß er bleibt. Es wäre aber unüblich, wenn er geht, falls der Mann sich nicht von seiner „neuen" Frau angezogen fühlt.

Sie brauchen deshalb aber noch lange nicht aufzuhören, Ihre Meinung zu sagen. Sie sollen sich nicht zum Fußabtreter machen. Es geht nur darum, daß Sie ihn Gott überlassen, wenn

Sie alles versucht haben, seine Aufmerksamkeit zu gewinnen oder ihm zu einer Veränderung zu verhelfen. Gott kann viel wirksamer Druck ausüben als Sie.

Wenn Ihr Mann nie seine Socken weglegt, sich nie für geistliche Themen interessiert oder nie die Blumenbeete jätet, geben Sie ihn frei. Nehmen Sie ihn, wie er ist, und dienen Sie ihm, ohne ihn ändern zu wollen.

Hier brauchen Sie die Frucht des Geistes – Sanftmut. Es ist keine Schwäche, sondern Kraft, von Gott beherrscht. Es ist eine geistige Gelassenheit, die sich mit allem abfindet, was uns ins Leben tritt, weil es von Gott zugelassen ist, ob wir es für gut oder schlecht halten. Damit werden wir fähig, mit den Schicksalsprüfungen so fertig zu werden, daß es Gott Ehre bringt. Wir können die Prüfungen so sehen, weil wir wissen, daß er in allem regiert und jede Situation beherrscht. Er nutzt Prüfungen, uns reifen zu lassen, zu vollenden und in das Ebenbild seines Sohnes umzuformen.

Nun könnte die Frage laut werden: „Und wenn ich ihn nicht freigebe?" Sie müssen nicht, aber ich glaube, daß Sie dann ziemlich allein sein werden. Gott wird solange in Korea oder Afrika wirken. Weil Sie ihn nicht mitarbeiten lassen wollen, wird er Sie allein arbeiten lassen. Er ist sehr beschäftigt. Leider können nicht beide, Gott und Sie, gleichzeitig eingreifen. Ich kann nur empfehlen, Gott den Umgang mit Ihrem Mann zu überlassen. Er kommt besser mit ihm zurecht.

Hoffentlich war die Reise durch die Denkweise eines Mannes nicht zu enttäuschend für Sie. Ich sehe ein, daß diese Reise über weite Strecken *mein* Denken betraf. Jedoch glaube ich, daß ich ein so typischer Vertreter bin, daß Sie ein paar Ähnlichkeiten zwischen mir und den Männern in Ihrem Leben erkennen. Ich hoffe, zum besseren Verständnis beigetragen zu haben.

Denken Sie einfach daran, daß Ihr Mann *niemals* so werden wird wie Sie. Umgekehrt gilt, daß Sie nie so wie er werden können. Gott hat mit diesem unterschiedlichen Design keinen Fehler gemacht. So hat er es für die meisten Paare geplant. Wenn Sie und Ihr Gatte sich aber ähnlich sind, brauchen Sie nicht zu glauben, daß mit Ihnen etwas nicht stimmt. Sehen Sie sich und Ihren Mann einfach als seltene Exemplare. Machen Sie sich aber klar, daß damit kein konfliktfreies Leben gewährleistet ist. Im Vergleich zu anderen, einander unähnlichen Partnern streiten Sie sich nur über andere Themen.

Noch eine Frage: Was passiert, wenn Sie Ihren Mann Gott überlassen haben, er aber zur Zeit nicht bereit ist, sich zu ändern? Er widersteht Ihnen und Gott zugleich? Ich habe hier ein paar Vorschläge, was Sie in der Zeit tun können, in der Gott den Zeitplan für die Veränderung Ihres Mannes ausarbeitet.

Suchen oder schaffen Sie sich eine Gruppe, in der Sie Hilfe finden. Ich habe vielleicht erwähnt, daß Barb in einer Frauengruppe ist. Gut hundert Frauen aus allen möglichen Kirchen kommen jeden Dienstagmorgen zusammen, studieren gemeinsam die Bibel und helfen einander. Das hat Auswirkungen auf das ganze Leben. In der Gruppe sind viele Frauen, deren Männer ihnen zu Hause keinen Rückhalt bieten. Es wirkt schon therapeutisch, wenn man jemanden findet, dem es ähnlich geht.

Wenn Sie keine Gruppe ausfindig machen können, sollten Sie selbst eine gründen. Wenn Sie nicht außer Haus arbeiten, suchen Sie sich drei oder vier andere Frauen in ähnlicher Lage. Dann treffen Sie sich zu Gemeinschaft, Gebet und Bibelstudium in den eigenen Wohnungen, während die Kinder in der Schule sind. Haben Sie noch kleine Kinder, besorgen Sie sich einen Babysitter oder wechseln sich mit anderen jungen Müttern ab, auf die Kinder aufzupassen. Für all dies brauchen Sie nicht die Gabe des Lehrens. Gehen Sie einfach ein Buch in der Bibel durch und entnehmen daraus praktische Hilfen für den Alltag. Sie können es auch mit dem Thema Ehe probieren, mit Kindererziehung, mit Depressionen, Ärger oder Streß. Dann lesen alle ein Kapitel und stellen sich darauf ein, das mitzuteilen, was am anregendsten war.

Wenn Sie berufstätig sind, könnten Sie ein Restaurant mit Hinterzimmer ausfindig machen und sich dort während der Mittagspause mit einer entsprechenden kleinen Gruppe treffen. (Darin liegt natürlich eine Gefahr. Sie könnten an der Gemeinschaft so viel Gefallen finden, daß der Gedanke an die Arbeit nur noch lästig ist.) Für dieses Vorhaben brauchen Sie nur ein Restaurant anzurufen und sich einen Tisch im Hinterzimmer reservieren zu lassen. Dazu kommt der Weg zum Restaurant.

Alles andere geht wie von selbst, weil Gott durch Sie und die anderen Teilnehmer wirkt.

Wenn Sie eine ziemlich harmonische Ehe führen, könnte eine kleine Gruppe sich als großartiges Instrument zur Hilfe für Beziehungsgeplagte erweisen. Wenn Ihre Ehe katastrophal ist, kann Gott die Gruppe dazu nutzen, *Sie* zu trösten, wenn Sie sich mit den anderen darüber austauschen, wie man trotz der Unzulänglichkeit des Ehemannes eine gottesfürchtige Ehefrau bleiben kann.

Es ist nämlich so leicht, auf den Partner herabzuschauen und sich auf seine Schwächen zu konzentrieren. Es fällt schwerer, sich selbst unter die Lupe zu nehmen und sich zu vergewissern, wie man das biblische Ideal einer Frau Gottes verwirklichen kann. Außerdem ist es extrem schwer für eine Frau, ihren Mann freizugeben, wenn er nicht auf sie eingeht, weder an persönlicher noch geistlicher Entwicklung interessiert ist, nicht an der Ehe arbeiten will oder von ihr erwartet, als Sklavin für ihn tätig zu sein. Sie muß ihn aber mit seinem Tun konfrontieren („Wir müssen miteinander reden") und das Ergebnis Gott überlassen. Zufriedenheit ergibt sich aus unserer Einstellung, nicht aus den Umständen.

Ich mag folgende Geschichte von der Frau, deren Mann sich jede Nacht bis zum Morgengrauen in Kneipen herumtrieb. Einmal unterhielt er sich gegen zwei Uhr morgens mit seinen Kumpels und gab damit an, daß er jederzeit nach Hause gehen und seine Frau wecken könne. Sie würde ihnen ein Frühstück machen und sich nicht einmal beschweren.

„Aber immer", spotteten sie.

Also stiegen sie in sein Auto und fuhren zu ihm nach Hause. Er weckte seine Frau und sagte, was er wollte. Sie zog sich den Morgenmantel an, ging in die Küche und bereitete ein reichhaltiges Frühstück zu. Dabei war sie die ganze Zeit freundlich und machte sogar den Eindruck, als hätte sie Spaß daran.

Später nahm einer von den Männern die Frau beiseite und fragte, warum sie so viel getan und sich nicht einmal aufgeregt habe.

Sie erklärte: „Sehen Sie, ich bin eine Christin, und weil ich Jesus Christus kenne, werde ich in der Ewigkeit ein unendliches himmlisches Glück erleben. Mein Mann ist aber kein Christ, und ich versuche, ihm das Leben auf der Erde so angenehm wie möglich zu gestalten, weil er *nie* etwas Besseres erleben wird."

Es gibt noch eine andere Geschichte von einem jungen Mädchen, das auf eine Bluttransfusion angewiesen war. Ihr Bruder wurde gefragt, ob er ihr Blut spenden würde. Er dachte ein paar Minuten nach und sagte dann mit zitternden Lippen, daß er dazu bereit sei. Während ihm das Blut entzogen wurde, sah der kleine Junge unter Tränen den Arzt an und fragte ihn: „Wann muß ich sterben?" Er war bereit gewesen, seiner Schwester zuliebe aus dem Leben zu scheiden. Man kann so lange nicht richtig leben, wie man nicht bereit ist zu sterben.

Sie können Ihre Ehe ganz allein umgestalten, wenn Sie eine Partnerin werden, wie Gott Sie haben will. Es gibt viel zu lernen, aber mit Gottes Hilfe wird sich der Fortschritt einstellen. Manchmal hat man bestimmt das Gefühl, es gebe keine Hoffnung mehr, aber dazu paßt, was Winston Churchill dem britischen Volk sagte, als die Deutschen im Zweiten Weltkrieg London bombardierten: „Wir sind nicht am Ende. Dies ist nicht einmal der Anfang vom Ende, es könnte aber das Ende vom Anfang sein."

Hoffentlich haben Sie inzwischen gespürt, daß mein Herz für Sie als Frau schlägt. Wir waren uns einig, daß Ihr Mann an Ihren meisten Problemen schuld ist. Wir haben ein paar Möglichkeiten besprochen, wie ihm vermittelt werden kann, was Sie von Ihrer Beziehung erwarten. Wie ich immer wieder betont habe, muß man den Männern von diesen Bedürfnissen erzählen. Die meisten Kirchen lassen bei der Ehevorbereitung für Männer sehr zu wünschen übrig. In den Schulen kommt das Thema kaum zur Sprache. Väter sind meist keine guten Vorbilder für ihre Rolle, weil sie von *ihren* Vätern nichts dergleichen gelernt haben. Auch der Pastor ist selten ein gutes Vorbild, denn meist glaubt er, seinen „Schäfchen" die eigenen Probleme nicht zumuten zu dürfen. Wer helfen kann, sind Menschen, die aus ihren Fehlern gelernt haben. Was sie vermitteln, haben sie selbst aus dem Umgang mit den Problemen gelernt, nicht nur aus Büchern oder dadurch, daß sie vor den Schwierigkeiten ausgekniffen sind. Ich fühle mich unwohl, wenn ich Lehrern zuhöre, die mit Prinzipien aufwarten, ohne sie im eigenen Leben ausprobiert zu haben. Ich habe schon manche „revidierte" Fassung eines Buches von Autoren gelesen, die die erste Fassung gleich nach dem Studium geschrieben haben. Dann bekamen sie eigene Kinder, mußten sich mit der eigenen Ehe auseinandersetzen und versuchen, ihren Feinden zu vergeben oder sie zu segnen. Immer stellt sich heraus, daß die Verhältnisse komplizierter sind, als im Seminar beschrieben. Wenn aber die Probleme, die Sie und ich durchstehen, nur *ein einziges* Leben für alle Ewigkeit verändern, dann sind sie es wert gewesen!

Ich habe mir oft gewünscht, es gäbe ein Trainingslager für den Mann, in dem er lernen kann, wie er auf die Bedürfnisse seiner Frau eingehen soll. Das wäre eine unparteiische Instanz. Wie ich in diesem Buch immer wieder betont habe, ist der Einfluß eines unparteiischen Dritten entscheidend wichtig in jenem Prozeß, den Gott zur „Endmontage" Ihres Mannes nutzt. Inzwischen ist dieser Traum hier in Amerika in Erfüllung gegangen, weil es immer mehr Organisationen im ganzen Land gibt, die Männern vermitteln, wie sie Gott wohlgefällige Ehemänner und Väter werden. Dazu gehören neben vielen anderen vor allem die „Promise Keepers" („Männer, die ihre Versprechen halten"). Ich meine, gerade diese Organisation könnte unsere Kultur vor dem Verderben bewahren. Hunderttausende von Männern lassen sich hier in der Kunst unterweisen, bessere Ehemänner und Väter zu werden, und die Arbeit wächst so rasch, daß die Mitarbeiter ganz überwältigt sind. Was für ein nettes Problem – so viele Männer mit Interesse daran, was Gott in der Familie mit ihnen vorhat!

In Deutschland sieht es auf diesem Gebiet noch nicht so rosig aus. Auf Seite 218 finden Sie einige Adressen, an die Sie sich wenden können.

Es dauert eine Weile, bis Gott Ihren Mann verändert hat. Es wird dabei auch Tränen geben. Aber wenn Ihnen bei der „Montage" Ihres Mannes zum Heulen zumute ist, empfehle ich Ihnen meinen Lieblingspsalm: „Zähle die Tage meiner Flucht, sammle meine Tränen in deinen Krug; ohne Zweifel, du zählst sie." (Psalm 56,9)

Ich verstehe den Vers so, daß Gott uns eines Tages in der Ewigkeit persönlich beiseite nimmt, einen Krug aus der Tasche holt und uns für alle unsere Tränen eine Erklärung gibt. Ich mag die Vorstellung, daß Gott jede Träne bemerkt und sie zählt. Er ist kein alter Tattergreis, der sich wie ein müder Weihnachtsmann irgendwo in den Wolken wiegt, ohne unserem Leben einen Sinn verleihen zu können. Ich bin sein *Sohn.* Sie sind seine *Tochter.* Und gemeinsam werden wir alles erben, was er für seinen Erstgeborenen bereitet hat. Dann erfreuen wir uns eines ewigen Glücks, das auf uns wartet, jenseits aller Vorstellungen – dabei kann ich mir durchaus wunderbare Dinge vorstellen.

Ich möchte Sie mit einem Gebet verabschieden, das ganz tief aus meinem Herzen kommt:

> Wenn ich an die Weisheit und das Ausmaß seines Planes denke, gehe ich auf die Knie und bete zum Vater der großen Familie Gottes, daß er euch aus seiner herrlichen, unbegrenzten Fülle die gewaltige innere Kraft seines Heiligen Geistes verleiht. Und ich bete, daß Christus in eurem Zuhause immer größer wird und in euch lebt, wenn ihr ihm vertraut. Mögen eure Wurzeln tief in den Boden von Gottes wunderbarer Liebe reichen, mögt ihr wie alle Kinder Gottes verspüren und verstehen, wie lang, wie breit, wie tief und wie hoch seine Liebe wirklich reicht. Mögt ihr diese Liebe im eigenen Leben erfahren, auch wenn sie so groß ist, daß ihr sie nie ausschöpfen noch sie völlig erkennen und verstehen könnt. Dann endlich werdet ihr von Gott selbst erfüllt sein. Nun sei Gott die Ehre, der durch seine Macht in uns wirkt und viel mehr tun kann, als wir je zu erbitten oder gar zu träumen wagen – unendlich hoch über unsere höchsten Gebete, Wünsche, Gedanken oder Hoffnungen hinaus (Epheser 3,14-20).

In der Liebe Gottes

Chuck Snyder
P.O. Box 22696
Seattle, WA 98122
U.S.A.

Christliche Organisationen für Männer:

Neues Leben für Familien e.V.
Berliner Str. 16
D-58511 Lüdenscheid
02351/81686

Männerarbeit der EKD
Neue Schlesingergasse 22
D-60311 Frankfurt
069/280177

Wolfgang-Philipp-Gesellschaft
Männerarbeit, Ausschuß Ask
Seminare, Erfahrungslernen
Postfach 4366
D-55033 Mainz
06131/54863

Informationszentrum für
Männerfragen e.V.
Neuhofstr. 41 H
D-60318 Frankfurt
069/5970959

„Männer für Jesus"
Markgrafenweg 19
D-72213 Altensteig
07453/2750

Christliches Männertraining
(CMT)
Rosenstr. 34
D-74653 Künzelsau
07940/57970

Alltagsgeschichten mit Herz und Humor
von Patsy Clairmont

Patsy Clairmont ist nicht normal, und sie hat einen Sprung in der Schüssel. Wie beruhigend! Denn durch ihre Bücher zieht sich die Erkenntnis, daß im Grunde niemand normal ist und daß Gott auch Schüsseln mit Sprung gebrauchen kann.
Diese Einsichten spiegeln sich in den humorvollen Geschichten ihrer Bücher wider, in denen es um die kleinen Pannen, Sternstunden und komischen Situationen geht, die einem so jeden Tag begegnen können.
Und immer entdeckt sie in ihren lustigen, traurigen oder anrührenden Anekdoten kleine Fingerzeige Gottes, die uns bestätigen, daß es ganz normal ist, nicht normal zu sein, und daß Gottes Licht durch die Sprünge in unserer Schüssel manchmal besonders hell scheint ...

Patsy Clairmont:
Weisheiten aus dem Wäschetrockner
Paperback, 155 Seiten, Bestell-Nr. 815 307

Patsy Clairmont:
Ein Sprung in der Schüssel
Paperback, 156 Seiten, Bestell-Nr. 815 420